雇用システム論

Employment System in Japan:
Theory, Institutions, and History

佐口和郎

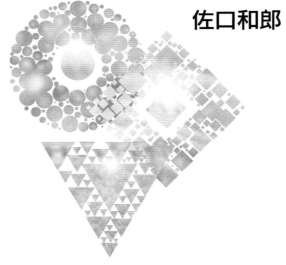

有斐閣

目　次

序章　**制度としての雇用** ——————————————— *1*

1　問題意識と課題 ······································· *1*

2　制度としての雇用 ····································· *3*

　⑴　制度論との関係　*3*

　⑵　"制度としての雇用" の諸次元　*5*

　⑶　制度の変容　*6*

3　雇用関連政策と労使関係 ···························· *7*

4　本書の構成 ·· *8*

第Ⅰ部　理論的枠組み

第1章　**雇用制度の理論** ——————————————— *11*

1　労働市場論へのスタンス ··························· *12*

　⑴　労働市場での売買　*12*

　⑵　約束の売買　*13*

2　雇用制度の理論的枠組み ··························· *14*

　⑴　原　点　*14*

　⑵　目　的　*15*

　⑶　三つの難関　*16*

　⑷　経営側にとっての制約　*18*

　⑸　亀　裂　*19*

3　雇用制度の実現 ··································· *20*

　⑴　生活維持機能　*20*

ii 目　次

- (2) コミットメント実現機能　*21*
- (3) 雇用―非雇用の不連続性への対応機能　*22*

4 雇用諸制度の分析枠組み ………………………………… *22*

- (1) 20世紀の雇用諸制度　*22*
- (2) 日本的雇用システムとしての把握　*23*

第Ⅱ部　諸制度

第2章　**賃金制度** 年功賃金制度 ————————————— *29*

1 何をどう扱うのか？ …………………………………………… *30*

- (1) 成果主義賃金と年功賃金制度　*30*
- (2) 雇用制度と賃金の支払い制度　*30*

2 賃金制度の具体化 ……………………………………………… *32*

- (1) 生活維持　*32*
- (2) 能率と能力　*33*
- (3) 人事評価（考課）制度　*35*
- (4) 後払い賃金制度　*37*

3 年功賃金制度 …………………………………………………… *38*

- (1) 一般性と特質　*38*
- (2) 核心部分　*39*
- (3) 機能と経済的合理性　*41*

4 相互補完関係と脆弱性 ………………………………………… *43*

- (1) 相互補完関係　*43*
- (2) 脆弱性　*44*

5 歴史的経路 ……………………………………………………… *45*

6 変　容 …………………………………………………………… *48*

- (1) 対象領域の縮小と分化　*48*

目　次　*iii*

⑵　脆弱性との関係　*50*

第3章　雇用調整制度　希望退職制度とソフトな雇用調整制度

53

1　何をどう扱うのか？　*54*

⑴　長期的雇用・雇用保障・雇用調整　*54*

⑵　経営側が直面する困難　*55*

2　日本の雇用調整制度　*56*

⑴　日本の雇用保護法制　*56*

⑵　希望退職制度　*59*

⑶　ソフトな雇用調整制度　*61*

3　相互補完関係と脆弱性　*62*

⑴　相互補完関係　*62*

⑵　脆弱性　*63*

4　歴史的経路　*63*

⑴　前　史　*63*

⑵　確立期　*64*

5　変　容　*65*

⑴　連続性　*65*

⑵　不連続性　*66*

第4章　採用制度　新卒一括採用制度

69

1　何をどう扱うのか？　*70*

⑴　若年者雇用の様相　*70*

⑵　採用過程への注目　*70*

⑶　雇用制度と入口の諸制度　*72*

2　新卒一括採用制度　*73*

⑴　核心部分　*73*

iv 目 次

 (2) 新規高卒一括採用と新規大卒一括採用 *75*

 (3) 機　能 *77*

 (4) アメリカ・ドイツとの対比 *80*

3 相互補完関係と脆弱性 ……………………………… *81*

 (1) 相互補完関係 *81*

 (2) 脆弱性 *82*

4 歴史的経路——新規高卒一括採用制度の生成 ……………… *83*

 (1) 歴史的前提 *83*

 (2) 確立過程 *84*

5 変　容 ……………………………………………… *85*

 (1) 若年者雇用問題 *85*

 (2) 新規大卒者 *86*

 (3) 揺り戻し *88*

第5章 退職制度 定年制度 ——————————— *91*

1 何をどう扱うのか？ ……………………………… *92*

 (1) 高年齢者雇用問題 *92*

 (2) 引退過程への注目 *92*

 (3) 長い移行期②と定年制度 *93*

2 定年制度 ………………………………………… *95*

 (1) 核心部分 *95*

 (2) 一般性と特質 *96*

 (3) 機　能 *97*

3 相互補完関係と脆弱性 …………………………… *100*

 (1) 相互補完関係 *100*

 (2) 脆弱性 *101*

4 歴史的経路 ……………………………………… *102*

 (1) 早い生成 *102*

目　次　*v*

(2)　補強の過程　*103*

5　変　容 ……………………………………………………… *104*

(1)　政策からのインパクト　*104*

(2)　脆弱性の顕在化　*105*

第6章　非正規雇用 ———————————— *109*

1　何をどう扱うのか？ …………………………………… *110*

(1)　社会問題としての非正規雇用問題　*110*

(2)　非典型雇用と非正規雇用　*110*

2　非正規雇用に関わる諸制度 ………………………… *111*

(1)　特質と態様　*111*

(2)　機　能　*114*

(3)　非正規化への制約　*116*

3　相互補完関係と脆弱性 ……………………………… *118*

(1)　相互補完性関係　*118*

(2)　脆弱性　*119*

4　歴史的経路 …………………………………………… *120*

(1)　日本的雇用システム確立以前　*120*

(2)　日本的雇用システム確立以降　*121*

5　変　容 ………………………………………………… *122*

(1)　非正規雇用率の上昇と問題の顕在化　*122*

(2)　不連続性　*124*

第7章　女性雇用 ———————————— *127*

1　何をどう扱うのか？ …………………………………… *128*

(1)　政策課題　*128*

(2)　統計的差別理論による説明　*128*

(3)　国際比較の視点　*129*

vi　目　次

2　日本的雇用システムと女性雇用①
──若年期・短期・正規雇用 ……………………………………… 132

(1)　もう一つの正規雇用　*132*

(2)　大卒女性　*134*

3　日本的雇用システムと女性雇用②
──パートタイム雇用 ……………………………………………… 135

(1)　特　質　*135*

(2)　賃金格差　*136*

4　相互補完関係と脆弱性 ……………………………………………… 138

(1)　相互補完関係　*138*

(2)　脆弱性　*139*

5　歴史的経路 …………………………………………………………… 140

(1)　日本的雇用システム確立前後　*140*

(2)　1980 年代　*141*

(3)　差別克服政策の展開　*142*

6　変　容 ………………………………………………………………… 144

(1)　初期状態の低位からの漸進　*144*

(2)　可能性と直面する問題　*146*

第8章　日本的雇用システムとその変容 ───── 149

1　雇用制度と雇用システム ………………………………………… 150

2　日本的雇用システム ……………………………………………… 151

3　雇用諸制度 ………………………………………………………… 151

(1)　中核領域　*151*

(2)　非中核領域　*153*

4　変容局面としての現在 …………………………………………… 155

(1)　正規雇用中心主義①・②の観点から　*155*

(2)　変容の諸相　*156*

第Ⅲ部　関連領域

第9章　雇用関連政策 ——————————————— 161

1　何をどう扱うのか？ …………………………………………… 162

 (1)　対象とする政策　*162*

 (2)　政策水準の低位　*162*

2　第Ⅱ部で説明した雇用政策 …………………………………… 163

 (1)　雇用保護（調整）政策　*163*

 (2)　若年者雇用・高年齢者雇用に関する政策　*164*

 (3)　雇用不平等克服の政策　*165*

3　雇用問題と貧困問題 …………………………………………… 167

 (1)　雇用と社会保障　*167*

 (2)　日本的雇用システムと貧困問題　*169*

4　生活維持機能の補塡 …………………………………………… 169

 (1)　労働災害への政策　*169*

 (2)　労働時間問題への政策　*172*

 (3)　最低賃金政策　*176*

5　雇用—非雇用状態の不連続性への対応
  ——支援と円滑化 ……………………………………………… 179

 (1)　失業者への支援政策①——失業保険制度を中心に　*179*

 (2)　失業者への支援政策②——日本での事例　*181*

 (3)　雇用・非雇用間の円滑化政策①——公共職業紹介制度　*184*

 (4)　雇用・非雇用間の円滑化政策②——公共職業訓練制度　*186*

6　新しい雇用政策の展開 ………………………………………… 189

 (1)　把握の仕方　*189*

 (2)　アクティベイション政策　*190*

 (3)　両立支援政策　*193*

viii　目　次

7　日本の雇用政策の特質と変容 ·················· *195*

  ⑴　特　質　*195*

  ⑵　変　容　*196*

第10章　労使関係 ——————————— *199*

1　何をどう扱うのか？ ·················· *200*

  ⑴　労使関係と 20 世紀の労働組合　*200*

  ⑵　政治的要因　*201*

  ⑶　団体交渉制度・労使協議制度・苦情処理制度　*202*

2　日本の労使関係の枠組み⑴ ——団体交渉制度とその展開 ·················· *204*

  ⑴　企業別組合　*204*

  ⑵　春闘方式　*205*

3　日本の労使関係の枠組み⑵ ——労使協議制度とその展開 ·················· *207*

  ⑴　歴史的経路　*207*

  ⑵　機　能　*207*

4　日本的雇用システムとの相互補完関係 ·················· *210*

  ⑴　相互補完関係　*210*

  ⑵　労働組合の規制力　*211*

5　変　容 ·················· *212*

  ⑴　労働組合の組織率低下　*212*

  ⑵　労使関係制度の存在意義　*214*

終章　雇用の近未来 ——————————— *217*

1　雇用制度の内側の変容 ·················· *217*

2　雇用制度の外側への変容 ·················· *219*

3　新しい働き方と直面する課題 ·················· *220*

4　おわりに ………………………………………… *223*

参考文献 ——————————— *225*

あとがき ——————————— *237*

索　引 ——————————— *241*

本書のコピー，スキャン，デジタル化等の無断複製は著作権法上での例外を
除き禁じられています。本書を代行業者等の第三者に依頼してスキャンや
デジタル化することは，たとえ個人や家庭内での利用でも著作権法違反です。

序　章

制度としての雇用

1　問題意識と課題

　会社に雇われて働きその報酬で生活を営むことは人々が日々経験するきわめて身近なことである。しかしながら，こうした働き方・生活の仕方が大多数の人々にとって当たり前の事柄になったのはそれほど昔のことではない。実際，日本においても，60〜70年ほど前までは，農業を始めとした雇用労働以外の働き方の方が数多く見られた[1]。また，会社に雇われて働きその報酬で生活を営むことが未来永劫続くわけではないかもしれないことにも目を向ける必要がある。情報通信技術（ICT）の指数関数的な展開によって雇用の枠外の働き方の現実性が高まりつつあるからである。

　このような状況をふまえ，本書の中では雇用が機能するメカニズムや条件は何かを究明しつつ，その相対化を行っていこうと考えている。後に詳しく述べるように，自由な意思を有し退職の自由も法的に認められている個人が，経営側の指揮命令を受容して継続的に働くという関係が成り立つことは自明ではない。否，むしろこのようなメカニズムが成立していること自体がミステリアスである。一体，なぜこのメカニズムが機能するのだろうか，という問いが本書での説明の根底に据えられているのである。そして，日本の雇用について概説することを通じて，このメカニズムがいかにして確立し実現されてきたのか，それが現在どのように変容しつつあるのかを示すことを課題としている。

---

　1)　たとえば，三和・原（2007）参照。

2 序章 制度としての雇用

雇用は身近であると同時に人々の生活や人生に強い影響を与える事柄である。したがって，そこで感じ取られる問題やその解決策は多様な形で提示される。雇用をめぐる現象については，さまざまな言説が溢れ，その多くは一過性ですぐに賞味期限切れとなるのである。また，「終身雇用」のように，いまだに使い続けられる怪しげな言説も存在する。本書では，極力そうした傾向を排除していきたい。そのために，雇用を取り扱ううえでの理論的な枠組みや方向性を明示したうえで議論を展開していくことにする。

第Ⅰ部において詳述するように，本書での雇用制度の理論的枠組みでは，労働市場で売買されるのは，一定の質と量の労働供給を実現することが確定している"労働"ではなく，経営側の指揮命令に従って働くことの"約束"であることを重視していく。そのために後述の"制度としての雇用"という考え方を採用するのである。また，人事管理論の接近方法とも異なることについてもふれておく必要がある。人事管理論は，戦略的人的資源管理理論への展開を見せつつあるが，そこで実際に扱われる職場組織や人事管理制度は分析対象としては本書と重なる部分も多い[2]。しかしながら，経営戦略や競争力問題を重視する戦略的人的資源管理論の立場と異なり，本書では"制度としての雇用"固有の領域に立ち入って問題を掬い上げていくという立場をとっている。たとえば，賃金については，どのような賃金制度が企業戦略との関係で有効か，あるいは賃金管理におけるベストプラクティスは何かを探究することを主目的とはしていない。特定の賃金制度が選択された要因，その賃金制度の機能上の合理性や脆弱性などを，歴史や国際比較をふまえて解明していくことに力点が置かれるのである[3]。

また，近年では，雇用関係論（Employment Relations）という分析枠組みで，諸主体の権限や規制の問題を議論する潮流も有力である。雇用関係論は，従

---

2) とくにアメリカでは，1980年代後半から労使関係論の中に，戦略的人的資源管理論に接近していく有力な潮流が現れた。たとえば，Peter Cappelli の一連の業績はその代表例である。

3) 心理的契約理論とも問題意識として共有できる点はあるものの，最終的に制度を通じて観察するという点での相違が存在する。心理的契約理論については，Rousseau（1995）参照。

来の労使関係論に比べて広く対象を設定し政策論とも結合している。実際の分析では，"制度としての雇用"に対する規制の国際比較に重点が置かれており，権限問題や経路依存性の重視，諸主体の主体の合意やルールへの着目という点では本書の立場と共通している[4]。対比すれば，本書では，企業レベル・社会レベルの諸主体のルール形成の過程に内在した分析から出発して政策レベルの問題に接近するという方法が選択されているといえるだろう。両者は対立するものではなく，本書は雇用関係論を発展させることを意図していると位置付けることができるのである。

　日本の雇用システムを総体として扱った概説書は必ずしも多いとはいえない[5]。個別の諸制度の分析や解説，あるいはそれらを編集した文献を見出すことはできるが，一貫した理論と方法に基づいた分析は少ないのである。1990年代後半以降，日本の雇用においてはいくつもの大きな変化を観察できるが，学術的な分析は出遅れてきたといえる。日本での80年代の雇用問題の分析が，いわゆる「日本モデル」の効率性に偏っていたことがその一因であると考えられる。周知のように，2000年代初頭の「ミニバブル」からリーマンショックへと揺れ動く中で，雇用に関わるさまざまな問題が浮上している。その中で，統計分析に基づく優れた成果が各領域について相当程度生み出されている一方で，諸問題の性格付けについて包括的な議論が旺盛に展開されているとはいえない。現在の日本の雇用に関わる諸問題の意味を，一貫した理論と方法をもとに明らかにし，何からどのように変わろうとしているのかを明確にする必要性は高いのである。

2　制度としての雇用

(1)　制度論との関係

　繰り返しになるが，本書では"制度としての雇用"という把握をもとにして分析を行う。労働市場一般ではなく"制度としての雇用"からのアプロー

---

4)　雇用関係論については，たとえば Frege and Kelly（2013）参照。

5)　仁田・久本（2008），野村（2007）などが挙げられる。また，佐口・橋元（2003）は日本の雇用システム総体の歴史を扱っている。

チを選択した含意は本書全体の中で明らかにされていくが，その前提として制度論へのスタンスを示しておく必要がある。1980年代から経済学，社会学，歴史学，政治学等の多くの専門領域で制度についての研究が進行したことはよく知られている。そして，隆盛を示してきた制度論は，"制度としての雇用"という術語が何を意味するのかを一義的には直観できないほど多様な展開を見せている。

本書では制度論一般として何が正しいのかを主張することを目的としていない。どのような制度論を活用するのかは，あくまでも"制度としての雇用"という対象の分析にとって有効であるかどうかという基準に基づいていると考えるからである。このような限定的に見える制度論へのスタンスには，理論体系の論証のためにスタイライズされた事実をはめ込むことへの批判も込められている。あくまでも現実の展開を重視し，そのうえで理論を相対化し改善していくことを目指していると言い換えることができる。

それをふまえて，本書では，制度は諸主体にとっての不確実性を低減するために作られたものであると考える[6]。そして，期待の共有を前提として，諸主体の行動をコントロール（制御あるいは拡張）する集団的ルールとしてとらえておく[7]。以上は，広義の制度学派の考え方を反映したものである。そして，現実の制度の説明は，経済的合理性のみでなく社会的要因，歴史における偶発性なども重視しなければ不可能であるという立場に立つ[8]。また，人々の意識や考え方そのものを分析することはできないが，それらが制度の生成とその後の機能にどう反映するのかという視点も重視していく。こうした点から見ると，抽象的個人を設定して取引コスト等から制度を説明する経済学での新制度学派の制度論は，活用すべき点は多いものの雇用に関する諸現象の分析に直接適用することには一定の限界があると考える。

また，本書での雇用制度は原理的な概念であり，その枠組みは企業の存在

---

6) たとえば，North（2005，邦訳2016）参照。

7) 制度派労働研究の祖でもあるジョン・コモンズ自身は，制度を「個人の行動をコントロールする集団的行動」としてとらえている（Commons 1934，邦訳 2015）。

8) 本書では，功利主義的立場から説明できる経済的合理性とより広い観点からの合理性（理に適っているという意味での妥当性）を区別している。

を与件として，企業の目的に基づく行動が結果として諸主体の行動の公式となる論理を通して提示される。このことは，本書での対象は，超歴史的な雇用ではなく，法人としての企業が生成していることを前提としていることを意味している。さらに，企業が存続していくという目的から出発して雇用制度を把握していくことをも含意している。そのうえで，具体的な雇用に関わる制度の分析を，社会レベルでの諸主体の集団としての行動と合意を中心に行うという方法を選択するのである。このことについては第Ⅱ部第2章で説明される。

　ところで，本書では，制度と組織は明確に区別をし，組織は"目的を共有し構成員と非構成員の区分を明確にする行為主体"であると定義される。そして，法人としての企業は，継続を前提とする企業として典型的な組織ということになる。

(2) "制度としての雇用"の諸次元

　"制度としての雇用"に関連して，本書ではその理論上の次元に応じていくつかの術語を使い分けていくため，その大まかな区別を述べておきたい。まず，雇用制度は先述の通り抽象的概念であり，その理論的枠組みは本書での分析上の基盤となる。これに対して，雇用諸制度は，諸主体の実際の集団的行動や認識，期待を観察したうえで認定される個々の具体的諸制度のことを意味する。たとえば，日本での定年制度は雇用諸制度の一つということになる。また，20世紀の雇用諸制度という概念を用いる場合は，雇用制度が20世紀という歴史の中で現実化した際に，日本を含めた先進諸国で共通に見られる具体的な諸制度を意味している。

　次に，雇用システムは，雇用諸制度の相互補完関係として把握される[9]。雇用諸制度の定義をふまえると，システムという語感とは異なり，抽象度は高くなく現実に近づけた概念である。後述するように，雇用システムとして

---

9)　ここでの相互補完関係は，比較制度論での補完性とは異なりゆるやかに定義される。たとえば，ある制度が別の制度の機能を不可欠としている場合，ある制度が別の制度の機能を高めている場合，ある制度が別の制度の特質を強く規定している場合など，制度間になにがしかの重要な相互関係が観察される場合に用いられる。

相互補完関係を剔出(てきしゅつ)することは，個々の雇用諸制度をシステムの中に積極的に位置付ける作業でもあり，それらの分析をより深めることにつながる。また，日本的雇用システムがなぜ頑健性を保ってきたのかの根拠を示すことにもなる。他方で，本書が重視するのは，相互補完関係の中で一つの制度の動揺が増幅・共振のメカニズムによってシステム全体の動揺につながっていく可能性である。これは，日本的雇用システムの変容の観察にとっての補助線になる。

(3)　制度の変容

　システムや制度の変容を議論する場合，変容の定義を明確にしない限り無意味であることはいうまでもない。どのレベルの変容なのか，何が変容という術語に値する新しさなのか，何からの変容なのか等が即座に問われるのである。本書では，日本を事例として日本的雇用システムという基準を設定し，そこからの乖離を観察する。つまり，基準からの不連続性が認められる場合に変容と認定するのである。この場合，どのような意味で不連続性が認定されるのかを具体的に示すことが肝要となることはいうまでもない。また，不連続的変化については劇的と漸進的の二種類に分けて考える。劇的変容が，指数関数のグラフのような急激な変化を意味するのに対して，漸進的変容は，システムが時間をかけて揺れ動く中で結果として不連続性の高いシステムに移行していくことを意味する[10]。

　また，本書の議論には，1990年代後半から日本的雇用システムに関連して生じてきた諸事象は，20世紀の雇用諸制度が80年代から経験してきた事柄と通底しているという背後仮説が存在する。この背後仮説の論証自体は本書の目的ではない。だが，日本的雇用システムの変容と20世紀の雇用諸制度およびそれを支えてきた経済・社会構造の変容との対応関係に留意することで，前者の歴史的位置の測定に説得力をもたせることができると考えるのである。ただし，こうした方法をとるものの，変容の結果としての新しい雇

---

10)　ここでの変容（劇的変容，漸進的変容）は筆者の定義に基づいているが，これに関連する先行研究として，たとえば Streeck and Thelen（2005），Mahoney and Thelen eds.（2009）等を参考にしている。

用諸制度やその相互補完関係（システム）を演繹的に導き出すことはしない。むしろ，現実に諸制度・システムが変容する過程，諸主体の合意が積み上げられていく過程に注目することで，近未来の雇用に関わるシステムにとっての制約やその可能性を見出すことを意図しているのである。

3　雇用関連政策と労使関係

　本書での雇用諸制度・システムは，あくまでもミクロレベルの分析を出発点にしたものである。しかしながら，それらの把握をより動態的なものに彫琢するためには，とくに今後の変容の方向性を考察するためには，関連する領域である雇用関連政策や労使関係などの分析が必要となる。したがって，本書では，雇用関連政策および労使関係についても雇用諸制度・システムでの議論との関係を意識して説明の対象としていく。

　雇用に関連する政策については，分析者によってその対象は多様である。本書では，理論的枠組みとしての雇用制度の機能を補填するのに必要な政策上の諸機能や福祉国家の展開から導出される諸政策に基づいて対象を特定していくこととする。具体的には，労働者の生活維持，労働市場の仲介，職場での公正さの実現に関する政策などが対象となる。ただし，雇用関連政策は，雇用諸制度とは異なる政治的要因，マクロ経済・社会からの影響を受ける側面がある。したがって，そうした影響を背景とした雇用関連政策の展開が，雇用諸制度の変容を呼び込む可能性も指摘できる。日本では，従来，雇用関連政策の規模の小ささが特質とされてきたが，本書では，雇用諸制度・システムとの関係を探求することでその内実や変容の方向性を探っていくことになる。

　労使関係については，労働者集団からの代表性を有した主体と経営側が交渉・協議する関係，すなわち集団的労使関係を対象としていることを明示しておきたい。このことは，労働者の集団的発言組織（20世紀においては労働組合）が労使間のルールの担い手として位置付けられていること，そしてこの組織が雇用諸制度の生成や機能に関わっていることに基づいている。しかしながら，労働組合はあくまでも労働者の自主的な組織であり，経営側にとっ

て組合内部でどのような選択が行われるのかは不確実な事柄であることも事実である。また，労働組合からの発言に基づく規制には雇用制度の目的とは整合しない要因が含まれている。したがって，雇用諸制度・システムと労使関係の両者は単純かつ円滑に連動するわけではないことにも留意していく。さらに，雇用諸制度・システムと労使関係の関わりのダイナミズムは，前者の生成のみでなく変容の分析における重要な論点ともなる。このことは，日本的雇用システムと日本の労使関係との対応という事例の中で具体的に示されることになる。

4　本書の構成

以上をふまえ，本書は以下の構成で叙述される。

序章　制度としての雇用
第Ⅰ部　理論的枠組み
　　第1章　雇用制度の理論
第Ⅱ部　諸制度
　　第2章　賃金制度——年功賃金制度
　　第3章　雇用調整制度——希望退職制度とソフトな雇用調整制度
　　第4章　採用制度——新卒一括採用制度
　　第5章　退職制度——定年制度
　　第6章　非正規雇用
　　第7章　女性雇用
　　第8章　日本的雇用システムとその変容
第Ⅲ部　関連領域
　　第9章　雇用関連政策
　　第10章　労使関係
終章　雇用の近未来

第 I 部 理論的枠組み

第1章　雇用制度の理論

第1章

雇用制度の理論

　ここでは，本書での雇用制度の理論的枠組みについて説明してい
く。これは本書全体の基礎となる部分であり，実際の現象の分析も
この部分に立ち戻りつつ行われ，解釈されていくことになる。具体
的には，まず経営側にとっての雇用制度の原点および目的は何かが
示される。そして，雇用制度が実現されるにはどのような難関が克
服されねばならないのかという観点から雇用制度を実現するための
機能とそれを担う諸制度が導かれていく。さらに，現状を評価する
場合の基準として，20世紀の雇用諸制度と日本的雇用システムの
定義についても説明される。

キーワード

雇用制度，請負制度，労働供給のリテンション，生活維持機能，コ
ミットメント実現機能，雇用と非雇用の不連続性，雇用制度に内在
する亀裂，20世紀の雇用諸制度，日本的雇用システム，正規雇用
中心主義①，正規雇用中心主義②

1 労働市場論へのスタンス

(1) 労働市場での売買

"制度として雇用"に関わる領域を取り扱う戦略的人的資源管理論や雇用関係論と本書との相違についてはすでに序章でふれた。ここでは，経済学での議論と対照しつつ説明していくこととする。経済学（労働経済学）のテキストでも，多くの場合，労働市場が市場一般とは異なることに関する議論から始められる。なぜなら，労働市場は商品（＝労働）と売手が不可分離であることによって通常の市場とは異なる側面があることが広く認められているからである[1]。したがって，労働市場には，労働環境や公正さの問題等が付随することになり，技能が陳腐化しても簡単には廃棄できないということもこれに加えることができるだろう。分析上は，こうした性格に配慮して労働市場を扱うということになるのであるが，現実にどの程度反映した分析ができているのかは別の問題である。労働という商品の特殊性をふまえた分析というのは，「言うは易し行うは難し」の典型なのである。

ところで，経済学において高い抽象度で扱うと，労働市場で取引され売買されている労働は，特定の仕事について一定の量と質の供給が確定されたものとなる。雇用契約そのものに注目しない場合には，こうした扱いがしばしばなされる。労働市場においてはこの意味での労働が，提示（労働者）・探索（経営側）され，売買されると把握される。

だが，本書の立場から見ると，この意味での労働は，相対的には請負制度の目的や労働のあり方に整合的であることをまず指摘しておく。なぜなら，請負制度は，あらかじめ定められた特定の製品・サービスを，ユーザー企業の指揮命令なしで納入・提供する仕組みだからである[2]。これに対して雇用契約は，特定の仕事の契約とは異なり一定の質と量の労働供給が前提とされていないという重要な相違点が存在する。したがって，本書の立場では，労

---

1) たとえば，標準的テキストとして Ehrenberg and Smith（2009），樋口（1996）参照。ただし，前者では，あくまで労働市場を「市場」として扱うことの意義，後者では現実と理論のバランスをとることの重要性が強調されている。

働市場で売買されるものは，先に述べた意味での労働という商品にはならないのである。

(2) 約束の売買

では，労働市場においては何が売買されていると考えるべきなのであろうか。本書では，それを"経営側の指揮命令のもとで労働するという約束"（＝意思）であると見なす[3]。雇用契約においては，契約が成立しても本当に経営者の意図通りに働くかについては確定的ではないことを重視するのである。別の表現をすれば，経営者の意図通りに働くことが実現しているという事態は自明ではなく，説明を要する事柄であるととらえるのである。労働市場で売買されるのは経営側の指揮命令で働くという約束（＝意思）であるという立場に立つと，その約束を実現させる枠組み（＝共有された期待）としての雇用制度の重要性が浮かび上がる。このような位置付けの雇用制度こそ，労働市場の特異なあり方をふまえた分析の基盤となりうると言い換えることができるのである。

これに類似する考え方は，新制度学派経済学にも見られる。雇用関係をプリンシパル（雇用主）とエージェント（労働者）の関係に見立て，エージェント側に自由裁量の余地が存在することとそれに対応してさまざまなコストが発生することに注目する議論である[4]。また，雇用契約の不完備性という特質に注目する議論もこれと関連している。経営者は需要の変動などの不確実性に直面するため，契約書には仕事について事前に特定された形で詳細に書かれることはない。また労働者には経営側からの命令を受容できる範囲が広

---

2) 法的には，仕事の完成責任の有無で請負と準委任は区別される。ただし，現場での実務用語としては，両者は業務委託として総称されることもある。本書では，理論レベルで雇用制度と比較する場合は，それと最も遠い請負制度という術語を用いる。また，実際にユーザー企業からの指揮命令を受けず（建前上も含めて），その職場で働く事象を扱う場合には業務委託と呼称することとする。

3) このような考え方については，たとえばCommons（1924, 1995）の発想を参考にしている。

4) この議論では，労働者の行動を逐一監視するコストは禁止的に高いことが前提となっている。これについての入門的説明としては，Picot et al.（1997, 邦訳 1999）参照。

14　第1章　雇用制度の理論

く存在すると想定する。別の表現を使えば細かく規定された契約では，一つ一つについて交渉しなければならないという高コストの問題が生じることになると考えるのである[5]。

　このように広義の制度学派による労働市場での売買形式のとらえ方には共通している面も見出せるが，本書は以下のような特徴を有している。第一に，序章でもふれたように，本書では，超歴史的な雇用ではなく法人としての企業が生成していることを前提とし，企業が継続していくという観点から導かれた原点と目的から出発して雇用制度を把握していくことである。とくに，雇用制度の原点を労働供給の保持（リテンション）として把握する点に特徴がある。第二に，社会レベルでの諸主体の集団としての行動と合意を中心に把握していくことであり，その中でも労働者が自由な意思をもち退職の自由があることと上述のリテンションの指向との関係がどのように調整されていくのかが重視される。また，この調整の過程が，雇用制度による労働者の生活維持機能にいかにつながっていくのかも焦点となる。第三に，雇用制度の内側と外側の落差の大きさという特質が，雇用制度が具体化されていくうえでいかに克服されていくのかという観点も本書での特徴である。これらによって，雇用制度が持続可能な諸制度・システムとなった要因，さらには経営側が抱え込むことになった制約などが説明される。以下，上述の点について詳しく説明していく。

2　雇用制度の理論的枠組み

(1)　原　　点

　雇用という術語の意味は広く，たとえば一人の人間が一人の人間を雇っている状態も雇用と記述することもありうる。したがって，対象を限定していく必要がある。先に述べたように，本書では現代における一般的な雇用を分析対象としており，法人としての企業組織を前提とした分析をしていくこととする。また，この場合の企業は，継続性を帯びる実体としての企業として

---

　5)　こうした議論を相対化する試みとしては，Simon（1991）参照。

把握されていることも付言しておく。

そのうえで本書では雇用制度の原点を，"経営側の意に適う労働供給の保持＝リテンション"と設定する。この観点から雇用制度を把握するのが本書の立場である。また，本書での原点という術語の含意は，それを欠いては経営が遂行できない（＝何も始まらない）ということである。したがって，この観点からいえば，雇用制度にとっての最大の危機は，リテンションの危機であり労働者の過剰ではなく不足である。また，継続性を前提とする企業が存立するには，労働供給が継続しているという意味で労働者からの信頼が獲得できていることが必要となる。雇用制度である限り上述の意味での原点は不変であると考え，具体的な雇用諸制度も雇用システムもこの観点からの分析が選択されるのである。

(2) 目　　的

労働供給のリテンションの実現という原点をもう少し具体的に表現するために，経営側は何を究極の目的として雇用制度を選択しているのかを考えてみたい。結論から述べれば，本書では，雇用制度の目的は，"労働者の退職の自由と経営者の解雇の自由という条件のもとで，経営側の指揮命令を実現すること"ととらえている[6]。重要なのは，指揮命令の実現がもつ意味であるが，これを請負制度との対比で考えていく。具体的には，二つの内容に注目するが，その第一は不特定労働の実現であり，第二は仕事遂行上の不確定性低減である。

まず，第一の不特定労働の実現について説明していこう。企業活動を遂行していくうえで環境条件の変動への対応は不可欠のものとなる。しかしながら雇用制度においては，リテンションが優先され，その都度労働者を解雇・採用を繰り返すことはない。したがって，請負制度のような量や質が特定された労働（サービス）ではなく，究極的には労働者は何でもする（できるようにする）ことが要請されるのである[7]。

---

6)　March and Simon（1958，邦訳 2014）では，「従業員と組織の関係は，従業員が組織に加わる際に権限関係を受容するという一点において他の参加者のそれとはまったく異なる」（邦訳 114 ページ）という記述を見ることができる。

16 第1章 雇用制度の理論

　第二の仕事遂行上の不確定性の低減は，請負制度に内在する問題の克服という観点から説明できる。それは労働供給の量的・質的な不確定性の問題である。請負制度は，経営側による指揮命令が欠如しており，必要な労働供給を安定的に調達するという目的にとっては整合的ではない。たとえば，労働者が規則通りに出勤してくるということ自体，現場では自明の前提とすることはできなくなる。経営側の意に適う労働供給の実現にとっては，この不確定性の低減は不可欠なのである。ただし，仕事遂行上の不確定性は，後述するように雇用制度にも内在する問題である。したがって，正確には"雇用制度によってこの不確定性を相対的に低減させる可能性を獲得することができる"と表現すべきである。また，不確定性によるコストが重視されない場合がありうるため，雇用制度が主流である現実の社会においても，製品を納入する請負だけでなく，サービスの納入としての業務委託（請負＋準委任）も機能し続けることになる。

　第一で述べたことと第二で述べたことをまとめて端的に表現すれば，雇用制度とは，"経営側が労働供給のリテンションを前提に労働内容の特定性と不確定性を低めていくことを目指す制度"である。そして，この目的にとっては請負制度ではなく雇用制度が相対的には理に適っているのである。

⑶　三つの難関

　経営側の目的通りに上述の内容の指揮命令が実現できるとしたら，雇用制度は経営側にとってきわめて有効なものとなる。だが，本書では雇用制度がその目的を果たすためにはいくつかの難関をくぐらなければならないと考えている。なぜなら，雇用制度は，奴隷制度の否定のうえに成り立っており，解雇の自由だけでなく退職の自由という条件のうえに成立するからである。また，雇用制度においては労働者は経営側の指揮命令に従う関係に置かれ，その点では拘束性が強い。また，雇用制度の外部との接点の処理の問題から

　7）　関連して，Cappelli（2012）では，電化製品の部品を取り換えるように労働者は雇用されるのではないことが強調されている。本書の立場から表現すれば，雇用制度には採用後に労働者がさまざまな仕事に対応できるようにしていくことが付随しているのである。

も自由ではないのである。

難関の第一は，指揮命令を受け入れる労働者の意思の更新を不断に行う必要があるという点である。経営者の指揮命令を達成するという目的と，労働供給の主体が奴隷ではない意思のある労働者であるということとの間には大きな溝がある。雇用契約が結ばれたからといっても自動的に指揮命令が実現されるわけではない。また契約に一挙手一投足を書き込むことは不可能であり，書き込んだとしてもその直接の監視コストは禁止的に高いのである。そこで必要となるのが，指揮命令を受け入れる労働者の自発的な意思の不断の更新ということになる。本書では，この不断の意思を労働者のコミットメントと定義する。コミットメントという術語はさまざまな意味で使われる。本書の雇用制度の理論では，"離職せずに経営側の指揮命令に従う"という意味である。約束を守るという自己拘束（経済学）とは異なるし，強い積極性を帯びた関わりを意味する組織コミットメント（経営学）とも区別される。

難関の第二は，上述のコミットメントの維持のために，労働者の生活の維持が必要となる点である。雇用制度においては指揮命令の実現のため労働者への拘束性は相対的に強い。そして，退職の自由はある一方で他に生活手段のない広範な層を対象としている。したがって，コミットメント実現のために何らかの形での労働者の生活の安定性の見通しを実現しなければ，経営側は離職の可能性に直面することになる。このことは，仕事遂行上の不確定性を上昇させてしまうことを意味し，雇用制度の原点や目的と矛盾することになるのである[8]。交渉上不利な立場のはずの労働者側に一定の交渉力が発生する根拠の一つもこの点にある。経営側からの解雇の脅しは，指揮命令の実現への無制約で万能な手段ではないといえるのである。

難関の第三は，雇用と非雇用の不連続性の高さへの対応の必要である。自営業的な就労とは異なり，雇用制度は雇用されている状態とされていない状態との深い断絶を生み出す。したがって，雇用—非雇用の間の移動を円滑化することが図られなければならない。また，非雇用状況に陥った場合の激変

---

8) この議論は，心理的契約理論における「コミットメントと保障の関係」と一部重なっている。だが，心理的契約理論はあくまでも労働者の主観（信念）を重視しており，本書ではリテンションという雇用制度の原点を重視している。

を緩和することも雇用制度の機能にとって不可欠な要素である。このように，雇用制度の枠組みをその外側との接点をも考慮して設定することは本書の特徴の一つである。また，移動の円滑化や激変の緩和の問題は，労働を担う人間を簡単には廃棄できないという制約の反映である。

　以上三つの難関をくぐらなければ，雇用制度の目的に接近することはできず，雇用制度は現実化しない。だからこそ，単なる雇用契約以外の固有の諸制度が要請されることになるのである。

⑷　経営側にとっての制約

　雇用制度の理論的枠組みを上述のように把握していくことの特徴を，以下の3点で確認しておきたい。まず，雇用制度の理論を考える場合，功利主義的あるいは機能主義的分析が示唆するところは多く，本書でもそれから多くを学んでいる。しかしながら，制度の現実的な機能や進化を説明するためにはそれに偏った議論を選択することはできない。本書での雇用制度の把握は，シンセティックな議論に展開可能なものとして設定されているのである。これが第一の点である。第二に，本書では，人間的要素を雇用制度と対立させて，たとえば"モノとしての扱い vs ヒトとしての存在"といった図式を軸とするような議論は行わない。労働者の主体性や経営側に比しての交渉上の立場の不利といった論点を重視すること自体は決して誤りではない。しかしながら，そのことと，雇用制度と労働者との対立面を中心に議論を組み立てていくこととは同義ではない。対立面や労働者の交渉上の不利のみを強調する立場からは，雇用制度が長期にわたって社会に選択され発展してきたという現実を整合的に説明することは難しいと考えるからである。

　第三に，経営側のリテンションへの指向を軸にした本書の把握は，雇用制度を機能させるうえで経営側がいかに制約を受けているのかという論点を浮かび上がらせるという意図に基づいている。また，こうした把握は，短期的な利害関心からの賃金の切り下げや解雇といった経営側の機会主義的行動を抑制するような規制が外部から加えられても，それを妥当なこととして受け入れて適応していく余地が雇用制度に内在しているとすることをも示唆している。本書は，こうした規制が相当程度定着していく論理を，労働者の従属

性や社会的損失（負の外部性）の是正の必要だけで説明する議論ではないのである。

　繰り返しになるが，このような把握は，人をモノのように扱う雇用の実態が存在しうることや労働者の交渉上の不利を否定するものではない。

(5) 亀　　裂

　雇用制度の理論的枠組みとして付け加えておくべきことは，雇用制度に内在する亀裂についてである。この問題は，ホワイトカラーとブルーカラーの問題[9]，20世紀の雇用諸制度の歴史性と現在の変容などを考える際に重要な論点となる。

　本書では，雇用制度には二つの異なる関係が入り込んでいるととらえている。具体的には，"無限定的・全人格的献身と厚い生活保障" という関係と，"特定のサービスの納入と成果報酬" という関係の二つである[10]。前者は企業内的存在である経営幹部職員に見られる仕事と報酬の関係であり，後者は請負労働者に見られる仕事と報酬の関係である。

　ところで，本来一般の労働者は企業の外部の存在である。その点のみに注目すれば，彼／彼女らとの契約は原材料の購入と同じと見なされてもよいし，むしろ請負制度が整合的であることになる[11]。それにもかかわらず，雇用制度において一般の労働者が企業内的存在に位置付けられたのは，雇用制度の目的を果たすため，言い換えればそのメリットを生かすためである。つまり，雇用制度は，性格がまったく異なる要素を "無理を押して融合" させることによって成り立っているのである[12]。したがって雇用制度には，双方の関係の要素が入り込んでいる。不特定サービス提供の要請と生活維持は，

---

9)　ホワイトカラーおよびブルーカラーの定義は非常に困難ではあるが，ここではさしあたり，仕事上では非現業労働者と現業労働者をイメージし，身分上は後者における昇進の壁（制度上）の存在を重視している。

10)　森（1988）は，こうした論点に関連する先駆的業績であるが，主に前者を重視する。なお，本書でのこの区分については，中西（1998）において，日本の賃金観が江戸期の武士層における「扶持」と庶民における「賃料」に由来するとしている点に示唆を受けている。

11)　この点は，岩井（2003）を参考にしている。

20 　第1章　雇用制度の理論

経営幹部の制度からの反映であり，退職・解雇の自由は請負労働者の制度からの反映であると解釈できる。

雇用制度は，"無理を押しての融合"として成り立っているが，そのことに成功しているからこそ雇用制度は広がりをもったともいえる。他方で，雇用制度は決して一枚岩ではとらえられず，常にその内部での亀裂が問題となりうることも意味する。したがって，経営幹部的要素と請負的要素との関係がいかに処理されているのかは，雇用制度が具体化された諸制度の分析にとって重要な論点となる。また，国際比較や制度進化にとっても有効な視角なのである[13]。

3　雇用制度の実現

(1)　生活維持機能

先に述べた三つの難関に対処するために，雇用制度には具体的な機能が要請される。この機能を果たすことで理論的枠組みとしての雇用制度が実現されることになるのである。

まず，第一に挙げられるのが，労働者の生活の維持を実現する機能である。繰り返しになるが，労働供給のリテンションという原点に基づき経営側の指揮命令を達成するために，生活の維持や雇用の継続性を実現する機能とそれを担う諸制度が必要となるのである。この機能を帯びることは，経営側から見ればあくまでも雇用制度を機能させるために随伴せざるをえない結果であり，その意味では意図せざる結果である。だが，それにもかかわらず雇用制度は何らかの形での生活維持の機能を帯びることになる。この生活維持機能は，生身の人間を経営側の指揮命令に従う形で強く拘束することへの代償

---

12)　佐口（2005）では，請負と奴隷との対比で二つの異なる関係について展開している。また，稲葉（2005）では，明瞭に雇用の二つのルーツを示しており示唆的である。関連して，比較法の議論としては，Deakin（2008）を参照。

13)　経営幹部的要素はホワイトカラー上層的要素と言い換えることができる。この上層としての要素は20世紀に希釈化しつつ広がりを見せる。この過程での経営幹部的要素と請負的要素の接近は先進国で共通に観察されるが，日本では固有のあり方を示すことになる。

（あるいは責任）として解釈され，この機能への期待が社会の諸主体に共有されていったと考えられる。また，このことは，実際に雇用労働の代償である賃金によって人々の生活のすべての領域に必要な費用がすべて賄えていることを意味するものではない[14]。しかしながら，雇用制度が何らかの形で生活維持機能を帯びざるをえないということは，雇用制度が社会に広く受け入れられていく根拠の一つであると考えられる。雇用を通じて企業の社会的責任が生じていく究極的な根拠はここにあるといえる。

(2) コミットメント実現機能

　第二は，労働者のコミットメントを現場で実現する機能である。先に述べた議論を繰り返せば，生活維持機能に関する機能とそれを担う諸制度の存在こそが，労働者にとって解雇や自発的離職のコストを上昇させることになり，コミットメントの実現に寄与することになる。この点を重視していくというのが本書の立場であり，だからこそ生活維持機能とそれを実現する諸制度を第一に挙げた。だが，生活維持機能はコミットメントの実現にとっての十分条件ではない。たとえば，インセンティブ等によってコミットメントを直接的に促進する機能と諸制度も必要となる。さらに，コミットメントの促進に関しては，労働者にとっての自発性や公正さの実現に関する制度などが挙げられる。また，コミットメントの実現にとって好ましい労働者の採用や好ましくない労働者の解雇に関わる諸制度も含まれることになる[15]。労働者が自由な意思の選択の結果として当該企業で働き続けているという関係の背後には，このような雇用諸制度が機能しているのである。

---

14)　本書では，"人の生活を支える無償のケア労働の領域"については議論できていない。この論点については藤原（2017）参照。また，雇用の生活維持機能を補塡する政策については第Ⅲ部で説明される。

15)　"経営側の指揮命令を受け自発的に仕事を遂行しうる程度の能力"の保有が，「好ましさ」の最低条件として考えられる。本書での理論的枠組みにおいて，雇用制度が機能しているということは，労働者が最低限このレベルの能力を保有していることを意味している。

22 第1章 雇用制度の理論

(3) 雇用─非雇用の不連続性への対応機能

第三は，雇用─非雇用状態の間の不連続性の高さに対応する機能である。雇用制度とその外部との接点においては，処理すべきさまざまな問題が発生する。たとえば，雇用制度はブルーカラー層も含めた一般の労働者を企業内部の存在と位置付けることで生活維持機能が期待される制度となって現実のものとなる。したがって，たとえば高齢を理由に労働者を解雇するようなことは雇用制度の原点や目的の整合性が問題となる。ここでの摩擦を低減させる出口の諸制度が要請されるのである。他方で，入口においては，良好で安価な情報に基づいて適切な労働者を採用することや仕事への適応も円滑化することが必要であり，そのための諸制度が要請される。このように雇用制度に随伴される雇用状態と非雇用状態との不連続性の深刻さを何らかの形で緩和していくことが，退職と解雇の自由を実質化するうえで必要になるのである。また，失職時の生活手段の喪失という激変を緩和する諸制度も同様の効果を有する。なお，この入口と出口は，雇用制度の内部と外部の接点でもあることから，政策や企業外組織からの規制を直接的に受けやすい局面でもある。

以上の雇用制度の理論的枠組みをふまえ，現実化した雇用諸制度はどのように把握されるべきなのであろうか。これまでの議論に基づき，20世紀の雇用諸制度に関する仮説と本書での日本的雇用システムの定義について説明していこう。

4　雇用諸制度の分析枠組み

(1) 20世紀の雇用諸制度

実際の雇用諸制度の分析に先立って，20世紀の雇用諸制度に関する仮説について簡単に説明しておきたい。第Ⅱ部において，日本の雇用諸制度の一般性と特質を議論する際に，一般性についてはこの仮説をふまえたうえでの説明が試みられる。

まず，雇用制度は，先進諸国において20世紀になって，大企業体制，大量生産方式，産業民主主義[16]という歴史的環境とともに具体化されたと考

えられる。そしてそれは，成人男性中心の長期的雇用を現象させることとなったのである。そこでは，生活維持機能とコミットメントを実現する制度が，ブルーカラー層も含めた幅広い層を対象として実現した。国による多様性に留意しなければならないが，このことは，企業によってこの幅広い層が，継続的な生活の安定を約束され能力を発揮する主体として認知されたことを意味するといってよい。同時に，これは本来的には亀裂を含む二つの関係が，一部ホワイトカラーのグレイ化（ホワイトカラー下層），ブルーカラーの地位向上によって，雇用諸制度において接近した過程でもあり，雇用制度に内在する亀裂が表面的には緩和の方向に進んだ現象と見なすことができるのである。

　他方で，20世紀の雇用諸制度には，いくつかの脆弱性が内在していたと考えられる。長期的雇用が実現しつつある中で，退職の自由の実質化は遅れをとることとなった。また，非典型雇用や女性雇用に見られるように，インサイダー・アウトサイダー問題が深刻となったのである。1980年代後半以降の20世紀の雇用諸制度の変容は，外生的ショックのみでなく，こうした内生的要因にも促されることになる。

　20世紀の雇用諸制度での生活維持機能に関わる制度や雇用と非雇用の落差を緩和する制度は，政策による補填を伴うことになった。その一部は企業内福利制度から社会保険へという発展経路をたどったが，それらが政策手段と理念において体系化されたものが福祉国家である。そこでは，雇用差別の禁止等の新しい政策も付け加えられることになる。さらに，このような雇用諸制度の機能に労使関係やその担い手としての労働組合の行動が関わることも20世紀（後半）の特徴の一つである。この関わり方は本書での分析対象となる。

(2)　日本的雇用システムとしての把握

　日本での雇用諸制度を一つのシステムとして把握するには，対象となる雇用諸制度を特定の理論に基づいて選択したうえで，それらの相互補完関係が

---

16)　この意味については第Ⅲ部第10章を参照。

24 第1章 雇用制度の理論

認められなければならない。そして，本書では，1960年代後半から90年代半ばにかけての日本の雇用諸制度をシステムとして把握することができると考えている。すなわち，日本的雇用システムを，年功賃金制度を基軸とした雇用諸制度の相互補完関係と定義し，変容期としての現状を観察する基準としていくのである。日本的雇用システムの確立の経路はどこまでも遡ることは可能だが，ここでは1940年代後半から50年代を諸制度の原型が単発的に発生した時期とする。そして，60年代後半から70年前後にかけて，年功賃金制度が本格的に確立し，それを軸とした相互補完関係＝システムが確立した。90年代後半以降はその変容の開始が観察される時期である。このようにとらえられる日本的雇用システムを日本の雇用諸制度の現状を評価する基準とすることができると考えるのである。

　日本的雇用システムでの分析対象となる雇用諸制度を，雇用制度の理論と20世紀の雇用諸制度への仮説から導出すると以下のようになる。まず，主に生活維持機能とコミットメントの実現からは，賃金制度，雇用調整（保障）制度等が挙げられる。主に雇用—非雇用の不連続性の高さへの対応機能に関わる制度としては，採用制度と退職制度が取り上げられることになる。ただし，これらの制度は生活維持機能やコミットメント実現機能にも関わっている。以上の諸制度を日本的雇用システムでの雇用諸制度として特定すると，年功賃金制度，希望退職制度（＋ソフトな雇用調整制度），新卒一括採用制度，定年退職制度（以下，定年制度と略記）となるが，その含意は第Ⅱ部の中で明らかにしていく。なお，雇用調整制度は雇用保障制度と表裏の関係にあるものとして位置づけられる[17]。また，20世紀の雇用諸制度におけるインサイダー・アウトサイダー問題での非典型雇用としては，非正規雇用に関わる諸制度が検討対象となる。女性雇用に関わる諸制度については，若年

17）　企業内訓練制度，とくにOJT（On-the-Job Training）は，しばしば雇用諸制度の「日本的」要素の中心に位置付けられてきた。だが，本書では，注15）にもあるように，（企業内）訓練制度を取り込む形では雇用制度の理論的枠組みを提示していない。また，それを取り込む形での20世紀の雇用諸制度の仮説も提示していない。よって，この領域は，"OJTが機能する制度的環境"という視角から取り扱うことになる。また，労働時間制度は，賃金制度に関連して言及し，詳しくは第Ⅲ部第9章の雇用関連政策の中で議論する。

期・短期・正規雇用とパート雇用制度が中心となるが，その背後にある高学歴女性の無業化についても検討する[18]。

日本的雇用システム全体の特質を表現する場合，本書では正規雇用中心主義①・②という概念を使用する。正規雇用中心主義①とは，正規雇用のメリット（経営側にとっての労働供給の確定性と柔軟性，変化への対応能力等）の全面的活用を意味する。正規雇用中心主義②とは，正規雇用と不正規雇用の分断性の強さを意味する。これらの具体的な内容については第Ⅱ部での叙述で明らかとなる。

ところで，日本の雇用諸制度のパフォーマンスに関連して，国際比較上の特徴を数値で相当程度確認できる領域がある。たとえば，ホワイトカラーだけでなくブルーカラーも共有している40歳代でも上昇し続ける賃金カーブの形状，若年者失業率の低さ，高年齢男性の雇用の激変と高い就業率，賃金・雇用面での男女間格差の高さとその維持等である。これらの特徴は日本だけに見られるわけでないが，一定の傾向を示すグループの一員であることは主張しうる。そして，これらの数値の背後の雇用諸制度を推測すると，年功賃金制度，新卒一括採用制度，定年制度，女性雇用に関わる諸制度等を挙げることができる。

他方で，雇用諸制度のパフォーマンスに関して，数値だけでは必ずしも明瞭な特徴を確認できない領域も存在する。たとえば，雇用調整（保障）については，そのレベルを解雇困難度の指標や雇用調整速度だけから特定することは容易ではない。また，非正規雇用については，定義上の問題もあり，外形上の数値だけからは，日本の特徴を析出できない。これらの領域については，たとえば現実の雇用調整でのルールや，正規雇用—非正規関係の特定を通じて比較を行っていくことが有効である。

なお，本書で「日本的」あるいは「日本の特質」という表現をする場合，その要素の特定が目的ではなく，あくまでも暫定的・限定付きの意味合いで使用していることを強調しておきたい。本書では，雇用制度の理論を前提に，個別事例としての日本的雇用システムの内部構造の解析を重視しているので

---

18)　なお，内部昇進制度に関わる領域は，賃金制度や採用制度の説明の中で扱われる。

ある。

本章のポイントのチェック

A 「労働市場で売買されているのは労働という商品ではない」とはどういう意味か？

B 雇用制度は請負制度と比較して，どのような点で優位性が認められるのか？

C 雇用制度において，経営側の機会主義的行動が抑制される可能性が存在するのはなぜか？

D 雇用制度に内在する二つの関係（亀裂）とは何か？

E 日本の雇用の現状を分析するうえで，日本的雇用システムという概念を用いる意義はどこにあるのか？

第Ⅱ部

諸制度

第 2 章　賃金制度
　　　　　───年功賃金制度

第 3 章　雇用調整制度
　　　　　───希望退職制度とソフトな雇用調整制度

第 4 章　採用制度
　　　　　───新卒一括採用制度

第 5 章　退職制度
　　　　　───定年制度

第 6 章　非正規雇用

第 7 章　女性雇用

第 8 章　日本的雇用システムとその変容

第2章

賃金制度

年功賃金制度

　日本的雇用システムを代表する賃金制度は年功賃金制度である。ここでは，まず雇用制度における賃金制度の位置付けと20世紀の雇用諸制度でのその具体化について説明する。そのうえで，年功賃金制度を構成する核心部分を明示していく。年功賃金制度は単に年齢や勤続の進行に従って賃金水準が上昇する制度ではなく，そこには多くの機能が埋め込まれている。さらに日本的雇用システムにおける正規雇用中心主義①や雇用諸制度の相互補完関係を分析するうえでも中心的存在である。ここではこうした機能や合理性（妥当性）を説明するとともに，年功賃金制度の生成経路や脆弱性等も説明する。

キーワード

成果主義賃金，年功賃金制度，時間払い賃金制度，出来高払い賃金制度，後払い賃金制度，能力管理，人事評価（考課）制度，職能給制度，定期昇給制度，役割給

1 何をどう扱うのか？

(1) 成果主義賃金と年功賃金制度

2000年前後から，日本の賃金制度の領域においては成果主義賃金の嵐が吹き荒れた。その導入の背景には，従来からの年功賃金制度では仕事の成果を賃金に反映できず，ホワイトカラーの低い生産性を克服できないといった議論も含まれていた。このような実証を伴わない議論はすぐに批判に晒され[1]，成果を短期で差を大きくした形で賃金に反映させる純粋な成果主義賃金は実際には導入されなかったか，導入されてもすぐに修正されることとなった。

しかしながら，この一連の成果主義賃金の導入の模索は，従来の賃金制度の変容の重要な要因の一つになったことも事実である。では，なぜ純粋な成果主義賃金は年功賃金制度にとって代わることができなかったのか。そして現在の賃金制度はどのようなものとして位置付けることができるのだろうか。こうした問いに答えるためにも，従来の年功賃金制度とは何なのかについて立ち入った検討を行ったうえで，その変容局面を展望していく必要がある。ここでは，雇用制度における賃金制度の位置付けから説明を始めていく。

(2) 雇用制度と賃金の支払い制度

まず，賃金制度は雇用制度の中で生活維持機能の実現とコミットメントの実現の双方を中心的に担っているということを再度確認しておく。このことを，賃金の支払い制度としての，時間払い賃金と出来高払い賃金（能率給）を題材に見ていくことにする。

結論を先に述べれば，雇用制度との整合性が相対的に高いのは時間払い賃金制度である。この点をふまえつつ，時間払い賃金制度から検討していく。この賃金の支払い制度のもとでは，現実の出来高・成果とは無関係に，働い

---

1) 成果主義に関する対照的な議論としては，高橋俊介（1999），高橋伸夫（2004）を参照。

た時間に応じて賃金が支払われることになる。したがって，出来高払い制度とは対照的に，労働の成果に関わるリスクは経営側がとる。さらに，この賃金支払い制度には，出来高払い賃金制度に内在するような計測コスト問題等は内在しない。しかしながら，この賃金の支払い制度が機能するには，期待される労働供給の実現が前提とならなければならないことに注視する必要がある。別の表現をすれば，時間払い賃金制度自体には，その仕組みが内在していないという問題が認められるのである。

次に，出来高払い賃金制度について検討してみよう。この制度のもとでは，出来高に対応して，換言すれば特定の労働への成果として報酬が支払われる。この賃金支払い制度は，個人の能力・努力と収入の相関の高さに特徴がある。そして，強いインセンティブのメカニズムを有し，能率向上の実現に結果する。他方で，報酬はノイズ（あるいは運）に左右される側面も強く，労働の成果に関わるリスクは労働者がとることになる。つまり，本人に帰責しない原因で成果が下がっても，その責任は労働者が負うのである。また，この賃金の支払い制度には，先述したように出来高の計測コストと単価設定の問題が内在する。出来高・成果を計測することが難しく，そのコストが高すぎると適用できないことになる。また，能率が上昇しすぎると，経営側に単価切り下げのインセンティブが生じ，そのことが結果として能率向上への阻害につながるという問題も生じやすい[2]。

これまでの叙述をふまえると，出来高払い賃金制度には，労働供給のリテンションや生活維持機能の面から見て，雇用制度と乖離する要素が多く含まれ，むしろ請負制度との親和性が高い。したがって，この点を重視すれば，相対的に雇用制度と整合性が高いのは時間払い賃金制度ということになるである。

しかしながら，すでに第Ⅰ部（第1章「雇用制度の理論」）で説明した雇用制度に内在する亀裂をふまえると，単純には処理できないことがわかる。たとえば，ブルーカラー層は，時間払い賃金制度に親和的ととらえられるかもしれない。なぜなら，時間払い賃金制度は，労働時間制度が前提となっており，

2）賃金の支払い制度については，山本（1994）から多くを学んでいる。

32　第2章　賃金制度

働き方としては工場労働モデルになっていると考えられるからである。ところが，この層は元来企業から見れば相対的には労働供給の不確定性が高い存在である。この点においては，時間払い賃金制度と整合しない面が認められるのである。これに対して，ホワイトカラー層は，労働供給の不確定性の低さ（忠誠，信頼）という点では時間払い賃金制度と整合であるように見える。だが，働き方との関係で見ると，一斉始業・一斉終業の工場労働モデルに適合的とはいえず，その意味では時間払い賃金制度とは整合しないのである。

このように，雇用制度と相対的に整合するのは時間払い賃金制度ではあっても，ブルーカラー層に適用する場合には，時間の中で指揮命令通りに働くという意味でのコミットメントを実現する制度が不可欠となる。したがって，ブルーカラーの賃金制度の変遷の過程の中で，出来高払い賃金制度の要素は能率給としてその地位を一定程度保持していく。他方で，ホワイトカラー層に時間払い賃金制度を適用することには，働き方との離齬という問題が付きまとうことになるのである[3]。

このように，賃金制度を考える際には常に雇用制度との関係に立ち戻ることが必要であり，これが本書が賃金制度を説明していくうえでの基本的観点である。

2　賃金制度の具体化

(1)　生活維持

個々の賃金水準の決め方において重視される要素という観点から見ると，生活給，能率給，能力給というカテゴリーでの賃金制度のとらえ方が浮かび上がる。まず，生活給について考えてみよう。本書では，生活給とは，雇用制度の生活維持機能が賃金水準における生活の考慮として実体化したものととらえている。また生活給はコミットメントの実現と対立するものではない。生活給によって雇用制度の生活維持機能が高まれば，それを失うことによる機会費用が上昇するからである[4]。

---

　3)　このことは，日本での成果主義賃金導入の動きの根底にある要因でもある。

2 賃金制度の具体化 33

ところで，生活の考慮と賃金の上がり方の結び付き方は多様であるという点にも注意を払う必要がある。生活給といえば，すぐに日本の年功賃金カーブが連想される。しかしながら，アメリカの賃金では生活への配慮はなかったと考えるのは誤りである。このことは，20世紀への世紀転換期に，高い雇用保障と賃金水準で良好な労働者の確保が図られたことからも明らかである[5]。また，第二次世界大戦後の一定期間において，物価水準との対応関係を反映させた労働協約のCOLA（生計費調整；Cost of Living Adjustment）条項が普及していった事実を見ることができる。賃金のあり方と生活への配慮の結び付き方は多様であっても，結果として生活への配慮が実現されていればよいのであり，必ずしも年功賃金カーブを必要とはしない。たとえある時点からフラットな賃金カーブが継続したとしても，生活できる賃金であることが重要なのである。

(2) 能率と能力

ブルーカラーのコミットメントの実現の手段として挙げられるのは，能率給の活用である。これは，労働の結果としての特定された量に賃金水準を何らかの形でリンクさせ，能率刺激を実現する方法である。ブルーカラーにおける請負的要素・出来高払い的要素の系譜の賃金制度であると位置付けられる。産業によっては，能率給が合理的である場合も存在し，経営側もこれを有効な形で維持していくことになったが，個人の能率・出来高というより，作業集団の能率が計測され，そのうえで個人に分配されるという方法がとられる場合が多かった。

しかしながら，この能率給が労働者全般にとっての主要な賃金制度として普及することはなく，むしろ能力の評価によるコミットメントの実現が重視されていったのである。たとえば，ホワイトカラーの労働は，元来，労働の結果を量で特定しにくい，あるいはそれにコストがかかりすぎる。したがって，別の形でのコミットメント実現の方法が選択された。一つの例は，それ

---

4) 生活給は，それによって生活のすべてを賄うことを意図したものでないことを，ここでも再確認しておきたい。

5) Jacoby（1997）参照。

34 第2章 賃金制度

ぞれのグレイドが必要とする能力を明確にし，それに基づく賃金管理を行う方法である[6]。管理機構の膨張によってホワイトカラーの大衆化が進行し，無限定的献身を前提にできない状況の中でコミットメントの実現の方法が模索された結果が，能力による管理であったといえる。メリットクラシー（能力主義の社会）はこうして企業内に浸透したのである。

　そして，ここでの能力は“区分された仕事に必要なもの”だけでなく，人的ネットワークの蓄積に基づく仕事の能力や貢献度としても観察されるものであった。20世紀のホワイトカラーの賃金の上がり方とその水準の相対的高さは，経営側からのリテンションの指向の強さと，それに対応する相対的に高いレベルの生活への配慮の結果と解釈できるが，同時にそれは，能力の差異・進展を計測する人事評価（考課）制度を伴うことになるのである。

　ところで，ここで問題となるのはブルーカラーと能力管理の関係である。ブルーカラーについては，出来高払いの系譜に位置する能率給によってコミットメントの実現が図られていた。だが，製造業においては，流れ作業方式の進展とそれに伴う工程管理・工数管理の生成が賃金制度にも影響を及ぼした。予定の生産量を生み出す作業を物理的に強制する手段が作られたのである。ブルーカラーにおける時間払い賃金問題は，時間を成果に直結させることで「解決」されたといえる。しかしながら，この点をそのまま解釈すれば，労働者は“生ける機械”以外の何者でもなくなってしまう。本書での第Ⅰ部（第1章「雇用制度の理論」）に立ち戻れば，労働者には退職の自由があり，統制を厳格化しても，現実に労働が供給されるためには労働者のコミットメントの実現が必要となる。時間と成果の近接も単に形式を整えれば達成するわけではなく，その条件作りの重要な位置をコミットメントが占めていることに留意する必要があるといえる。

　そこでまず要請されるのは，一定の賃金水準を保持することで生活維持機能を確保することによる，間接的な形でのコミットメントの実現である。だが，それだけではなく直接的にコミットメントを実現する賃金制度も必要と

　6）　アメリカのグレイド別賃金制度については，笹島（2008），Milkovich and Newman（2004）参照。

なる。結果として浮上する方法が，何らかの形での"能力への評価"である。つまり，能力に基づく管理の余地を，ホワイトカラーだけではなくブルーカラーという対象においても一定程度認めることができるのである。実際，採用・昇進・異動などでの能力の評価だけでなく，賃金制度そのものにも能力評価を，直接・間接に介在させる制度の事例を観察することができる。これは，経営側はコミットメントの実現のために，ブルーカラーも含めて能力を発揮しうる存在として承認したことと言い換えられる。とくに日本の場合はブルーカラーが能力による管理を積極的に受け入れていくことになったという点でこの極端な例である。他方で，アメリカでの職務給はそれとは対照的ではあるが，仕事の細分化を徹底して"人への評価"を間接化したものと理解することできる。ジョブの価値という回路を通してではあるが，間接的に"人への評価"を行うという方法である。関連して，先任権の運用でも，"応募者の中で能力が同じ場合に先任権を発動する"という建前であることや，先任権には能力の評価と必ずしも矛盾しない場合もあることに留意する必要がある[7]。

(3) 人事評価（考課）制度

　ここで，先述の賃金制度における能力評価の手段としての人事評価（考課）制度（以下，人事評価制度と記述）について説明しておきたい。人事評価制度は，労働者にとって賃金水準，昇進・昇格，配置，訓練機会など多方面に影響を及ぼす。さらには，最低の評価を受け続けることが事実上の解雇につながることもあるように，労働者の働き方や生活にとって重要な意味をもつ制度である。

　機会のピラミッド構造[8]を前提とすれば，選抜という形で処遇の差異を付けていく必要がある。その意味では，人事評価自体は説明の必要もない自明のことであると考えられるかもしれないが，制度としてそれを行うことには特別の意味がある。監督者が恣意的に差別できる（依怙贔屓）状態と比較す

7）　たとえば，経験年数と技能の高さとの相関が強い場合である。
8）　機会のピラミッド構造とは，報酬や権限において良好な機会は上位に行くほど少なくなることを意味する。

36 第2章 賃金制度

ると，人事評価が制度化されること自体は，恣意性を減じていく効果をもつ。諸主体にとってルールが明らかとなり，監督者自身がそれを遵守することを迫られるからである。むろん，意図的に差別に利用しようとすれば，ある対象者（たとえば女性）にあえて低い査定をして低い職位に留めることで離職を促すということも可能である。人事評価制度自体が恣意的選別を目的とした制度なのではなく，経営側がどのような意図で活用するのかでその機能が大きく異なってくるのである。

　ところで，人事評価制度には絶対評価と相対評価の2種類が考えられる。ここでの絶対評価とは，人事評価の基準・尺度に照らしてそのまま評価していくことを意味し，その評価に分布制限をかけて修正していく仕組みを相対評価と考える。問題は，絶対評価で生じるノイズである。たとえば，現在業績の悪い部門に配属された場合や評価が厳しい上司に当たってしまう場合である。前者の場合，業績の悪い部門の立て直しのために配置された有能な労働者は，業績の悪さのために低い人事評価を受けてしまうかもしれない。また，評価が厳しい上司に当たってしまった労働者は，よい仕事をしても高い評価を受ける確率が低くなる[9]。これらの場合には，労働者のモラールの低下を招き，ひいては離職という結果を招く可能性もある。絶対評価は，分布制限という修正が加えられないという点で努力して成果を上げた分だけ正当に報われる制度であるという受け止め方もあり，その意味では短期的には指揮命令に従いやすくなる局面もあるかもしれない。だが，上記のようなノイズとそれがもたらす結果は，リテンションという雇用制度の原点から見ると大きなデメリットといえる。

　ただし，相対評価については，しばしば共謀あるいはその反対に非協力的競争の可能性を伴うことに注意が必要であると指摘される[10]。具体的には，前者の例として共謀してサボり相対的に高い査定を受けた者の報酬を後に分配することが考えられる。後者の例としては，抜け駆け的競争に走り仕事上協力し合わないことが蔓延することである。したがって，相対評価を採用す

9）　これについては，Lazear（1998）参照。
10）　同上。

る場合には，これらへの対策が不可欠となる。共謀に対しては，高めの賃金設定で発覚した場合のコストを高くすることや，人事異動等で職場に共謀グループ外部の労働者を導入することなどが考えられる。非協力的競争に対しては，人事評価において非協力性をチェックできる項目を入れておく必要がある。実際の人事評価の項目を，アメリカでの事例に即して列挙してみると，職務熟達度，責任対応力，問題解決力，能力開発力，チームワーク，リーダーシップ，コミュニケーションスキルなどとなる。どのように活用するのかは別として，項目からは能力・実績だけでなく協調性等も評価する意図を見ることができる[11]。これは日本で情意考課と呼ばれてきたものと共通している。

　ところで，人事評価制度を実際に機能させていくうえで，経験上問題となってきたのは評価のエラーの発生である。しばしば指摘されるのは，ハロー効果（特定の長所や業績が先に見出されているとすべてをよく見てしまうこと）・寛大化傾向（抵抗感を抑えたいゆえに甘くなること）・中心化傾向（評価に自信がなく，労働者の抵抗を抑えたいために平均や中心に偏ること）・対比効果（考課者自身を基準にしてしまうこと）などである[12]。したがって，これらの傾向（効果）を回避するためには考課者訓練が求められることになる。

　以上のようなエラーを低減させる仕組みを工夫することはできても，エラーの発生自体は不可避である。それにもかかわらず人事評価制度が維持され，エラーの低減策が不断に追求されてきたのは，それが20世紀の雇用諸制度の特徴である長期的雇用と適合的だからである。人事評価制度には，労働者が能力を発揮し，現場の監督者がそれを実際の指揮・命令の内容に即して丁寧に評価していくという関係が埋め込まれているのである[13]。

⑷　後払い賃金制度

雇用制度は，生活維持とコミットメント実現という二つの機能を果たす諸制度を必要としており，賃金制度はそれらの機能の中心である。では，個人

---

11)　笹島（2008）参照。
12)　これについては，たとえば安藤（2008）参照。
13)　Cappelli（2016）参照。

38   第2章　賃金制度

の賃金カーブについてはどのような議論が成り立つのであろうか。これについては，20世紀の賃金制度，とくにホワイトカラーの一般的賃金制度としての後払い賃金制度が挙げられる。この制度での賃金カーブは，勤続や年齢が進行するに従って上昇するという形状を示す。経営側からのリテンション指向が強い対象に対して，貢献への報酬を遅らせることで自発的離職のコストを上げ，その実現を図ることが目指されるのである。そして，就職時から退職時を通じて，総生産性と総賃金の双方の現在価値が等しくなれば経済的合理性と矛盾しないことになる[14]。

　留意すべきは，後払い賃金制度が機能するには，労働者からの雇用保障への信頼が不可欠であるという点である。それでなければ，賃金水準が高くなった時点から経営側の機会主義のインセンティブ（解雇など）の問題に直面するからである。また，この賃金カーブは，先に述べた，主にホワイトカラーを対象とした，人的ネットワークを積み上げたうえでの仕事の能力と貢献度による管理とも矛盾しない。関連して，人事評価をもとに地位が向上し賃金も上昇する内部昇進制度は，後払い賃金制度と整合的であり，広い意味での後払い報酬の一種と見なすこともできるのである。

3　年功賃金制度

(1)　一般性と特質

　年功賃金制度は，後払い賃金制度であることと能力評価を含むという点で，20世紀の雇用諸制度における賃金制度（主にホワイトカラー）の一般性に対応していると見なすことができる。他方で，国際比較の観点から見た年功賃金制度の特質については，主に賃金カーブのあり方に注目して議論されてきた[15]。第一の特質は，ブルーカラーにおいても，ホワイトカラーに類似する年齢別賃金カーブの形状が認められる点である。第二の特質は，大多数の労働者の賃金水準が，40歳代においても継続的に上昇する点である。この

---

14)　勤続前期は生産性＞賃金，後期は生産性＜賃金となる。Lazear（1979），（1998）参照。

15)　年功賃金の賃金の上がり方の特質に注目した説としては，小池（1991）参照。

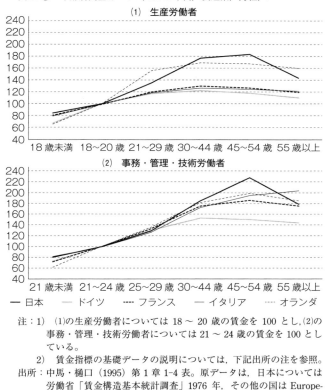

図2-① 年齢別賃金カーブ（1970年代，製造業，男性）1)

注：1) (1)の生産労働者については 18～20 歳の賃金を 100 とし，(2)の事務・管理・技術労働者については 21～24 歳の賃金を 100 としている。
　　2) 賃金指標の基礎データの説明については，下記出所の注を参照。
出所：中馬・樋口（1995）第 1 章 1-4 表。原データは，日本については労働省「賃金構造基本統計調査」1976 年，その他の国は European Community（1972）Structure of Earnings in Industry.

点もブルーカラーとホワイトカラーに共有されている（図2-①）[16]。

(2) 核心部分

年功賃金制度は，長らく日本での賃金制度の主流であると見なされてきたが，この制度自体が何を意味するのかはしばしば曖昧にされてきた。本書では，制度派労働研究の立場から，年功賃金制度は主に二つの明示的な制度によって成り立っているととらえていくこととする。その一つは定期昇給制度

---

[16] 40 歳代での継続的上昇については，中馬・樋口（1995）参照。

であり，二つめは職能給制度である。この二つの制度が年功賃金制度の核心部分である。

　まず，定期昇給制度という術語については多様な使われ方をしており，近年においてもその「廃止」をめぐって議論が混乱した経緯がある。本書では日本的雇用システムでの定期昇給制度は，以下のように限定して用いる。すなわち，ほぼ全員が定期的に対象となる昇給制度であり，昇給には年齢給としての生活昇給と勤続による技能の上昇への習熟昇給が含まれる。習熟昇給とは，たとえば職能資格制度を前提とすると同一等級内での号俸等の上昇である[17]。そこでは自動昇給ではなく人事評価が介在している。これに対して，昇進昇給は「ほぼ全員が定期的に」という限定からは外れる。多くの労働者が昇進をするのであるからこれも入れて定期昇給とする議論もありうるが，本書ではその見解はとらない[18]。

　次に，職能給という術語もさまざまな意味で使われてきたが，本書での日本的雇用システムにおける職能給制度は，職能資格制度の存在を前提としてそれによる格付けに基づく賃金水準の決定が行われる制度のことを指す。基本給の中心に職能給制度が位置付けられることでそれが確立したと見なしているのである。なお，職能資格制度は，戦前から存在する企業内資格制度の再編であり，きわめて柔軟な運用が可能な仕組みである。たとえば，勤続年数や年齢を重視して，ある等級の最長滞留期間を設定し一定の期間を経過すれば昇格できるといった勤続年数や年齢を重視する運用が可能であるが，他方で資格を上昇させる要件を厳格に運用することもできるといった具合である。

　以上の意味を込めて，本書では年功賃金制度の制度上の実質を定期昇給制度と職能資格制度として議論を進めていくこととする。

---

17) 職能資格制度とは，職務遂行能力によって労働者の序列（ランク）を決めていく制度である。文中の職能資格制度は各等級の内部が号俸によって細分化されている事例である。佐藤他（2006）参照。

18) 定期昇給制度の定義については，たとえば楠田（1984）参照。

(3) 機能と経済的合理性

年功賃金制度は，生活の安定と予見可能性の向上，身分統一と公正さの実現，能力評価と不断の開発といった機能を果たしてきた。制度の進化過程を見ると，年功賃金制度は，公正さと生活維持とを同時に実現する制度として生成した。ここでの公正さの実現の内実とは，ブルーカラーの要求であった"職員並み"（ホワイトカラー並み）の処遇の実現である。年功賃金制度での生活維持機能にとって，定期昇給制度とそれによる昇給基準線の明確化のもつ意味は大きい。ライフコースでの生活様式と賃金水準の対応（あるいはギャップ）関係が可視化されるからである。そして支払い能力のある企業においては，必要生活費の上昇に対して40歳代での賃金水準の継続的上昇で対応することが選択されたのである。"職員並み"の暮らし向きはこうして実現されていった。

また，この賃金水準の継続的上昇を支えるためには，ブルーカラーの能力評価と開発が要請された[19]。これが可能であった背景には，日本のブルーカラーは能力評価を肯定的に受け止めていたという経緯がある。そして，企業内資格制度が職能資格制度に再編されたことで，能力評価と賃金制度は従来に増して明確に結び付いたのである。年功賃金制度が，典型的な後払い賃金制度であること自体，それがコミットメント実現の仕組みとして機能することを意味するが，ブルーカラーも含めた労働者を能力評価・開発の対象としての位置付けていることは，公正さの実現とともに，コミットメントの維持・促進に寄与したといえる。なお，能力評価による賃金の決定が進んでいくことは，能率刺激策の結果を直接反映させる形での能率給の比率の低下を伴っていた。だがその一方で，現場の労働者は能率管理の厳格化に対応できる能力の不断の開発とそれへの評価を受け入れていくことになった。能力管理と能率管理は，こうした形で融合する部分を含んでいる。

以上のような意味で，年功賃金制度は，生活維持とコミットメント実現の双方の機能を帯びていたのである。

---

19) 野村（1993）では，賃金の上がり方が先行し，それが能力開発を促したという仮説を提示している。

42　第2章　賃金制度

　ところで，経営側が労働供給のリテンションを重視することを前提とすれ
ば，年功賃金カーブは後払い賃金制度として労働者の定着とそれに基づく人
事・労務施策の展開を促進できるという効果をもつ[20]。また，技術革新に
よる職務の変更にも柔軟に対応できる制度であることも指摘されている[21]。
つまり経済的合理性とも矛盾しないのである。その際に問題とされた論点の
一つは，労働者の生産性と年齢ごとの賃金水準にズレが生じることである。
この問題に対しては，しばしば公的年金制度のアナロジーを使うことによっ
て経済的合理性に矛盾しないと説明される。すなわち，一つは若年層からの
所得の移転である賦課方式という解釈，もう一つは若年時での「預託金」の
積み立て方式という解釈である[22]。

　ただし留意すべきは，双方の説明とも雇用保障への労働者からの信頼が機
能していないと成り立たないという点である。後払い賃金という制度が経営
側の機会主義的解雇を回避する制度を欠いては機能しないことはすでに述べ
た。また，年齢に対応した生活給の要素を有する年功賃金制度が機能するた
めには，若年時での相対的低賃金の受諾を実現する制度が必要となる。さら
に，高年齢時での退職を経営側の意図に矛盾しない形で実現する制度も必要
となる。これらの雇用諸制度については，後に説明することとなる。

　残される論点の一つは，大多数の40歳代での継続的賃金上昇（ブルーカ
ラーも含め）をどのように説明するのかである。この点の解明は今後の課題
だが，本書では主に必要生活費の上昇とその背景となる生活構造に着目すべ
きであると考えている。年功賃金制度は労働力不足，つまり経営側のリテン
ションの意欲がきわめて高い時期に生成しそれに対応する生活構造が作られ
ていったという経路がある[23]。経営側も，そこに込められた労働者側の生
活構造への期待を軽視することはできなかった。言い換えれば，この継続的

---

　20)　これに関しては，たとえば伊藤・加護野（1993）参照。
　21)　この点を指摘した初期の成果としては，小野（1989）参照。
　22)　これについては，たとえば大竹（1998）参照。
　23)　これについては，暮らし向きや教育水準，配偶者の就業と収入等が検討されねば
　　　ならない。なお，日本での高等教育費の私的負担割合の高さについては，OECD
　　　Education at a Glance, OECD Indicators, Figure B3-1 を参照。

賃金上昇を実現している制度を廃棄する経営側のコスト（コミットメントの低下等）は低くなかったと推測されるのである。

すでに述べたように，一般的には年功賃金カーブはホワイトカラーにとって適合的である。日本では，ブルーカラーからの雇用保障への信頼や能力の伸長への関わりがホワイトカラーのそれと近似していることが，両者の賃金カーブの近似に対応していると考えられる。

4 相互補完関係と脆弱性

(1) 相互補完関係

年功賃金制度は，日本的雇用システムでの正規雇用にとって象徴的な制度である。正規雇用は，年功賃金制度によって単なる"期間の定めのない雇用"とは異なる特別な存在として性格付けられていると考えるからである。また，それを基軸として日本的雇用システムを構成する他の雇用諸制度との相互補完関係を見出すことができる。むろん，年功賃金制度だけでなく，雇用調整制度等も他の雇用諸制度との相互補完関係が認められる。だが，歴史的に見ると日本では賃金制度の進化が先行し，雇用調整の制度化の不確かな歩みとは対照的だった。そして，この相互補完関係が機能する中で，正規雇用のメリットである労働供給の柔軟性や確定性，すなわち正規雇用中心主義①が実現されたのである。さらに，非正規雇用との妥当性のない格差を増幅させるのも，言い換えれば正規雇用中心主義②を生み出すのも年功賃金制度である[24]。以上の理由により本書では，日本的雇用システムを定義する際に「年功賃金制度を始めとする」と表現している。

ただし，実質的には典型的な年功賃金制度を享受していない正規雇用労働者が存在することにも正当な注意を払うべきである。事実上短期雇用を余儀なくされる女性労働者，零細企業労働者などを挙げることができる。正規雇用の多様性は日本的雇用システムのもとでも見出すことができるのである。また，現在増加しつつある福祉関連職種の労働者もそれに相当する。

---

24) これらの内容については，第Ⅱ部全体で説明していく。

(2) 脆 弱 性

　年功賃金制度はさまざまな雇用諸制度と相互補完関係を形成してきたが，それが機能しても払拭しきれない脆弱性を内在させてきた。その第一は，ブルーカラーにもホワイトカラーにも共通して見られる40歳代の継続的賃金上昇である。この問題には，性格の異なる要素による亀裂という雇用制度そのものに内在する問題が関係している。先進諸国における20世紀の雇用諸制度では，ブルーカラーとホワイトカラーが雇用諸制度において接近したが，日本ではそれが極端な形で実現した。賃金制度に，ブルーカラーの"職員並み"の処遇という意味での公正さの実現の機能までも課せられたと言い換えることができる。その背景には，年功賃金制度が労働市場の逼迫時に確立したというタイミングの問題も存在していた。いずれにせよ，この現象は労働者の生産性や企業への貢献度との対応関係から見ると根拠の弱いものであると考えられる。

　第二の脆弱性は，年功賃金制度はその適用を受ける者と受けられない者との妥当性のない格差を生み，しかもそれがライフコースの過程で増幅されていくことである。年功賃金制度が正規雇用中心主義①と結び付いて確立したことはすでに述べた。したがって，正規雇用制度から排除される女性労働者や非正規雇用労働者は，年功賃金制度の適用を受けられない者として，この制度ゆえに増幅される妥当性のない格差に直面してきたのである。これは，20世紀の雇用諸制度が成人男性中心の長期的雇用として実現する中で生じたインサイダー・アウトサイダー問題の日本での現れととらえることができる。正規雇用労働者（男性中心）のみが享受できる年功賃金制度は，この問題が極端な形で現れたものである。年功賃金制度は，いわば日本のブルーカラーの悲願の結実であり，企業内で生活を維持され能力を評価・開発される対象となったことの証しであった。だが，こうした高い成果がそれを享受できない層との分断を強める結果につながったのである。

　では，以上のような意味での脆弱性を内在させながらも，年功賃金制度が機能してきた条件は何であろうか。第一の脆弱性に対しては，高いコミットメント（モラール）の維持のためという経営側の判断以外に，職能資格制度によって40歳代でも訓練課題を明確にすることが可能であり，継続的訓練

を施す余裕が経営側にも存在していたことなどを付け加えることができる。さらに，定期昇給制度と職能給制度の枠内での改定が不断に行われてきたという事実にも注目すべきであろう。個々人の差の水準，賃金カーブの形状，人事評価のあり方等については，常に調整が続けられてきたのである。

第二の脆弱性に対しては，非正規雇用労働者であることは経過的な出来事であり，最終的には正規雇用労働者になれるという期待（あるいは幻想）が諸主体に共有されていたことが推測される。この前提には，年功賃金制度が1990年代後半以降と比較すれば，広がりと安定性を帯びて機能していたことが条件となる。また，性別役割分業の規範という制約下で，年功賃金制度を享受する男性を配偶者にもつこと（あるいはその期待）によって女性が妥当性のない格差を受容していったことが考えられる。そして，この説明も，年功賃金制度の相対的な意味での広がりと安定性を前提しなければ成立しえないのである。

5　歴史的経路[25]

第一次世界大戦（以下，第一次大戦と略記）後，日本のブルーカラーは，下層社会からの離脱を模索し始めたが，それをスローガン化したものが"人格承認要求"であった。この要求は賃金制度としては具体化されなかったが，経営側は処遇等でブルーカラーとホワイトカラーの差異を狭める方向性での改革を行い，一定の成果を収めた。第二次世界大戦（以下，第二次大戦と略記）期においては，戦時動員の必要性から，最低生活保障・生活維持のための生活給という考え方が政府から出される。ここで留意すべきは次の2点である。第一は，この賃金制度についての考え方は"臣民としての平等"という理念と対になって提示されたことである。第二は，この考え方は，家族手当制度という形で部分的に実現したことである。また，敗戦直前になると，戦後のものに近い生活給の案が各企業で検討され始めていたことも観察される。

---

25)　佐口（1991），（2015）参照。

46　第2章　賃金制度

　第二次大戦直後に，労働組合の側から生活給を中心とした賃金制度が提示された。この状況の新しさは，生活給を中心とした体系的な賃金制度（電産型賃金）を労働組合が経営側に先制する形で提示したことにある[26]。また，経営側にとっても，この提示を正当化する論理，すなわち"日本経済再建に資するための生活給"という理念を否定することは容易ではなかった。ブルーカラーにとって生活給は"職員並み"処遇の要求の中心であり，"経営民主化"の象徴でもあった。その結果，生活給中心の賃金制度は，他の雇用諸制度についての不確実性がある中でも，先行して労働協約化され実現していったのである。

　こうした過程には，戦時期の遺産という面もあったが，他方で純粋な電産型賃金が広がりを見せたわけではなく，産業によっては能率給も相当部分を構成していたことにも留意する必要がある。また，電産型の賃金制度は生活給中心ではあるが，能力給分も含まれていた。そして，この賃金制度＝生活給＋能力給，という考え方は，1940年代末から50年代にかけて電産型賃金が否定された後においても，労働組合も経営側も維持し続けることになる。つまり広い意味では，事実上の労使合意の萌芽が50年前後には観察されていたのである。

　本書の定義による定期昇給制度は，1950年代前半に経営側によってその導入が明示化・戦略化されたといわれている。実際には，ほぼ全員が定期的に昇給の対象となる制度は，この時期の前後に実現されつつあったが，労働組合主導の生活給の否定，毎年のベースアップ交渉の回避という目的のもとに，人事評価付きの制度として明確化されたのである[27]。

　さらに，この時期の重要な点は，1940年代末にブルーカラーにも定年制度が導入されていたという事実である。この年齢による強制退職制度の存在により，年齢によって上昇する賃金カーブの経済的合理性が高まった。同時に，労働者の側にとっても，昇給基準線によって生活の予見可能性は上昇し定年までの雇用保障への期待も徐々にではあるが共有され始めたのである。

───────────────

26）　電産型賃金とは，日本電気産業労働組合協議会が作成し，1946年12月にその原則が協定化された賃金制度のことである。

27）　兵藤（1997）参照。

しかしながら，日本的雇用システムでの年功賃金制度の確立には，まだいくつかの事柄が追加されなければならなかった。それが職能資格制度との結合であり，他の雇用諸制度との相互補完関係の形成である。実は，1960年代初めには労働力不足とそれによる若年者の賃金上昇が，すでに部分的に実現されていた職務給の本格的導入への動きにつながっていた。技術革新への中高年の対応の困難という問題もそれを促進していた。しかしながら，60年代後半から70年代にかけて実際に経営側に選択されていったのは，職能資格制度を前提とする職能給制度であった[28]。

職能資格制度の多くは，従来から存在する企業内資格制度を再編して作られていった。第二次大戦後，企業内資格制度を再編して処遇に反映させる模索はあったが，1960年代後半から70年前後になると，若年労働力不足への対応として，能力と意欲のある若年者の賃金の引き上げを容易にする仕組みとして再編された。そして，70年代になると人事評価の整備，昇進との関連付けの強化，格付けの要件の明確化，企業内訓練制度との結合などを伴って，職能資格制度は進化していったのである。

職能資格制度は，"職員並み"処遇の実現という理念を，職務遂行能力を軸とした企業内資格制度の再編という形で実現することを企図したものでもあった。そして，職能資格制度での格付けを基本給の主要部分に反映させる制度が職能給制度である。なお，基本給は，職能資格制度での格付けや生活費の必要を考慮した総合決定給として決められる場合もあるし，基本給部分に生活給部分が明示的に含まれている場合も見られた。さらに，すでに述べたように，職能資格制度を年齢・勤続を重視して運用することも可能だった。年功賃金制度の底流には，賃金制度＝生活給＋能力給という1950年前後からの労使の広い意味での合意を観察することができるのである[29]。

後に説明するように，年功賃金制度と定年制度は不可分の関係を有している。したがって，1980年代に定年年齢の延長が広がると年功賃金カーブにも影響が及んだ。ただし，この段階においては，定年近辺の労働者の賃金上

---

28) この時期の職務遂行能力の意味については，石田（1990）参照。

29) 職務給自体は，主要部分にならなかったものの，1940年代末から一貫して存在しその後も存続していく。

48 第2章 賃金制度

昇に対する調整に留まったのである。

6 変　容

(1) 対象領域の縮小と分化

　よく知られているように，2000年前後の成果主義賃金ブームは，その熱狂にもかかわらず純粋な形での導入そのものは直後に修正が施されるなどして「失敗」に終わった。仕事の結果に基づいて短期で大きな差をつけるという意味での純粋成果主義賃金の導入が「失敗」に終わった遠因は，請負制度に限りなく近い制度を雇用制度の利点も失わない形，すなわちその枠内で遂行したことにある。そして純粋成果主義を徹底すれば，年功賃金制度と相互補完関係を形成している他の雇用諸制度の変革や仕事や技能養成の仕方の変革も必要となるが，それが追求されることはなかった。結果として，目標の設定や仕事上のリスクのとり方・協働関係などについての不整合性や非現実性が浮き彫りとなっていたのである。

　しかしながら，この過程で年功賃金制度には従来の調整とは異なる相当程度の不連続性が打刻されたことが観察される。まず注目すべきは，1990年代後半以降に見られる年功賃金制度がカバーする領域の縮小の趨勢である。このことを示す指標として，その享受者である正規雇用比率が大きく低下したことが挙げられる[30]。そして，その後正規雇用労働者の枠内でも，40歳代からの上がり方が抑制される趨勢という形で賃金カーブの変化が見られ始める（図2-②）。とくに非製造業・大卒・男性労働者で顕著であるが，大卒労働者を中心として，中高年齢者の賃金の分散が大きくなった現象と矛盾しない現象といえるだろう[31]。

　これらに対応する制度上の現象としては，定期昇給制度における生活昇給

---

30)　これについては，第Ⅱ部第6章（非正規雇用）の部分で説明する。

31)　とくに男性・大卒・大企業（1000人以上）の層の賃金カーブの変化が大きいことは，高橋康二（2018）で示されている。また，非製造業・大卒・男性での40歳代からの賃金の上がり方の抑制については，濱秋他（2011）参照。なお，分散については，厚生労働省『労働経済白書　平成22年版』付3-(1)-2表を参照。

図2-②　近年の年功賃金カーブ（男性）の趨勢

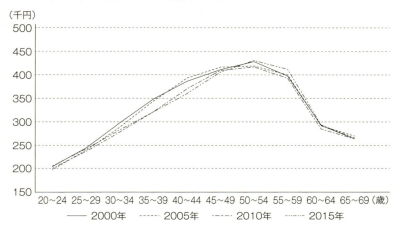

注：一般労働者の所定内給与月額，企業規模計，学歴計，2000年と2005年は65歳以上，2010年と2015年は65〜69歳。
出所：厚生労働省「賃金構造基本統計調査（各年）」より作成。

分の廃止，一定の年齢での停止といった事例はいくつか観察される。また，職能給制度を，より現実の仕事の内容に近づける改変や昇進・昇格の厳格化といった現象も見られる。それを可能にする制度として機能しているのが，いわゆる役割給である[32]。注目すべきは，これらの措置に伴って縮小しつつある正規雇用層が内部で分化していく可能性を指摘できる点である。具体的には，キャリアの初期には一定程度従来通りの要素に基づいて昇給することは共通するものの，ある段階からは賃金水準がほとんど上昇しない層（正規雇用Ⅱ）と，継続的な上昇が期待できる層（正規雇用Ⅰ）に分化していく可能性である。ただし，後者についても一定の上昇が約束されるのではなく，能率給的要素が相当程度強まった賃金制度や厳格な昇進・昇格基準が適用されると考えられる。

---

[32]　役割給の定義については必ずしも明確ではない。降級もあるダイナミックな役割等級制度を背景にもつラディカルなものから，職能資格制度のマイナーな変更・運用の変更など幅広い。なお，「日本型成果主義」の一環として位置付けられることも多い。たとえば，社会経済生産性本部（2005）。

(2) 脆弱性との関係

ところで，成果主義賃金の導入には，年功賃金制度が元来内包していた脆弱性の問題に対応していた側面を認めることができる。成果主義の導入の背景には，主に管理職層を対象とした大幅な賃金調整（とくに固定的だったボーナス）だけでなく，大多数の 40 歳代の労働者の賃金上昇という年功賃金制度の脆弱性の克服という目的があったと考えられる。すでに強調してきたように，従来は高いモラール維持のために，生産性の高くない労働者にも継続的昇給を実現していた。だが，純粋成果主義だけでなくその修正の過程でもこのような慣行は払拭されつつある。これはこの層への経営側におけるリテンションの相対的低さの反映なのであり，正規雇用Ⅱの発生につながる。

また，年功賃金制度を享受できる者とできない者との分断という脆弱性については，年功賃金制度が一定程度の広がりをもって安定的に機能することでその顕在化が抑制されてきた。だが，1990 年代後半から対象領域の縮小という形でこの機能が揺らぎ始めることによって正規雇用への展望のない非正規雇用労働者の生活問題として現れた。年功賃金制度のこの面での脆弱性は一挙に顕在化したのである。

しかしながら，こうした年功賃金制度の脆弱性の問題は，やや複雑な行程をたどっていくと考えられる。注目すべきは，正規雇用の分化によって顕在化してきた正規雇用Ⅱと非正規雇用上層の一定部分が近接していくという趨勢である。さらに，賃金水準が停滞する正規雇用Ⅱの顕在化は，従来もそのような賃金カーブに直面してきた層（福祉関連の正規雇用労働者等々）の増大という重要な現象とも呼応して進行している。これに関連する現象については，非正規雇用問題を扱う章において，正規雇用中心主義①・②，つまり日本的雇用システム全体に及ぶ問題として説明されることになる。

本章のポイントのチェック

A　雇用制度には時間払い賃金制度が相対的に整合的である理由は何か？

B　後払い賃金制度の機能にとって不可欠な雇用諸制度とは何か？

C　年功賃金制度を実質的に構成する二つの制度とは何か？

D　年功賃金制度はどのような機能を担ってきたと考えられるのか？

E　純粋成果主義賃金の導入の試みは，年功賃金制度にどのような影響を及ぼしたのか？

第3章

雇用調整制度

希望退職制度とソフトな雇用調整制度

　本章では，雇用保障機能の実相を雇用調整制度を見ることで把握することになる。したがって，まず雇用保障を雇用調整という一見相反する制度によってとらえる理由を明らかにしていく。次に，経営側が雇用調整をフリーハンドで行うことはできない理由を考察することによって雇用調整制度を分析するうえでの視角が提供される。また，日本的雇用システムにおいては，雇用調整を希望退職募集に留めるというルールが機能してきた。単に雇用保護水準の高低あるいは解雇困難度の高低という問題ではなく，この制度が選択された理由と実際の機能を把握することは日本的雇用システムでの雇用調整—雇用保障機能を理解する核心である。これらの検討をふまえて，雇用調整制度の脆弱性や変容の兆候の説明を行っていくこととする。

> **キーワード**
>
> 雇用保障と雇用調整制度，雇用保護法制，指名解雇，希望退職制度，ソフトな雇用調整，先任権

1 何をどう扱うのか？

(1) 長期的雇用・雇用保障・雇用調整

　従来，日本での雇用保障の水準は比較的高いという通念が一般的であった。しかしながら，後述するようにそのこと自体は頑健性の高い証拠に支えられたものではなかった。1990年代末からの雇用調整は大きく揺れ動き，日本の従来のあり方からの変容という議論が生まれるほどのハードな雇用調整も観察された。その一方でリーマンショック直後から雇用調整助成金の機能が全開したことは，変容からの揺り戻しとも受け取られる現象であった。しかしながら，近年では雇用調整対象者の流動化促進への公的助成（労働移動支援助成金制度等）も重視されつつある。こうした目まぐるしい動きの中で，日本の雇用保障に関わる諸制度の一体何が変わりつつあるのかを明確にしていく必要がある。ここではその前提として，雇用保障・雇用調整についての本書の理解を示していくこととする。

　まず，20世紀の雇用諸制度の共通性として指摘した長期的雇用（成人男性中心）という現象と，その背景に想定される制度としての雇用保障とを区別しておきたい。雇用保障が制度であるには，長期的雇用が事後的に観察されるだけでなく，それに関する諸主体の期待が共有・認知されているものとして把握可能でなければならないのである。歴史的に見ると，在職期間と賃金を結び付けるルールが先任権ルールを招来させていった事例が見られる[1]。これは，元来は経営側主導で企業の評判を高めて優良な労働者を確保するための措置であったが，対象が一般のブルーカラーにも広がると，労働組合が介在した整理解雇のルールとしての先任権が主となる。そして労働組合がルールの担い手となる形での先任権の一層の整備，企業内での整理解雇への労働者の代表による発言や手続きの整備による規制などが見られるのである。さらに，福祉国家のもとでの制定法による解雇の規制に至ると，積極的な雇用保護という性格も現れてくる。それは，経営側の裁量を狭めつつ労働者の

---

1) 関連する議論としては，Jacoby（1990）およびJacoby（1997, 邦訳1999）参照。

雇用保障への信頼を高める機能を帯びたものである。ただし，その背後には労働組合に組織化された男性成人労働者優先という問題が横たわっていた。

　ところで，雇用制度において経営側の意のままに整理解雇することが可能であれば，少なくとも経営側にとっては処理されるべき問題は生じないように思われる。だが，そのような事態は労働者の生活維持機能と矛盾することになり，雇用制度の原点であるリテンションの実現とも齟齬する事態を招きうる。このことは，経営側に解雇の自由があるとはいえ，機会主義的解雇を抑制するメカニズムが受容される余地が雇用制度の原点や目的の内に見出すことができることを意味する。

　他方で，雇用制度においては絶対的な雇用保障は存在しえない。これは経営側の解雇の自由という原則を根本的に否定することになるからである。したがって，現実的な雇用保障は，経営側の機会主義的な解雇の抑制という意味での雇用保護の範囲内で機能すると考えられる。これをふまえると，雇用保障に関する現象は，主として雇用調整に関わる制度を分析することで具体的に把握できるのである。"誰をどのように保護するのか"は，"誰をどのように解雇できるのか"と表裏一体ということになる。

(2)　経営側が直面する困難

　雇用調整において，経営側はそれまでは労働者のコミットメントの実現を図ってきたにもかかわらず，彼らを非自発的離職の対象にすることになる。この点で，雇用制度の原点や目的と矛盾する要素をはらんでいるという問題が存在している。たとえば総員の整理解雇でなければ，残留する労働者のコミットメントを維持しつつ他方で整理解雇するという局面も生まれる。雇用調整制度が安易に執行され過ぎることは，労働者のコミットメントの維持と矛盾をきたすことになるのである。

　他方で，執行の不確定性が高くなると，労使双方にとって高いコストが生じる場合がある。とくに経営側にとって，そのことは，整理解雇を前提とした必要な経営戦略を実行に移せないことを意味する。労働者側にとっては解雇そのものが先に延びるとしても，先の見えない状況が長引くことは職探しの時間が奪われかねないという側面もある。

56   第3章　雇用調整制度

　また，経営側は，雇用調整の量についても対象者についても，それらを特定することの困難に直面することに留意する必要がある。とくに対象者についての基準の設定は，労働者にとっては予見可能性を上昇させる効果がある一方で，経営側はその裁量の余地を狭められることになる。また，労働者の側においても，プラス面ばかりではないことは日本での事例で後述する。

　以上述べてきたように，経営側は雇用調整においてさまざまな困難に直面する。したがって，雇用調整制度は，こうした困難にいかに対処してきたのかという観点から分析することが有効である。そして，雇用調整の執行の手続き，量や対象者の選定に関わる制度は，各国の雇用システムや生活維持システムとも対応しており，経路依存性が認められるのである。

2　日本の雇用調整制度

(1)　日本の雇用保護法制

　雇用保障に関わる領域は，解雇の困難さの問題として議論されてきた。その代表例が，各国の公的な雇用保護法制を指標化したOECDの解雇規制度に関する指標である（図3-①）。この指標によると，個別的解雇の規制度で日本は平均より少し下に位置するのであるが，集団的解雇については，やや高い。なお，「有期労働者」については低いグループに属する[2]。また，マクロ経済の変動と最適雇用量への調整の関係を計測する雇用調整速度についてはさまざまな議論があるが，労働者数ベースで見ると，おおよそ日本は低いグループに属するということができる[3]。いずれにしても，解雇の規制の弱さ・雇用調整速度の高さの双方で，アメリカの数値が突出しているという事実は確認できるものの，日本の雇用調整の特質を“解雇困難度が高い”と規定することにはいくつかの留保が必要である。

　雇用保護法制という点からは，解雇権濫用法理・整理解雇の4要件の存在

---

[2]　これらについては，JILPTによる下記サイトの解説も参照。
　　http://www.jil.go.jp/foreign/labor_system/2013_11/oecd_01.html（2018年8月17日）
[3]　雇用調整速度については，たとえば内閣府（2009）「平成21年版　経済財政報告」
　　第3-1-18図を参照。

図 3-①　OECD の雇用保護指標（一般労働者）

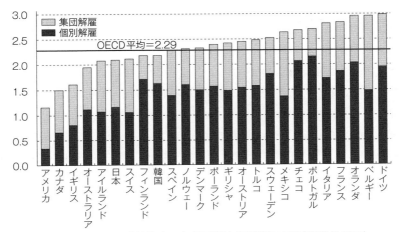

出所：労働政策研究・研修機構（2013）「経済協力開発機構の雇用保護指標 2013」。
　　　原典は，OECD, Employment Outlook.

によって日本の雇用保障の高さを説明する議論が有力である[4]。しかしながら，こうした法律上の規制がなぜ生成したのかという問いに答えていかなければ，この問題に十分に向かい合うことにはならない。その観点からすると，歴史的には，社会レベルでの制度化＝ルール化が先行し，それを補強する形で整理解雇の 4 要件が判例として確立していったことが注目される[5]。この先行する事態とは何かが本書の立場からは重要ということになる。ただし，整理解雇に関する判例は，それがひとたび確立すると諸主体の行動を強く制約していったという事実を否定するものではない。

　繰り返しになるが，本書で注目しているのは，雇用保護法制の高低の国際比較ではなく，現実の雇用調整がいかなるメカニズムで進行し，そのメカニズムがなぜ生成したのかである。たとえば，先に挙げたアメリカについては，解雇規制の弱さや雇用調整速度の高さが観察されるものの，他方で先任権制

---

[4]　整理解雇において満たされるべき 4 要件とは，整理解雇の必要性，整理解雇回避措置の履行，解雇対象者の選定の合理性，解雇手続きの妥当性，である。詳しくは，大内（2013）参照。

[5]　佐口（1996）参照。

58　第3章　雇用調整制度

度や個人への救済である差別禁止法制の機能にも注目しなければならないだろう[6]。また，ドイツについては，雇用保護法制の存在だけでなく事業所レベルでの労使協議制度の実際の機能が重要となる。操業短縮手当やワーク・シェアリングの仕組みについても同様である[7]。

　ところで，雇用保護法制は，1960年代〜70年代にいくつかの先進諸国において整備された。たとえばイタリアの66年の解雇制限法と70年の労働者憲章法では，正当理由のない解雇は無効であり，その場合には裁判官が原職復帰を命じることなどが明示されている。また，スウェーデンの雇用保障法（74年法）には，労使自治の伝統を超えて，解雇に関する制限的内容が盛り込まれた。その中には整理解雇における先任権ルールの適用や，紛争処理に関する裁判所の介入なども含まれていた。また，ドイツでは51年の解雇制限法において整理解雇対象の「社会的基準」への考慮が明示され，52年，72年の経営組織法によって解雇についての事業所レベルの従業員代表委員会の「関与権」などが整えられた[8]。ドイツの操業短縮手当（69年雇用促進法）などの直接的な雇用維持の制度が整備されていったのもこの時期である。他方で，アメリカでは80年代に南部への工場移転など，従来の雇用調整制度では対応できない問題に直面したが，基本的には解雇予告期間に関する規制に留まったのである[9]。

　ところで，1990年代半ばから2000年前後にかけて，OECDによって過度な雇用保護法制の緩和への提言がなされた。ただし，実際の進行という点では，常用雇用への解雇規制の緩和が目覚ましく進展したとは評価しにくい。なお，雇用保護法制の内容が雇用諸制度や労使にとってもつ意味は，雇用保

6）　Frege and Kelly（2013）参照。

7）　ドイツでの労使協議制度については久本・竹内（1998）参照。

8）　Beer and Schils（2009）参照。ドイツについては，労働政策研究・研修機構（2015）「企業・事業所レベルにおける集団的労使関係（ドイツ編）　労働政策研究報告書No.177」参照。イタリアに関する事実については，労働政策研究・研修機構（2014）「欧州諸国の解雇法制——デンマーク，ギリシャ，イタリア，スペインに関する調査資料シリーズNo.142」参照。なお，イタリアの原職復帰の原則は2012年に緩和された。

9）　Buechteman（1993）参照。

険の水準，積極的労働市場政策（後述）の水準等，他の雇用政策全体との関係で評価されなければならない。

(2) 希望退職制度[10]

日本的雇用システムにおける雇用調整制度については，基本的には希望退職募集に留めるという形で機能し，そのことについての期待が諸主体によって共有されてきた事実が注目される。また，多くの場合，希望退職募集は事実上の「最後の手段」であり，基本的にはソフトな雇用調整が多用されてきたことも付け加えておく必要がある。

日本的雇用システムにおける希望退職制度のポイントは二つである。すなわち，第一は，明確なルールが欠如した中での指名解雇を極力回避するという目的のもとに生成したことである。そして，第二は，労働者側の「自発的」な退職という形式をとるということである。純粋な希望退職制度であれば，募集の人員を明示しない，応募人員が経営側の計画に達しなくても再募集はしない，応募基準を明示しない，事実上の応募勧奨をしない，などの要件が満たされていなければならない。しかしながら，雇用調整としての希望退職制度である限り，実際上はこうした純粋な希望退職募集にはなりえない。量の問題だけでなく，対象者の選定という点でも，先に述べた意味での純粋な希望退職募集であると，経営側は整理対象をまったく選択しえないことになる。したがって，実態は純粋な希望退職募集とは異なっていたのである。

純粋な希望退職ではないならば，経営側にとって，自らの手を汚さずきわめて好都合に運用することができそうに思われる。しかしながら，実際には日本的雇用システムにおける希望退職制度は濫用されることはなかった。なぜなら，これには経営側の濫用を抑制するメカニズムが内在していたからである。第一に，この制度は，「退職させたくない層」（有能者，高 employ-ability）の退職誘発というリスクをとって，「退職させたい層」の整理を実現する制度であるという点である。たとえば，希望退職の募集は，経営状態が良くないという情報となる。このことは，退職の割増金も含めて，他の企業

---

10) これについては，佐口（1996），（2015）参照。

からも評価される層にとっては転職へのインセンティブを高めることにつながる。したがって，応募するのは，能力の高い層と定年前の高年齢者であり，能力の低い層が残ってしまうという状況が生まれることになるのである。第二は，職場において対象者を明確には分離できない制約の中で，一方でコミットメント維持の諸策を講じつつ他方で「自発的」退職を促すというきわめて矛盾した状況が生じることになる点である。すでに述べた雇用調整と雇用制度の目的との矛盾が典型的に現れる事例である。第三に，「自発的」な退職という形式をとるにもかかわらず，経営側にとって相当程度の時間がかかる制度であるという点である。直前までコミットメント維持のために諸策を講じてきた対象に，強い強制でなく「自発的」な退職を促すことは容易ではない。福利事業の一部停止，残業停止，非正規の雇い止めや解雇，中途採用の削減・停止，新卒採用の削減等々の諸策の積み重ねによって，希望退職募集の不可避性についての情報を提供し，説得力を高めていく必要がある。また，再就職機会の提供も必要となる。ただし，これは事実上の「肩たたき」として労働組合に指弾されるリスクを伴って行われることになる。他方で，労働組合側にとっても，指名解雇は回避されるとはいえ，純粋な希望退職である場合が少ないことは問題である。希望退職制度は，事実上の指名解雇に変貌してしまう可能性ももつ制度ということになるからである。

　ではなぜ労使はこのような制度を選択したのであろうか。経営側にとっての一つの選択肢として考えられるのは，何物にも拘束されないルールなき指名解雇である。しかしながら，これは労働者側の反発を考慮すると遂行上の不確定性が深刻となる。実際に，整理解雇に関する明確なルールが存在しないもとでの1950年代の指名解雇に伴って，後述する日本製鋼所室蘭製作所，三井鉱山三池炭鉱などの事例のように，大規模で長期化した争議が頻発したのである。では，明確なルールに基づいた整理解雇はどうであろうか。この制度のもとでは，指名の自由度に関して相当程度の制約は受けるが，整理解雇の確定性は上昇するかもしれない。最も肝要な点は，このルールに労働組合が合意するのかどうかという問題である。たしかに労働組合にとって，基準なき指名解雇によって対象となった者には，「無能力者」・「生産阻害者」の烙印が押される可能性がある。第二次大戦後から1950年代にかけて，労

働組合が，その企業に留まるという意味での「完全雇用」を主張した理由の一つがここにある。しかしながら，雇用調整・整理解雇の対象者について，明確な選定基準を作ることは，労働組合内部に対象になりやすい者とそうでない者との間の分裂を生む可能性がある。ホワイトカラーとブルーカラーの混合組合である日本の労働組合は，内部での利害対立の芽を内包させてきた。しかも，ホワイトカラーは昇進に伴い途中で脱退していく"不完全で中途半端な混合組合"では，双方の固有の利害を明確にしつつ，そのうえで利害の調整を行うことは困難である。それゆえに，誰を守るのか＝誰を切るのかといった対象者の基準作りというセンシティブな問題を極力回避して，本人の「自発的」選択としての退職という建前を選択したと考えられる。希望退職制度は，労働者本人の「同意」が実現されること，それに関して労働組合は不干渉あるいは協力の態度を保持することで機能してきたのである[11]。

　希望退職制度は，労使にとって解釈の幅の大きさを残すものであり，それゆえに選択されたと考えられるのである。

(3) ソフトな雇用調整制度[12]

　経営側が結果として希望退職募集を濫用しないで済ませることができた条件としては，ソフトな雇用調整が頻繁に行われてきたという事情がある。ソフトな雇用調整の中心は，配転・出向などの措置である。これらが頻繁に発動されることで，生産量の変動に対して，調整速度はとくに高くはないが確実な雇用上の対応が実現されてきたのである。注意すべきは，関連企業等への出向は，過剰な労働者の排出＝単なるプッシュ型だけでなかったという点である。技術指導や人的関係の維持というメリットが受け入れ側にも一定程度存在したことが，こうした措置の合理性を生み出していたのである。

---

11)　日本でも，1950年代に「古参権」という形で，経営側によって先任権の導入が検討されたこともある。だが，たとえば，ブルーカラーとホワイトカラーを同じ勤続年数で評価することの困難等により採用されなかった。ブルーカラーとホワイトカラーを分離する形で「古参権」が検討されなかったことは，労使関係上の要因に強く規定されていたと推察される。これについては，佐口（2015）参照。

12)　これについてのより詳しい分析は，佐口（1996）参照。

62　第3章　雇用調整制度

　ソフトな雇用調整は，基本的には経営側主導で，集団的コンフリクトなしに実現できた。配転や出向に関連する人選のあり方，再訓練機会，送り出し・受け入れ双方の側の労働条件への影響などに，労働組合が積極的かつ実質的に発言することはあまり見られなかったからである。むしろ労働組合にとっては，ソフトな雇用調整に労働者が応じれば，ハードな雇用調整を回避できるというメリットが生まれたことになる。また，これらの措置は，整理解雇等を回避するための一時休業や出向などの措置に対して助成する雇用調整助成金制度が整備されることによって支えられてきたのである。

3　相互補完関係と脆弱性

⑴　相互補完関係

　これまでの雇用調整制度の説明によって，日本的雇用システムにおける雇用保障の対象は誰であり，どのようにそれが実現されてきたのかが浮き彫りになった。すなわち，正規雇用労働者が，移動の柔軟性（機能的柔軟性）を発揮することによって（正規雇用中心主義①），換言すれば労働供給の特定性を低めることによって雇用保障が実現されているのである。雇用制度の生活維持機能とコミットメントの実現の機能が表裏一体となっている姿である。そして，その対極の非正規雇用労働者は，集団的コンフリクト化・社会問題化しない限りで，整理解雇を行いやすい対象となってきた。

　ところで，日本的雇用システム内での相互補完関係という視点から見ると，ソフトな雇用調整が年功賃金制度によって円滑化されている側面を指摘できる。細分化された職務の区分に対応しない年功賃金制度は，配転・出向による職務内容の変化に対応可能な制度であった。他方で，指名解雇ではなく希望退職制度が事実上の最後の手段となったこと，その前提としてソフトな雇用調整が多用されることは，労働者の雇用保障への信頼感の向上につながったと推測される。このことは，後払い賃金制度である年功賃金制度にとって不可欠な要素が機能していると見なすことができるのである。以上の意味で，本書では雇用調整制度は年功賃金制度と相互補完的関係を形成していると見なしている。

(2) 脆 弱 性

　また，希望退職制度は，指名解雇という手段を基本的には凍結し，同時に整理解雇の基準も定めないという制約の中で生まれたことはすでに説明したとおりである。そして，この制度には，執行の不確定性，退職者の特定の困難性，職場でのコミットメントの維持との矛盾等の脆弱性が内在している。とくに，執行と対象者について不確定性が存在したままでの雇用調整には明らかに限界が存在するといってよいだろう。希望退職制度がしばしば事実上の指名解雇の仕組みとなることも，この脆弱性に起因しているのである。

　この脆弱性は，頻繁に希望退職募集を発動するのではなくソフトな雇用調整に留められてきたことで緩和されてきた。そして，これが可能となるには，労働組合の協力はもちろん，出向や配転の受け皿が存在し，深刻な技能の不適応問題が生じないことなどの条件が必要であった。さらに，非正規雇用の削減・解雇が社会問題化しないという条件も付け加えておく必要がある。別の見方をすれば，これらの条件が維持できなくなれば，日本の雇用調整制度の脆弱性が露呈することになるのである。

4　歴史的経路[13]

(1) 前　　史

　第二次大戦後初期の雇用調整に関連する焦点は，どのようなルールの雇用調整制度に諸主体が合意するのかではなかった。労働協約における解雇に関する権限の所在が重要な争点の一つとなっていたのである。多くの労働組合は現在雇用されている企業を解雇されないことを「完全雇用」として要求し，いくつかの企業・事業者でそれを反映した協約が結ばれていったことはよく知られている。これに対して，経営側は当初から人事について労働組合の同意を必要とする協約への反対の意見を明らかにしていたものの，1946年の10月闘争では事実上受け身の立場に追い込まれていた。その後，GHQからの直接的指導もあり，人事に関する同意約款を含んだ労働協約の修正への動

---

13)　佐口 (2015) 参照。

64 第3章 雇用調整制度

きをより強めていった。経営側は，整理解雇についての明確な基準やルール
を作ることより，整理解雇そのものの執行を優先させていたと考えられ，実
際に49年からの企業整備では大量の整理解雇が行われていった。

　1950年代において，雇用調整に関わる問題は労使にとって抜き差しなら
ない争点となっていった。具体的には，日本製鋼所室蘭製作所や三井鉱山三
池炭鉱などにおける長期の労働争議がよく知られている。この時期の雇用調
整の手法としては，経営側の提示が当初から指名解雇の形をとる，あるいは
当初は希望退職募集であっても内実は指名退職勧告であり労働者側が応じな
ければ即指名解雇に移行するといったものが多かった。他方，労働組合側も
こうした意味での希望退職募集に応じないように金銭上の援助をすることさ
えあった。このように，50年代には，整理解雇のルール（制度）について労
使が何らかの形で合意することはなかったといえるのである。

　⑵　確　立　期
　雇用調整制度への労使の合意が形成されたのは1960年代である。雇用調
整の実施方法を見ると，60年代においては「解雇・希望退職募集」という
ハードな雇用調整の割合は減少する。むろん労働市場条件の変化が考慮され
なければならないが，70年代半ばの第一次石油危機とその後の減量経営に
おいても同様の傾向が観察される。そしてこの数字の背景として，指名解雇
を極力回避して希望退職制度に留めるという労使合意の事例を見出すことが
できるのである。50年代の長期の労働争議への反省をふまえて60年代には
労使とも，何らかのルール作りの必要を迫られていた。そして，指名解雇と
いう手段を極力回避し，同時に整理解雇の基準も定めないという制約の中で，
希望退職制度は生まれたのである。

　第一次石油危機後の減量経営とそれに基づく雇用調整の過程で，正規雇用
については柔軟な移動を通じた雇用保護の対象となった。これは1960年代
に確立したソフトな雇用調整方式の延長として位置付けることができるが，
70年代半ば以降においては政策上の補強が行われた。すなわち，失業保険
の雇用保険への改定に引き続いて整備された雇用安定事業の中で，主に正規
雇用労働者の雇用保護のための措置が助成対象となったのである。具体的に

は一時休業への手当の助成や出向に伴う出向元の賃金の負担分への助成など
である。そして関連企業である中小企業は，雇用調整の受け皿として一定程
度機能していった。

　このように正規雇用労働者については雇用保護の措置が明確になった一方
で，非正規雇用労働者については，不況時での削減対象として機能すること
には変化がなかった。したがって，少なくとも雇用保障という面からは，正
規雇用―非正規雇用間での労働条件の格差がより鮮明になったといえる。ま
た労働条件での格差が大きくなるほど，非正規雇用から正規雇用への移動
（内部からも外部からも）は困難になることにも留意しなければならない。加
えて，非正規雇用への社会的規制も進展しなかった。たとえば先述したよう
に 1970 年代末に判例として整理解雇 4 要件が確立したが，非正規雇用層は
事実上その枠外だった。実際に，更新が繰り返されてきた非正規雇用であっ
ても，その雇い止め措置は正規雇用のハードな雇用調整に先行して実施され
た。非正規雇用への社会的規制は，大陸ヨーロッパ諸国に比べて低い水準の
まま推移していくことになるのである。

5　変　　容

⑴　連 続 性

　1990 年代末以降の日本の雇用調整については，2000 年前後から雇用調整
速度が上昇したことや希望退職募集や整理解雇が増えたことに注目して，雇
用調整における従来からの不連続性に注目する議論がある[14]。他方で，基
本的には雇用調整は希望退職募集で収まる事例が多いことに注目し，全体と
しては従来の制度の枠内でのマクロ経済状況への柔軟な対応としてとらえる
見方も存在する[15]。この見解を補強する事実として，雇用政策との関係に
ついて見ると，08 年のリーマンショック後に，雇用調整助成金政策が対象
の拡大も伴ってフル稼働したことが注目される（図 3-②）。これにより相当

---

14)　たとえば，阿部・野田（2009）参照。なお，雇用調整速度の上昇とその要因に関
　　しては，内閣府（2015）『平成 27 年版　経済財政白書』第 2-1-7 図参照。
15)　野田（2010）では，企業の解雇回避行動が大きくは変化していないとしている。

図3-② 雇用調整助成金の動向

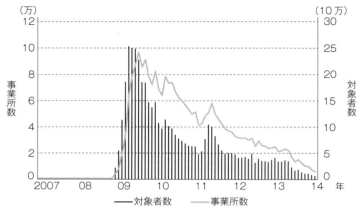

出所:「雇用調整助成金等支給決定状況・各年度」(厚生労働省職業安定局) より作成。

程度の労働保蔵がなされたことは間違いなく，結果として指名解雇というハードな雇用調整に歯止めをかけた。この点を重視すると，従来の制度との連続性を指摘できる。

(2) 不連続性

雇用調整制度の変容に関してまず注目される点は，対象の縮小である。非正規雇用率の上昇は，正規雇用労働者の雇用の保障を目的としてきた従来の雇用調整制度にとって，その対象が大幅に縮小したことになる。そしてリーマンショック後にこの膨れ上がった非正規雇用労働者の雇い止め（事実上の整理解雇）が，社会問題化を随伴しつつ執行された。この現象と，非正規雇用の削減・解雇が集団的・社会的なコンフリクトを起こすことなく執行されてきた従来の状態との間には不連続性が認められるというのが本書の立場である。

日本的雇用システム下での雇用調整制度に内在していた脆弱性が顕在化しないための条件は，先に挙げた非正規雇用率の問題の他にも崩れつつある。たとえば，本書では，日本的雇用システムでの雇用調整制度においては，希望退職制度はあくまでも「最後の手段」であり，基本的にはソフトな雇用調整が多用されてきたととらえている。だが，ソフトな雇用調整の受け皿とな

るべき企業に関しては，受け入れの余力の低下だけでなく，産業構造の転換・技術革新の進展の中で，深刻な技能上の適応問題を生じない異動の可能性も従来に比べて低下していると推測できる。これらの点から見ると，雇用調整が希望退職募集で収まるにしても，従来の制度との延長上でとらえることはできないともいえる。また，労働組合の協力については，労働組合機能の低下によって従来ほどは期待できなくなっている。経営側は雇用調整について，一人一人の労働者と直接向き合う必要が生じているのであり，このことは執行上の不確定性を高めることに結果するだろう。そして，労働組合機能の低下は，経営側が，希望退職募集を超えて指名解雇という手段を選択することへの障害が低減したことにもなる[16]。

　以上をふまえると，現状の評価としては，日本的雇用システムでの雇用調整制度との連続性を一定程度認めることができるものの，全体としては変容しつつあると規定して大過ないと考えられる。これに対応して，雇用政策の面でも前身の政策を含めれば約40年続いた雇用調整助成金制度による雇用継続の重視から，労働移動支援助成金制度による「退職促進→移動」の重視へとその力点を移行させることも模索されつつある[17]。

---

[16]　整理解雇の4要件のうち，「経営上の必要性」という条件は，経営側にとって寛容に解釈されていく余地がある。

[17]　さらに変容の兆候として，政府部内での不当解雇への金銭的解決方式の導入の動きを指摘できる。

68　第3章　雇用調整制度

> **本章のポイントのチェック**
>
> A　一般に，経営側は雇用調整を遂行するうえでどのような制約（困難）に直面するのか？
> B　日本の労働組合はなぜ希望退職制度に同意していったのか？
> C　経営側はなぜ希望退職制度を濫用してこなかったのか？
> D　ソフトな雇用調整が機能するうえで必要な条件とは何か？
> E　現在の日本の雇用調整制度には，どのような点で日本的雇用システムのもとでの制度からの不連続性が認められるのか？

第4章

採用制度

新卒一括採用制度

　新卒一括採用制度は，新規学卒者を一時期に一括して採用する制度であるが，国際的には低い失業率を始めとした日本での若年者労働市場の特質とも関連する制度である。また，その確立時には他の雇用諸制度にさまざまな影響を及ぼした。1990年代後半以降には若年者失業率の上昇や非正規雇用の増加などに関連してその機能の低下が注目されてきたが，その後の労働市場の逼迫化の中で揺り戻しの現象も見られる。本章では，新規高卒一括採用制度と新規大卒一括採用制度を主な対象としてそれを多面的に検討することを課題とするが，必要に応じて周辺諸制度についても言及する。そして，それらをふまえて現状についての評価を行っていく。

キーワード

学校から「定職」への移行期，「学校と企業との実績関係」，情報の不完全性，採用コスト，人的ネットワーク，新規高卒一括採用制度，新規大卒一括採用制度，「遅い昇進」

70　第 4 章　採用制度

1　何をどう扱うのか？

(1)　若年者雇用の様相

　1990 年代後半以降の若年者労働市場は複雑な様相を呈している。90 年代後半からは新規高卒求人数の激減[1]，若年者失業率の上昇と高い離職率の併存，若年者での非正規雇用率の急上昇などの現象の中で，「フリーター」や「ニート」と呼称される若年者の増加が指摘されてきた（図 4-①，②）。しかしながら，近年では若年者の有効求人倍率の上昇や失業率の低下といった現象が観察される。また，その一方で，若年者の非正規雇用率は高水準を続けている。そして，このような状況と並行して，日本での新卒一括採用制度の問題点を指摘する言説も数多く見られるようになってきている[2]。

　本章では，採用過程の諸制度という視点から若年者労働市場をめぐるこれら一連の動きを把握し，日本の若年者雇用に内在する真の問題と変容の兆候を掬い出していくこととする[3]。

(2)　採用過程への注目

　若年者労働市場を採用過程に注目する分析としては，人事経済学での効率的な採用方法の議論を挙げることができる。効率的な採用の前提は，よい候補者を低コストで獲得すること（＝事前選抜）である。そのためには，賃金水準を高めに設定して留保賃金の高い層を候補者として獲得すること，明確な評判を確立することで志願者の自己選抜を促すことなどが挙げられる[4]。また，要件となる社会的資格を明示することも有効である。むろん，これらが実際に有効であるのかはそれが機能する環境条件にも依存する。次に，実

---

　1)　1990 年代前半時点での求人数からの落差の大きさに注目すべきである。
　2)　たとえば，海老原（2016）参照。
　3)　若年者失業率の水準や新卒直後に典型雇用（正規雇用）に就かない者の比率などの国際比較から，2000 年前後の日本の若年者労働市場の様相に，先進諸国との共通性を見出すことも可能である。だからこそ，日本の若年者労働市場の真の特質を見出していく必要がある。
　4)　主に Lazear（1998）を参考にしている。

図 4-① 若年者の完全失業率の推移

注：男女計，季節調整値，各年 2 月。
出所：総務省「労働力調査」より作成。

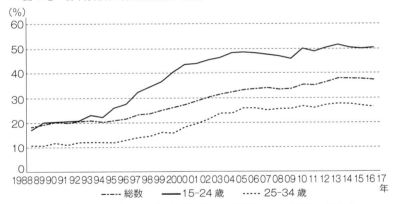

図 4-② 若年労働者の非正規雇用率の推移

注：1988 年から 2001 年までは各年 2 月，2002 年以降は 1～3 月平均，男女計。
出所：総務省「労働力調査」より作成。

際の選抜においては，通常直接のテストや面接が実施されるが，その機能は限定的であり単独で選抜することは困難である。したがって，仮採用という手段が浮上することになるが，職務を遂行するうえでのコストを始め，さまざまなコストが生じることをふまえて実施される必要がある[5]。まとめれば，採用方法については，どのような条件でもベストであるような選抜方法が単

独で存在することはないという点をふまえておく必要があるといえる。

一方，若年者の採用過程は，教育社会学によって「学校から職場への移行期」という枠組みの中で分析されてきた[6]。この時期においては，若年者はスキルもなく，人的ネットワークも欠如している状態であり生活上の問題に直面するリスクが高い。こうした条件のもとで，若年者は労働者になる準備をしつつ職探しを行う必要がある。「移行期」という枠組みを設定することで，これらの課題を克服するためにどのような諸制度が形成されているのかという国際比較可能な問いを立てることが可能となったのである。

(3) 雇用制度と入口の諸制度

経営側から見ると，適切な労働者を発見・採用し仕事への適応も円滑化する制度が必要である。一方，労働者にとっても，移動を円滑化し非雇用状態での生活維持のリスクを低める制度は必要である。したがって，ライフコースでの雇用の入口での諸制度の整備は，労働供給のリテンションという雇用制度の原点を実現するために必要な条件であるともいえる。

また，20世紀の雇用諸制度においては，経営側は労働者の定着を促すために，ライフコースでの雇用の入口の制度の整備を行った。実際に，情報の不完全性が深刻な未経験者の採用過程では，学校教育・社会的資格制度・私的な紐帯の利用も行われてきた。さらに，成人男性の長期的雇用を軸とする20世紀の雇用諸制度は，しばしば若年労働者の就業にネガティブな影響を与える可能性を帯びていた。若年者は，ライフコースでの雇用の入口という壁に直面して，失業状態あるいは過渡的な仕事に就きつつ職探しを行うことになるのである。

したがって，一般的に若年者は他の年齢層に比して失業率は高くなり，学校を卒業した直後は非典型雇用に就く確率も高い。しかしながら，日本的雇用システムにおいては，4月に新規学卒者を一括して採用する制度である新卒一括採用制度によって，非正規雇用という形での「移行期」を経ずに若年

---

5) Baron and Kreps（1999）参照。
6) 代表的な議論としては，苅谷（1991）参照。

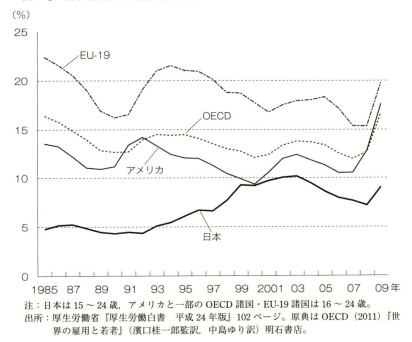

図4-③　若年者失業率の国際比較と動向

注：日本は15～24歳，アメリカと一部のOECD諸国・EU-19諸国は16～24歳。
出所：厚生労働省『厚生労働白書　平成24年版』102ページ。原典はOECD（2011）『世界の雇用と若者』（濱口桂一郎監訳，中島ゆり訳）明石書店。

者の多くが正規雇用労働者として採用されるという特質を見出すことができる。本書では，この「移行期」を，学校から「定職」への「移行期」（以下，移行期①と略記）と叙述していく。ここでの「定職」とは，その人の職業生涯にとって最も長く携わる仕事のことを意味し，キャリアジョブと言い換えてもよい。日本の若年者失業率が，国際比較から見てもきわめて低い水準で推移してきたことを説明するには，新卒一括採用制度の機能を抜きには不可能であろう（図4-③）。

2　新卒一括採用制度

(1)　核心部分

すでに述べてきたように，雇用制度の原点を具体化するには，雇用の入口

74　第4章　採用制度

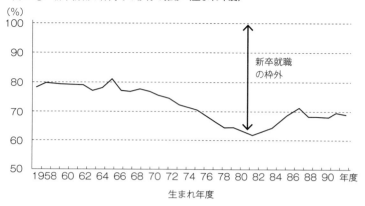

図4-④　新卒就職の枠内での移行の推移（生まれ年度）

注：新卒就職者＝（生まれ年度の15年後中卒就職者＋18年後高卒就職者＋20年後短大・高専・専門学校卒就職者＋22年後大卒就職者＋24年後大卒院修士卒就職者（＋研修医）＋27年後大学院博士卒就職者）。枠内での移行比率は，生まれ年度ごとの中学卒業者数に対する新卒就職者数の比率。
　2012年卒以降の統計では，短大・高専・大学・大学院卒については，フルタイム1年以上の有期雇用が就職から別掲されたので，ここではこれを新卒就職から除外した。また，大学院卒については一部推計を含む。
出所：小杉（2016）図1より引用，原データは文部科学省「学校基本調査」。

での制度が必要とされる。日本的雇用システムにおいては，それは新卒一括採用制度という形をとって具体化された。繰り返しになるが，新卒一括採用制度は，直接的には，採用者の多数を，一時期に新規学卒者を一括して採用することを通じて確保する制度を意味する。しかしながら，本制度の意味は，機能面でのそれに留まらない広がりを有する制度である。本書ではこの広がりをとらえていくために，正規雇用としての新規採用と移行期①の極小化という二つの点を核心部分として把握している。一般的に，移行期①において，若年者は労働者になる準備をしつつ職探しを行うことが求められる。労働者になる準備とは，生活習慣を含めた「社会化」と一定程度のスキルの習得である。企業はそれらを経過して労働者予備軍となった若年者を採用する。日本については，すでに指摘したように，移行期①が外形上は極小化されているという特質を有しているのである。

　なお，新卒一括採用の効果は，図4-④に示すとおりである。たとえば，1960年代後半生まれまでは新卒として就職した者（中卒，高卒，大卒等）の割

合は 80％程度となる。

(2) 新規高卒一括採用と新規大卒一括採用

① 新規高卒一括採用

　日本における新規高卒者の就職について，教育社会学は，移行期①という枠組みの中で採用過程における「学校と企業との実績関係」を発見してきた[7]。この「学校と企業との実績関係」の議論では，高等学校での学力に基づいた事前選抜・一人一社制・採用局面での無競争などが強調されている。そして，日本での企業への就職は「学校に委ねられた選抜」に依存していると規定されたのである。この「学校に委ねられた選抜」過程は，生徒が労働者となるための「社会化」の機能も担っていたとされる。さらに，この採用過程においては企業と学校の社会的評価に基づく階層性も見出されていたのである。

　このような議論は，一定の質と量の労働力が確保されるメカニズムの説明として広く支持を集めてきたが，本書では，この関係を通説よりも緩やかなものとしてとらえていく[8]。具体的には，「学校と企業との実績関係」は，採用・定着管理の過程で，経営側も相当程度コストを負担していることで成り立っていることを重視しているのである。移行期①が長い社会では，その移行期①における仕事経験が責任感や一定のスキルを形成することが期待されているが，日本では，その機能の相当程度を経営側が担い，学校との実績関係を支えていると考えるのである。

　以上のとらえ方は，実際には経営側が選抜過程で学校からの推薦の学生を不合格にしたり，不況期には，特定の企業との実績関係があったとしても求人を行わない事例は存在するといった事実に基づいている。また学校から送られる生徒の情報についての信頼度は通説で示されているほどは高くはなく，企業は量的確保を重視してきたことに注目しているのである。経営側も採用直後から，生徒を労働者にする「社会化」の課題に直面したのは，こうした

---

7)　苅谷（1991）参照。
8)　佐口（2003a）参照。

76 第4章 採用制度

事実があったからなのである[9]。

② 新規大卒一括採用

日本においては，職員（ホワイトカラー）となるべき大卒者の新卒一括採用は，歴史的には新規高卒採用より古く，よりよい労働者の確保の手段であった。どの大学を卒業したのかは，能力の証明書として機能してきたのである。また，一般に，経営側は学歴水準の高い候補者については個々人の詳細な情報を要求するといわれている[10]。その意味では，新規大卒者の採用は，新規高卒一括採用のような学校を媒介とした就職過程とは質的に異なり，直接的に候補者と向き合う制度になると想定される。

しかしながら，日本ではこの想定とはやや異なる様相を呈した。文系卒業者について見ると，1960年代は教授推薦による人物保証を媒介とした採用を行っており，70年代に入ると指定校制が本格化する。これは大学の銘柄を能力の代理指標とした囲い込みであり，その枠内での競争の仕組みであったといえる。その後のOB・OGリクルーター制度は，リクルーターとの面談が，学生にとっては情報収集，企業にとっての一次選抜の場として機能したのだが，囲い込みを前提とした枠内競争という点では同様であった。これに類似した仕組みは，現在も相当程度継続している[11]。ここで留意すべきは，女性については，当初こうした仕組みに包摂されていなかったことである。70年代の大卒女性（4年制）の就職率は60％程度であり，教員以外に選択できる職業の狭さが際立っていたのである[12]。

文系学生については，自立性を前提とした個人の情報の重視という面と大学の銘柄や人的ネットワークへの依存という面の折衷であったが，理系学生については，研究室の推薦というルートが存在していた。これは，研究室の教授による人物保証付きの人材の送り込みであり，いわゆる「強い紐帯」による就職であるといえるだろう。紐帯を維持する意思があるならば，責任の

---

9) 国際的に見て差異はあることを前提としたうえで，ある種の学校神話は否定されるべきと考えている。

10) 石田・井関・佐野（1982）。

11) 竹内（1995, 2016），苅谷・本田（2010），福井（2016）などを参照。

12) 佐口（2015）参照。

もてる人物を推薦しなければならず，企業の側も使い捨てにはできないという関係が機能していたのである[13]。

(3) 機　　能
①新規高卒一括採用
　新規高卒一括採用制度の機能について，先に述べた情報の不完全性の低減および採用コストの節約への効果という視点から説明してみよう。制度上の比較の対象として考えられるのは，スポット採用と付属学校に依拠した採用である。前者の場合，採用コストは低いが情報の不完全性は低減されない。他方で，後者の場合，情報の不完全性は低減できるが採用コストは高い。こうした企業の付属高校の設置は，実際に日本においても実施されたことはある。しかしながら，いろいろな意味でのコストが高くなることに比して，実際に現場で求められる技能は付属校でしか身に着けられないほど企業特殊的ではなかったと考えられる。その結果この手法も広がることはなかったのである。したがって，この比較からは，消極的な意味で新規高卒一括採用制度が浮かび上がることになる。また，安定的採用の必要および労働者の質への要請が中程度という条件を想定すると，新規高卒一括採用制度は相対的に取引コストが低い制度であることになり，そこに同制度の経済的合理性を認めることができるといえよう。なお，候補者の事前選抜は学校によって行われることになるが，企業での試験や面接の実施によって少数ながら不合格者を出すことは，高校側に情報を提供することになる。これを通じて候補者について一定の質を確保するという機能を果たしたのである。
　以上のように，新規高卒一括採用制度においては，情報の質も採用コストも中程度であった。こうした中で，経営側によって選択されたことは，リテンション指向がきわめて強いという歴史的条件を抜きにしては説明が難しい。そして，当初経営側は新卒労働者に対して一定程度の質は要求していたものの，あくまでも量の確保が最優先されていたと考えられる。なお，新規高卒一括採用制度が確立した時期の日本では，社会的資格制度を活用し自己選抜

---

13)　"研究室と企業との実績関係" と表現できるかもしれない。

を促す制度を確立する条件を短期的に見出すことは困難であり，学歴がその部分的代理指標として機能した。また，仮採用に関わる制度についても，労働市場条件を考慮すると，それを十全に機能させることは困難であった。その意味で，高卒者を対象とした新卒一括採用制度は，歴史的制約条件の中での制度の選択だったのであり，だからこそ事後的合理性付与のための改革（後述）を随伴したのである。

② 新規大卒一括採用

繰り返しになるが，文系の新規大卒者の就職については，自立性を前提とした個人の情報の重視と大学の銘柄や人的ネットワークへの依存という面の折衷であり，理系学生については研究室の教授による人物保証付きの人材の送り込み（「強い紐帯」による就職）が多数を占めていた。このような日本の大卒者の就職は，その後の昇進のあり方と深く結び付いて機能してきた。ここでは，その視点から新規大卒一括採用について説明しておきたい。

従来の日本でのホワイトカラーの昇進については，アメリカの「早い昇進」との対比で，「遅い昇進」として特徴付けられてきた。とくに「重層的」昇進モデルは，「遅い昇進」論の中心に位置していたといってよい[14]。それは，年次別管理という前提のもとで，同期が同時に昇進していく期間→同期が時間差をつけられながら昇進していく期間→純粋なトーナメント移動[15]として競争する期間，というモデルである。昇進のキャリアツリーによる実証が進み多様なキャリアのあり方が明らかになることで，「重層的」昇進モデルが頑健であったとは必ずしもいえなくなってきている。しかしながら，「遅い昇進」そのものは否定されていない。具体的には，アメリカやドイツと比較して，ファストトラックが不在の企業が多いこと，第一次選抜と横這い群出現期の遅さなどは実証的に確認されているのである[16]。

ここで留意すべきは，「遅い昇進」が，年功賃金制度や新卒一括採用制度と関係しているという点である。たとえば，年功賃金制度においては，個人の生産性とは関係なく若年時の低めの賃金が受容され一定期間継続すること

---

14) 竹内（1995, 2016），今田・平田（1995）参照。

15) トーナメント移動とは文字通り敗者復活のない勝ち抜き戦を意味する。教育社会学でのトーナメント移動論については，竹内（1995, 2016）参照。

が肝要であるが，そのことと「遅い昇進」は整合的である。さらに，若年時では，賃金水準を低めに抑えることと大きな差をつけないことが対になっていることに留意すべきである。ここでは，同期という括りを活用した管理（年次別管理）が意味をもってくる。同期という括りは新卒一括採用制度から必然的に導かれるものであるが，この集団は労働者にとっては情報収集や相対的位置を測定するうえで重要であるといわれている。よって，キャリアの初期にそこで大きな差をつけることは，コミットメントやモラールの維持にとってマイナスであると判断されてきたと考えられる[17]。また，「遅い昇進」により，経営側がどの労働者が有能かの情報を与えないことは，すべての労働者が企業内訓練に投資するというメリットがあるとする説明も存在する[18]。ただし，職場において誰が有能かについては多くの労働者は認知できることが多いことや，配属等でそれが判明することなどもある点にも留意する必要がある。

「重層的」昇進モデルについては，それに伴う昇進での仕切り直しの場（「踊り場」）の存在も注目されてきた[19]。日本での昇進が比較的小刻みであることとも相まって，キャリアの途中で，雇用されている企業内でのリターンマッチが可能な場が設定されている。このことによって，コミットメントやモラールの低下が回避されているのである。また，トーナメント移動に移行した後に企業に残る横這い層への対応としては，職能資格制度上の昇格や部下なしの「専門職」制度の導入などによって，コミットメントやモラールの低下の回避が図られてきたと考えられる。そして年功賃金制度の説明で述べた現在の変容においては，昇進・昇格管理が厳格化され，この横這い層の出

---

16) 佐藤・藤村・八代（2006）によると，第一次選抜（日本 = 8 年弱，US・独 = 3 ～ 4 年弱），横這い群出現期（日本 = 22 年，US・独 = 9 ～ 11 年）。ファストトラックの存在の有無で見ると日本は 90％ が「なし」，US では 50％ 弱，独も 40％ 弱が，「あり」となっている。原典は日本労働研究機構（1998）「国際比較——大卒ホワイトカラーの人材開発・雇用システム：日，英，米，独の大企業(2)アンケート調査編」。

17) 竹内（1995, 2016）参照。

18) たとえば，稲継（1996）参照。この場合，職位は低くても事実上の権限が移譲されていないと業務の執行に支障が生じることになる。

19) 今田・平田（1995）参照。

80　第4章　採用制度

現時期も早まりつつあるということになる。

⑷　アメリカ・ドイツとの対比

　次に新規高卒一括採用制度を国際比較の観点から相対化してみよう。ライ
フコースの入口での移行期①の課題（「社会化」，スキル形成，職探し）はどの
ように処理されていたのかという視角からアメリカとドイツを見てみると，
以下のような相違が浮かび上がる。まず，アメリカでは長い移行期①が特徴
的である。そこでは若年者はマージナルな立場に置かれていた[20]。同時に，
仕事経験を積み責任感を醸成する期間とも見なされてきたのである。「定職」
を提供する経営者は，その経験を観察し評価して採用することになる。移行
期①の課題は，個人が担っているが，結果としては過渡的職場を提供してい
るという意味で社会全体が担っているともいえるのである。

　ドイツでは，職業学校（高校に相当）に通いつつ企業と契約を結んで職業
訓練を受けるという，いわゆるデュアルシステムが機能してきた[21]。早期
の進路選択を前提に，大学に行かない人は，職業学校に通いつつ（週に2，3
日），他方で契約を結んだ企業において訓練を受ける（手当あり。2，3年）の
である。注意すべきは，修了後の資格取得であり，この資格はマイスターへ
の道にもつながることである。ドイツにおいて観察された若年者の相対的に
低い失業率は，この移行期①の仕組みと深く関わっていると考えられる。ド
イツは，学校と企業の双方が，技能訓練で連携し移行期①の課題を達成して
きたといえるのである。

　ところで，1990年代半ば以降，若年労働市場問題は，ライフコースにお
ける新しいリスクの問題として先進諸国での共通認識となってきた[22]。環
境条件の変化が，アウトサイダーとしての未就業者にとっての不利益を増幅
することになったのであり，アメリカやドイツもその例外ではなかったので
ある。アメリカでは90年代になると，人的資本面からの競争力回復という
観点から，ハイスクール時代からのパートタイムジョブという形での行き過

---

20)　Osterman（1980）参照。

21)　Greinert（1995，邦訳1998）参照。

22)　E-Andersen（1999，邦訳2000）参照。

ぎを是正するためにドイツとやや似通ったデュアルシステムを導入しようと
したが，中途半端のままに終わった。社会制度，とくに経営側の組織の分裂
状況を克服できなかったことがその重要な要因であった。ドイツでも，人気
の高い訓練契約への集中や，増加するサービスセクターとの対応関係の問題，
デュアルシステムに入れない層の問題の深刻化などが指摘されている[23]。
移行期①のあり方は，歴史的経路の中で生成されてきたものであり，直面す
る問題への万能な解はないのである。

3 相互補完関係と脆弱性

(1) 相互補完関係

　日本的雇用システムにおける新卒一括採用制度の位置を考える時，この制
度が新規高卒者を正規雇用労働者として採用することを軸とする制度である
ことに留意する必要がある。また新規高卒一括採用制度については，正規雇
用中心主義①の重要な構成要素として確立したと言い換えることができる。
1960年代後半の労働市場の逼迫という条件のもとで，経営側（とくに製造業）
は従来の非正規雇用への依存を低める一方で，技術革新にも労働需要の変動
にも柔軟に対応できる存在として新規高卒者を採用することを選択した。新
規高卒者をブルーカラーの正規雇用労働者として採用し企業内で育成する戦
略である。本書において日本的雇用システムとの関係に関しては，新卒一括
採用制度一般ではなく新規高卒一括採用の確立を重視する根拠はここにある。
　それをふまえたうえで，年功賃金制度との相互補完関係という点では，年
功賃金制度は，若年時での相対的低賃金を労働者が受諾する仕組みを必要と
するが，未経験の労働者が同時期に入職する新卒一括採用は，こうした仕組
みと矛盾しないことに注目する。この点はホワイトカラーの「遅い昇進」の
箇所で説明したとおりである。そして，ホワイトカラーとブルーカラーの賃
金カーブの近似をふまえると，このことは新規高卒一括採用と年功賃金制度
の関係についても当てはまる。なお，ブルーカラーについては，新規高卒一

---

23) たとえば，Thelen（2014）参照。

括採用制度の確立が，年功賃金制度を構成する職能給制度を導いたことにも留意する必要がある。職能給制度は，能力主義管理の賃金制度での反映であるが，直接的には新規高卒者の能力評価への指向に対応することを意図して導入された事例も観察される。

　他方で，年功賃金制度自体は，転職者にとって有利に働くことはなく，むしろ中途採用に対しては抑制的に作用するといえる。この意味では，年功賃金制度が十全に機能することは，中途採用でなく新卒一括採用制度の選択の可能性を高めることにつながっていったことになる。以上の意味で，新卒一括作用制度は年功賃金制度と相互補完関係を形成していたのである。

(2) 脆 弱 性

　新卒一括採用制度の第一の脆弱性は，労働の需要側・供給側の双方にとっての情報の薄さの問題である。大量の候補者が労働市場に登場する場合，経営側は短期に採用者を決定し，候補者に選択を迫るという問題が発生しうる。この場合，経営側にとっての候補者の情報は不十分となり，候補者にとっての選択の余地は狭まってしまう[24]。新卒一括採用制度では，青田買いを防止する公的な規制や「学校と企業との実績関係」によってこの問題の深刻化の低減を図ってきた。しかしながら，需給双方の情報の薄さそのものを払拭することはなかった。実際に新規高卒一括採用制度では，経営側は，高等学校からの間接的情報を一部利用し，基本的には生徒個々人についての詳しい情報を求めてこなかった。しかしながら，このような制度は，ひとたび高卒者全体の社会的評価が変化した場合，個々人の能力とは異なる偏った情報の増幅を生み，良好な候補者を見逃してしまう可能性を生むのである。新規大卒採用制度においても，就職・採用活動が在学中に行われ，しかも短期間に集中していることは，需給双方にとっての情報が希薄な中での就職・採用が行われることを意味する。

　第二の脆弱性は，新卒一括採用制度が企業に過度に依存した制度であるという点である。これは，新規高卒一括採用制度について顕著に観察される。

---

24) Autor（2009）参照。

「学校と企業との実績関係」の通説とは異なり，本書ではこの制度は移行期の機能やコストの相当程度を経営側が担って成り立っているととらえている。そして，経営側の人事雇用戦略の変化が直接・間接に及ぼす影響を吸収するための社会的制度は，ほぼ不在なまま推移してきたのである。この意味で，企業の機能に過度に依存した制度なのである。

新卒一括採用制度には以上のような脆弱性が内在してきた。それに伴って，求職者である学生が，幅広く職探しに関するネットワークを形成するなどの能力が養われる機会はなかった。そして，それを支援すべき諸制度も国際的に見て未発達のまま推移したのである。

4 歴史的経路——新規高卒一括採用制度の生成[25]

(1) 歴史的前提

高等教育機関卒業者の早期確保を目的とした職員での新卒採用は，すでに第一次大戦後から本格化し始めていたが，ブルーカラーの新卒採用については，1930 年代から公共職業紹介機関を通じて本格化し始めた[26]。後者においては，企業への訪問・就職後のモニタリングなどの高等小学校の教師の就職への積極的関与が認められる。この時期，就職への指導は，「思想善導」の一環として行われていたことがその理由として挙げられる。こうした中で，社会において若年者が定職をもたず職探しをすることへの否定的な規範，学校が就職過程に関与することを当然視する慣習が作られていったと推測される。また，第二次大戦期に入ると，戦時統制のもとで職業紹介網がより整備され，全国レベルでの需給調整会議も開催されることになった。これは，第二次大戦後の新規中卒紹介制度につながっていくことになる。

1950 年代のブルーカラーの正規雇用採用には，新規中卒一括採用・非正規雇用労働者の正規雇用登用・中途採用など多様なルートが併存していた。新規中卒一括採用制度は，戦後直後から再建が観察される企業内養成工制度

---

25) 佐口（2015）参照。ここでは日本的雇用システムの確立との関連で，新規高卒一括採用の生成と確立に注目する。

26) 佐口（1990）参照。

に直結する仕組みとして機能した。中卒企業内養成工出身は，その後の一時期において日本の製造現場の中核を担うことになる。新規中卒一括採用の過程では，義務教育対象の就職過程であるという理由から，公共職業安定所が比較的強い規制力を及ぼした。これは後の高卒採用と異なる点であるが，他方で地縁を中心とした「学校と企業との実績関係」も観察される場合もあり，この点では連続性も観察できる。

(2) 確立過程

1960年代に入ると，企業は学歴水準の急上昇と労働需要の急増に直面し，従来のような新規中卒者採用，非正規雇用労働者の正規雇用登用等の仕組みは機能しなくなる。そこで60年代後半に選択されたのが，新規高卒者のブルーカラーとしての一括採用の制度である。従来の多様な採用ルートではなく，あくまでも正規雇用としての新規高卒採用を中心としていくこと，先に述べた意味での「学校と企業との実績関係」の活用がその内容である。

一定程度の自立性を有し元来ホワイトカラー指向が強かった新規高卒者を対象としていること，仕事経験のない未経験労働者が一度に職場に溢れ出るという事態は，日本の職場の管理のあり方に強いインパクトを与えることになった[27]。とくに，労働力不足のもとでは，仕事を遂行するうえでも，「学校と企業との実績関係」を維持するうえでも，新卒者の定着管理がきわめて重要な位置を占めることになり，このことが他の雇用諸制度に影響を及ぼした。具体的には，すでに説明した職能給制度が挙げられる。それ以外にも，体系的なOJT（On-the-Job Training）につながるインパクトにもなったと考えられる。1950年代において企業内養成工制度へと直結していた新規中卒者と異なり，新規高卒者に対してはOff-JT（Off-the-Job Training）を施す時間的余裕は少なく，必然的に仕事をしながらの訓練＝OJTを行うことになるからである。だが，それだけではなく，定着管理が重視される中で，現場監督者がOJTの管理に直接関与することになる点が注目される。正規雇用中心主義①のもとで，新卒者を育て上げる仕組みが生成していったと考えられる

27）　佐口（2003a）参照。

のである。また，新規高卒者のホワイトカラー指向に対応するために小集団活動が導入された事例が存在することはよく知られている[28]。本書では，それに加えて，未経験の若年労働者が大量に製造現場に出現したことにより，彼らの労働災害問題＝安全問題が浮上したことにも注目する。小集団活動を始めとする参加活動は，職場の安全運動の一環としての性格も帯びつつ展開したのである。

5 変　　容

(1) 若年者雇用問題

1990年代の若年者の雇用問題は日本に限った出来事ではなく，多くのOECD諸国でも見られた現象である。成人男性労働者の長期的雇用に揺らぎが生じたことは，若年者にとっては良好な「定職」に到達することの困難度がより高まることに結果した。また，実証上はさまざまな議論があるが，成人男性労働者の雇用を保護する政策が強まるとアウトサイダーとしての若年者に負の影響を及ぼす可能性も指摘されていたのである[29]。

若年者雇用問題は日本だけの問題ではないとしても，日本での位相はどのように説明できるのであろうか。本書で重視するのは，学歴水準の上昇および企業の人事戦略の変化，それらに対する労働市場の仲介制度の反応という視点である。これらが，1990年代末の新規高卒者への労働需要の急減と重複して生じたのである。

1990年代以降の大学進学率の急上昇は，高卒者の労働市場の中での評価を大きく変動させることとなったが，経営環境の不安定性の中での人事戦略の変化，具体的には正規雇用中心主義①の見直しもそれと並行して生じた。これらのことは，新規高卒一括採用制度に内在していた脆弱性を一気に顕在化させることになった。大学進学率の急上昇は，新規高卒者への企業からの評価を大きく低下させたが，新規高卒一括採用制度では生徒個々人の能力を

---

28)　仁田（1988）参照。

29)　OECD（2006a）参照。日本での先駆的研究としては，玄田（2001）参照。

発見し評価する手段を欠いていた。このことが，人事戦略の変化の中での"新卒→正規雇用"枠の減少とともに，一定部分の生徒にとっては一種の統計的差別として機能することになったのである。また，生徒側においても企業についての情報を獲得する手段を欠いていたことは，合理的な求職活動の妨げとなった。実際，この時期に地方の中小企業における未充足求人が存在し続けたという現象はその点の一証左でもある。

　移行期①の諸機能を企業に過度に依存してきたことも問題の増幅につながっている。若年者の就職を支援していく労働市場の仲介制度の欠如，具体的には職業紹介に関する公的諸制度やネットワーク，公共職業訓練機能の不十分さなどにより，企業の人事戦略見直しによる社会的衝撃を緩和することができなかった。そして，新規高卒者求人が劇的に減少する中で，高卒者の正規雇用への採用ルートは残存する従来の細い道しかなかった。能力や意欲があるにもかかわらず制度の脆弱性ゆえに漏れてしまった層は，再び正規雇用として採用される機会も社会的な支援も見出すことができなかったのである。

⑵　新規大卒者[30]

　若年者雇用問題は新規大卒者にとっても無縁ではなかった。2000年代前半の新規大卒の就職に関わる問題は，就職活動の「早期化」・「長期化」，そして「新卒非正規化」の三つに性格付けられる。これらの問題は単なる就職協定の有効性に帰せられるものではなく，階層性も観察される。

　まず注目すべきは，正規雇用の枠に入れない層が相当程度発生した問題である。この背景には新規大卒求人の停滞が指摘できるものの，より重要なのは大学進学率の急上昇＝労働供給量の激増，である。さらにこの環境条件の変化に，労働市場の仲介制度が対応できておらず，結果としてこの層における留保労働条件の高さ，スキルや求職意欲の低さなどにつながった。

　こうした問題に直面した非銘柄大学生に対して，銘柄大学の学生は「早

30）　ここでの叙述は，苅谷・本田（2010）に依拠しつつ，筆者の見解を仮説的に展開したものである。

期」の囲い込みの対象となる。新卒一括採用制度である限り何らかの意味での「早期化」は必然であるが，学生側に即してみれば，情報が不十分な中で就職先を決定しなければならない。そして，このような不十分さにもかかわらず，初職の決定がその後のキャリアにもつ意味はきわめて重いという問題が浮上する。この背景には，日本での転職に関わる諸制度の問題が広がっているのである。

　非銘柄大学生と銘柄大学生の中間の層に関しては，採用方法の揺らぎが就職過程への予見可能性を低下させてきたという問題を指摘することができる。経営側が採用方法の革新を標榜しても，その内実は不明である。たとえば，銘柄大学生には囲い込みという従来からの方式を踏襲し，その残余については「厳格審査」とよばれる新しい方式の対象としていることもある。また，情報媒体の進化とそれに基づいた採用方法の変化は，従来のOB・OGリクルーター制度による選択とは異なり，学生に選択肢の拡大という幻想を生んだが，その内実は不明なのである[31]。むろん，情報の不十分性と転職コストの高さという条件のもとでの就職先の決定という点では，銘柄大学の学生と共通していた。

　以上，述べてきた新規大卒者の就職についての叙述は，実証研究が途上の中での推論であるが，環境条件や諸主体の変化に対応する新しい労働市場の仲介制度が生成していない，あるいは従来の制度が中途半端に残存していることの弊害という点では，本書で中心的に分析してきた新規高卒採用制度が直面した状況と共通性を見出すことができる。また，従来の制度の脆弱性，たとえば学生が就職先についての詳しい情報を獲得していないことやそのための人的ネットワークを形成する仕組みが欠如していることが問題を増幅したという構図も観察することができる。さらに，就職過程の問題は小手先の問題ではない。大卒就職について述べれば，ホワイトカラーの働き方や処遇，転職のあり方に関わる問題なのである。

---

31)　この幻想が就職活動が長期化する一つの要因の可能性がある。

88　第4章　採用制度

(3)　揺り戻し

ところで，これまで述べてきた新卒一括採用制度の変容については，労働市場条件に影響されて，表面的には以前の状態への揺り戻しとも見える現象も観察される。たとえば，有効求人倍率や就職率は，新規高卒者・大卒者ともに一時期からは明らかに改善されているのである。その意味では，1990年代末以降の若年者雇用問題が，ストレートに新卒一括採用制度の崩壊につながっていると見なすことはできない。

しかしながら，外形的に新卒一括採用制度が機能していても，従来の「学校と企業との実績関係」が再生される保証はない。外形上は類似していても，機能が相当程度異なっている場合もありうるからである[32]。さらには，若年者の非正規雇用率も基本的には高位安定状態が継続していることにも留意しなければならない[33]。また，新卒一括採用制度は他の雇用諸制度，とくに年功賃金制度との相互補完関係をもとに機能してきた。よってその変容からの影響も受けることになる。実際，年功賃金制度そのものが変容し，内部での長期育成に基づいて40歳代にも継続的に賃金上昇を享受できる対象者は縮小しつつある。このことは若年時での相対的低賃金の受諾という年功賃金制度にとっての不可欠な要素を揺るがせており，若年時での転職を誘発する要因となりうるのである。

以上の意味で，本書では日本的雇用システムにおいて機能してきた新卒一括採用制度は頑健性を見せつつも変容の途上にあると見なしている。そして，環境条件や諸主体の変化に対応した持続可能な新しい制度は，いまだに見出されていない状況であると考えられるのである[34]。

---

[32]　従来の「学校と企業との実績関係」が崩れていることが，いわゆる「採用難」の一因であるとも考えられる。

[33]　図4-④を見ても，1990年度生まれの層での新卒枠内での就職者の比率は，従来の水準に戻っていない。

[34]　この点に関連して，ソーシャルメディアやAIを使った採用方式のイノベーションのもつ可能性にも注目していく必要がある。採用におけるイノベーションは，学生側・経営側双方にとっての情報の質やコストの意味を不連続に変える可能性がある。

5 変 容 *89*

本章のポイントのチェック

A 一般に，移行期①においては，若年者はどのような課題に直面
するのか？

B 新規高卒者の就職過程での「学校と企業の実績関係」とはいか
なるメカニズムか？

C 新卒一括採用制度は，低コストで高い質の情報を得られる制度
であるといえるのか？

D 新規大卒一括採用制度と採用後の昇進制度とはどのように関連
しているのか？

E 新規高卒一括採用制度の確立は，他の雇用諸制度にどのような
インパクトを及ぼしたのか？

第5章

退職制度
定年制度

　ライフコースにおける雇用の出口では，労働者の退職を円滑化する制度が求められるが，日本では定年制度とそれに付随する諸制度がその役割を果たしてきた。日本の定年制度は，長い「『定職』から引退への移行期」を現出させたが，同時にこのことが日本の高年齢者就業率の高さを生み出すというユニークな機能を果たしてきた。ここでは，定年制度が労使の同床異夢状況で確立した歴史的経路もふまえて，その諸側面を検討する。

キーワード

定年制度，「定職」から引退までの移行期，公式引退年齢，実引退年齢，一律強制退職，定年延長問題，年功賃金制度と定年制度の関係，ブリッジジョブ，高年齢者雇用確保措置

1 何をどう扱うのか？

(1) 高年齢者雇用問題[1]

2004 年・12 年と高年齢者雇用安定法の改定が行われ，65 歳までの高年齢者雇用確保措置が強化された。定年年齢と公的年金の支給開始年齢のギャップは，定年制度が確立して以来の問題であるともいえるが，後述のように日本的雇用システムを揺るがす一因となりつつあるという点で従来とは異なる脈絡で注目する必要がある。

これに加えて，近年では高齢者の貧困問題への注目度も高まっている。以前から研究者の間では，日本の高齢者の所得格差や相対的貧困率，働いていても貧困である高齢者に関する議論は進んでいた[2]。むしろ，ようやく世間の目が若年者の貧困問題から子供の貧困問題を経由してこの領域にも向いてきたといえる。ライフコースにおける雇用からの出口を考えるうえで，この高齢者の生活に関わる問題も避けて通ることはできないのである。

(2) 引退過程への注目

本書では，この領域について，「『定職』から引退への移行期」（以下，移行期②と略記）というとらえ方に基づいて議論していく。「定職」を退職した後に，生活上の安定を前提にすぐに引退できるという場合を除いて，その過程には移行期②が発生することになるからである。この移行期②においては，人々は雇用状態と非雇用状態との高い不連続性の問題に直面し，生活上のリスクが発生する可能性が存在する。この課題を処理するために，移行期②での諸制度が要請されることになる。また，雇用制度の原点はあくまでも労働供給の保持（リテンション）であり，その限りでは退職という行為と整合しない。雇用の出口においては，これらの問題に対応する制度が必要となるのである。

---

1) 本書では，55 ～ 64 歳を高年齢者，65 歳以上を高齢者とする。

2) たとえば，阿部（2008）参照。

1 何をどう扱うのか？ 93

　ところで，20世紀の雇用諸制度においては，上記の不整合性が深刻になる。ライフコースでの雇用の出口においては，それまで定着を促してきた労働者に対して，経営上の理由に基づかずに退職を促さなくてはならない。とくに後に説明するように後払い賃金制度の場合は深刻となる。極端にいえば，定着促進を図った挙句に一定の年齢に達したら摩擦なく退出させる仕組みが必要となるのである。むろん，非雇用状態になることは生活上のリスクが発生することも意味する。したがって，年齢による退職を円滑化する制度は生活保障のための制度との組み合わせとなる。

　福祉国家の諸制度の充実に伴って，多くの先進諸国では公的年金制度を始めとする所得保障を前提とした早めの引退が見られるようになっていく。ドイツ・フランス・オランダなどにおいては，公式引退年齢よりも実引退年齢が低く[3]，その意味では，「定職」から引退への移行期②は極小化されている。また，高年齢者の就業率については，それらの諸国では産業構造の変化もあり1970年代に大幅に低下したのである。

(3)　長い移行期②と定年制度

　日本での高年齢者労働市場は，国際比較上，いくつかの特徴を指摘できる。第一は，60歳前後での男性労働者の賃金水準・勤続年数の劇的変化である[4]。第二は，男性の就業率（55～64歳）の高さである（図5-①）[5]。そして，これに対応する移行期②の特質は，実引退年齢が公式引退年齢よりも相当程度高いという点である（図5-②）。この日本での移行期②の特質は雇用の入口での移行期①の特質と対照的である。欧米では，移行期①は長く移行期②が短いのに対して，日本的雇用システムでは移行期①は極小化されており移行期

---

3)　公式引退年齢とは公的年金の満額支給が可能となる年齢のことであり，実引退年齢とは実際に労働市場から引退する年齢のことである。

4)　図1-①での賃金水準の劇的な変化が同一企業での勤続年数の変化を間接的に表している。

5)　歴史的に見ると1980年代に入って，日本と他の先進諸国との差異が顕著になる。日本は80％前後で一貫して高位安定であったのに対し，ドイツ，フランス，オランダなどは，80年代に大幅に落ち込み，一時は40％台を示すに至った。これについては八木（2009）図8-5を参照。

図 5-① 高年齢者就業率の国際比較

(a) 55 〜 59 歳（男性）

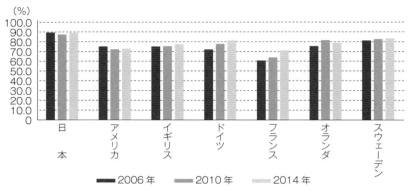

(b) 60 〜 64 歳（男性）

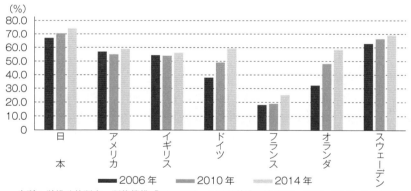

出所：労働政策研究・研修機構「データブック国際労働比較2008，2012，2016」より作成。

②は長いのである。

　そして，このような移行期②を生み出している制度が，年齢による強制退職制度である定年制度に他ならない。移行期は①でも②でも雇用諸制度の外側との関係で規定される面もあるが，同時に雇用諸制度そのものとの関係も重要である。とくに定年制度は年功賃金制度と深い関係にあり，本書ではこの点に注目した説明を行っていくことになる。

図 5-② 引退年齢の国際比較

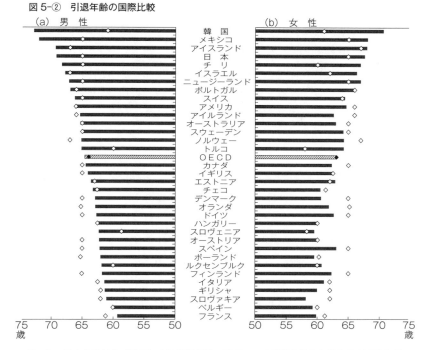

注：◇の印は公的年金（満額）支給開始年齢，棒グラフは労働市場から退出する平均年齢。
出所：PENSIONS AT A GLANCE 2015: OECD AND G20 INDICATORS © OECD 2015.

2 定年制度

(1) 核心部分

　日本的雇用システムでの定年制度は，高年齢となり仕事遂行に困難が生じるために退職を余儀なくされる制度ではない。また，所得保障を前提に自発的に退職を選択していく制度でもない。以上のことをふまえたうえで，日本の定年制度の核心部分は，比較的早い年齢での一律強制退職制度と要約することができる。高年齢者のキャリアの節目は，定年年齢・公式引退年齢・実引退年齢に区分することができるが，日本的雇用システムのもとでは，定年年齢＜公式引退年齢＜実引退年齢という関係が長らく継続し，そのことが先

の「比較的早い年齢での」という表現の含意である。また，後述のように，定年年齢の前に「定職」からの退職が慣行化されている場合が多いことにも留意する必要がある。

このことは，定年制度はこの長い移行期②を可能とする諸制度がなければ機能しない制度であることを意味する。また長い移行期②が機能するということは，高年齢者の就業率の高さに対応するのである。

(2) 一般性と特質

後払い賃金制度としての年功賃金制度を前提とすれば，経営側にとってはある時点での強制退職制度は必要不可欠なものとなる。つまり，総生産性と総賃金の現在価値が等しくなる時点（年齢）で強制退職制度が設定されることになるのである[6]。その意味では，後払い賃金制度を有する雇用システムであれば定年制度が一般的であってよいはずである。

しかしながら，欧米のホワイトカラーにとって，実質的な定年制度や日本のような移行期②は必ずしも一般的なものではない。実際に上述の説明だけではいくつかの疑問が残される。第一に，労働者の能力・生産性は一律ではないのになぜ一律強制退職なのかという点である。高年齢になり能力の個人差が大きくなることはあるとしても，一律的な措置に直ちに経済的合理性を見出すことは難しい。第二は，なぜ賃金調整による対応を選択しないのかという論点である。後払い賃金カーブをなだらかにすることで雇用を延長させるという選択は可能なはずだからである。第三に，経営側の必要性の視点から導かれる定年年齢と労働者が指向する自発的な退職希望年齢とが一致する保証はない。むしろ，労働者側の観点からは，定年制度は雇用の強制的中断であり，生活上のリスクを高める制度となる可能性もある。また，年齢による強制退職は公正さの実現という面からの問題も抱えているといえる。

このように理論的には後払い賃金制度と強制退職制度は不可分であることを示すことができても，それがどのように現実化するのかにはさまざまな条件の差異が反映する。日本的雇用システムでは，何よりも定年年齢の早さが

---

6) 関連する議論としては，Lazear（1979），（1998），奥西（2009）参照。

際立っている。この早さは，日本的雇用システムの確立時から1980年代半ばごろまでは，公的年金の満額支給開始可能年齢（60歳）が定年年齢（50歳代後半）よりも高いという状態が継続していたことにも表れているのである。

(3) 機　　能[7]

① 同床異夢

では，なぜこのような制度が生成し機能しえてきたのだろうか。その問いを解くカギの一つは，定年制度についての労働者側の受け止め方にある。端的にいって，日本の労働者にとって生成時の定年制度は“定年年齢までの雇用の保障”として解釈されていたのである。定年制度は，雇用の保障への信頼の積み重ねのワンステップとして機能したと言い換えることができる。また，このことはホワイトカラー並みの処遇を求めるブルーカラーにとって企業内での公正さの実現でもあった。

他方で，経営側にとって定年制度は集団的コンフリクトを伴わない安価な雇用調整手段であった。このことは，定年年齢の設定でのフリーハンドを維持することの重要性を意味する。さらに年功賃金制度を維持するためには安易に延長できないという事情が加わる。ここに日本的雇用システムのもとでの定年年齢延長問題の必然性を見出すことができる。

② 諸制度の付随

また，定年制度はそれに付随する諸制度が存在したからこそ機能し続けることができた点に注目すべきである。比較的若い年齢での定年退職は，労働者にとっての雇用の中断であることは否めない事実である。したがって，この問題に対応するために，定年制度にはさまざまな制度が付随してきたのである。その第一は，退職一時金制度である。定年制度確立直後は，ブルーカラーについては生活上のリスクに家族の多就業で対応することが多かったが，彼らの生活の予見性・対応可能性の確保にとって退職一時金制度はきわめて有効であったと考えられる。また，1940年代末からこの拡充をめぐる労使交渉が展開されたことに見られるように，退職一時金制度は公的年金制度の

7）　佐口（2003b）参照。

再建に先立って拡充され，しかも当然のように労働条件として扱われていたことにも留意する必要がある。

　第二は，「定職」から引退までをつなぐ仕事（＝ブリッジジョブ）の確保である。その中でブルーカラーについては，再雇用制度の整備に注目すべきである。再雇用制度については，それが賃金調整（大幅減額）可能な非正規雇用としての再雇用であることが核心である。つまり正規雇用の間は年功賃金制度の整合性は堅持し，定年退職後に非正規雇用労働者として賃金調整の対象としたのである。再雇用制度が，公的年金支給開始年齢とのギャップを埋めることで定年延長を部分的に代替する性格を帯びていたのである。これに加えて，関連中小企業への再就職や定年前出向などもブリッジジョブへのルートとして機能した。このルートは，単に余剰人員の関連企業への押しつけだけでなく，技能移転や人的ネットワークの継続等のメリットを伴う場合もあった。なお，ホワイトカラーについては，伝統的に「強い紐帯」を利用した関連企業への再就職が主要なルートであったと考えられる。

　③　高い就業率

　ところで，男性就業率の高さが日本の高年齢者労働市場の特質の一つであることは言及してきた。高年齢者の就業率の説明としては，たとえばプッシュ要因として労働コストと生産性の関係が注目されてきた。一般的には，年齢別の賃金カーブの傾きがきついほど高年齢者就業率が低くなる傾向が指摘される[8]。しかしながら，日本は年功賃金カーブが見られても高年齢者の就業率は高い。しかもこの賃金カーブは，60歳前後で急激な調整に直面することにも留意しなければならないだろう。プル要因としては，公的年金制度等の支給開始年齢が低くて額（代替率）が高いと高年齢者の就業率が低くなる傾向が指摘される。ただし，日本の場合，時系列変化では公的年金は受給者数・額という面で相対的に充実していったが，就業率の低下という現象は観察できていない。

　このように日本での男性高年齢者の高就業率を説明する要因を特定することは容易ではないが，本書においては，それを支えた条件として先に述べた

---

　8)　「一般的」な要因は，OECD（2006b）参照。

ブリッジジョブの充実を重視している。日本ではブリッジジョブにおいて，高年齢労働者の多くは，「雇用者」として「普通勤務」で，しかも「経済上の理由」によって働いてきた[9]。つまり，その点では「定職」と大きな差異はないのである。また，先述のように再雇用だけでなく，中小企業への異動も多く見られる（60～64歳での男性の転職率の上昇）。とくに中小企業の場合には，定年制度の運用が弾力的であり，相当程度に高い年齢まで働くことができるのである[10]。

このように，日本での移行期②は，ブリッジジョブの充実によっても特徴付けられる。そして，この引退までの長い移行期②において，高年齢者はスキルや経験，人的ネットワークを活用してきた。これらを活用できる点が若年者との相違であり，定年制度により早めに「定職」を退職することは，間接的ではあるが若年者にその空席を提供することへの寄与にもなったのである。

高年齢者の就業という視点からすると，ヨーロッパ諸国においては，1980年代は公的年金満額支給開始以前での早期退職促進策に傾斜していたという事実が重要である[11]。具体的には公的年金制度（前倒し支給）・失業保険制度・障害者保険制度・長期疾病給付金制度などの社会保障制度を組み合わせることで，60歳前後での労働市場からの引退を実現していたのである。したがって高年齢者の就業率も極端に低下していった。しかしながら，このような政策は，財政上の制約等から2000年前後以降にドラスティックな転換を見せる。EUとして55～64歳のEU平均就業率を2010年までに大幅に上昇させるという数値目標を立て，そのために寛容な公的給付を中心とする早期引退ルートの排除を目指したのである。この結果として高年齢者就業率が上昇しつつある諸国が見られる一方で，実現しない諸国も散見される（図5-①参照）。労使合意として進められてきた早期退職促進やそれに基づく生活上の慣行を短期的に変革することは容易ではないのである[12]。

---

9) 厚生労働省「高年齢者就業実態調査」を参照。なお1992年の時点で，「年金だけでは生活できない」ことを就労の理由に挙げる者が，60～64歳で60％を示していた。

10) 小池（1991）参照。

11) OECD（2006b）参照。

100　第5章　退職制度

　高年齢者の労働者としての活用という点に限ってみれば，日本での企業を中心とした措置の国際比較上の優位性を認めることができるかもしれない。日本の高年齢者は，早めの定年退職でキャリアジョブを若年者に間接的に譲った後に，蓄積してきたスキルと人的ネットワークを生かして就業し続けてきたのである。だが，そこには，以下で検討するようにいくつかの脆弱性が内在していたことにも留意しなければならない。

3　相互補完関係と脆弱性

(1)　相互補完関係

　後払い賃金制度が機能するには，労働者側の入口（若年時あるいは勤続初期）での相対的低賃金の受諾と出口（高年齢時）での円滑な退職の受諾，経営側の機会主義的解雇等の抑制が必要である。つまり，日本的雇用システムでの年功賃金制度は，出口の制度である定年制度の存在があって機能しえているのである。さらに，年功賃金制度が機能すると，結果としての大多数の労働者の継続就業のインセンティブが過度に亢進する。これを処理するための手段として定年制度の一律性が正当化されることになるのである。

　また，後述するように，歴史的にも定年制度の確立は年功賃金制度の確立の前提条件であった。さらに，両者の結び付きの強さは，賃金カーブ（年齢別）の形状がなだらかになると定年年齢が上昇するといった連動性を見出した実証研究からも明らかにされている[13]。以上の事実から，年功賃金制度と定年制度の関係は直接的であり不可分であると表現できる。こうした関係は，雇用調整制度や新卒一括採用制度と年功賃金制度との関係とは，やや異なっているといえるだろう。

---

12)　移行期②の各国の差異については，生活構造まで踏み込んだ検討が必要となる。後払い賃金という点では日本のホワイトカラーも他の先進諸国のホワイトカラーも共通なのに，なぜ後者の多くに一律強制退職制度としての定年制度が存在しないのかという問いは，生活構造の分析を抜きには解明できないと考えられる。

13)　たとえば，樋口・山本（2002），労働政策研究・研修機構（2010）「継続雇用をめぐる高齢者就業の現状と課題　労働政策研究報告書 No.120」参照。

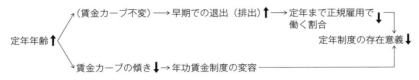

図5-③ 定年制度と定年年齢の延長との関係

(2) 脆弱性

ところで、労働者にとっての定年年齢の延長要求は避けて通れないことであった。定年制度は、比較的早い年齢での雇用の中断に他ならず、公的年金制度とも連動していなかったからである。他方で、経営側は、先に述べた事情から定年年齢についてのフリーハンドを維持する姿勢を堅持した。したがって、定年延長は遅々とした歩みしか示さなかった。実際、1940年代末に定年制度が確立してから30年以上も公的年金支給開始年齢と接続せず、「55歳＋α」で推移し、定年延長問題は日本的雇用システムにおいて解決されることなく継続したのである。

先にふれたように、定年延長への歩みが遅々としたものとなった理由は、経営側の定年年齢についてのフリーハンドを維持したいという姿勢の存在だけではない。定年年齢が極端に延びていくことは、賃金カーブが一定であれば早期での排出が促されることで定年年齢まで正規雇用として働く割合が大幅に低減することになり、この進行は定年制度の空洞化（存在意義の低下）を意味する。他方で、定年年齢の上昇と連動して賃金カーブが極端に緩やかとなれば、それは年功賃金制度の変容を意味することになり、結果として定年制度の存在意義の低下につながる。定年制度にとっては、定年年齢の延長は自己否定につながる事柄なのである（図5-③）。実際に、歴史的に見ると、定年延長は、私鉄や電機などの関連企業が多く中高年の早期排出が容易な産業から実現されていった。また、年功賃金カーブの修正によって定年延長を実現するという選択をした事例も観察できる。定年制度はその意味では日本的雇用システムにとっての一種の"時限爆弾"と比喩できるのであり、このことが同制度の第一の脆弱性である。

ところで、移行期②での諸問題は、高年齢者の扶養を社会全体でどのように担うのかという問題でもある。日本ではこのような社会的性格を帯びてい

102　第5章　退職制度

る問題を，企業を中心としたメカニズムに依存して処理してきたのである。また，日本の高年齢者の移行期②は，ブリッジジョブの充実に支えられているものの，「定職」での差異が再就職後の労働条件に影響を与えることも知られている。学歴や「定職」での地位が再就職後の正規雇用比率や同一職種比率，雇用安定度などに影響を与えているのである[14]。これらのことは，高年齢期とそれ以降に働き続けても貧困に陥っている層が相当程度存在する可能性を意味し，2000年代にこの問題が顕在化していくことになる。言うまでもなく，これは高齢者への所得保障に関わる社会保障制度の問題でもある。

　繰り返しになるが，移行期②は，世代間の扶養を含めて社会的な対応が求められる領域である。しかしながら，日本ではこの領域は基本的には“私的過程”として処理されてきた。このことを，本書では定年制度に内在する脆弱性の第二として把握する。企業を中心としたメカニズムによる対応の裏側にはこのような問題が横たわっていたのである。そして，移行期①と同様に，日本における移行期②での労働者の生活は，経営環境や人事戦略の変更の影響を直接的に受ける構図の中にあったといえるのである。

4　歴史的経路[15]

(1)　早い生成

　第二次大戦前の職員層にとって，年齢に関わる退職制度は，褒賞を受給して退職できる仕組みとして出発した。一方，ブルーカラーについては，強制退職の一つの基準として一部に適用されただけであり，彼らと職員層の引退過程には大きな格差が見られた。第二次大戦期は，一部に存在した定年制度の停止が観察される時期ではあるが，他方で戦後の定年制度と関わる理念が政策的に提示された時期でもあった。

　定年制度がブルーカラーも含めて一般化する契機は，第二次大戦直後の

---

14)　樋口（2001），小川（2009）参照。なお，同一職種比率は，前職が「専門職」の場合，とくに高くなる傾向が見られる。

15)　佐口（2003b），（2015）参照。

1940 年代末のドッジラインの影響を受けた企業整備であった。すなわち，大量の整理解雇を執行するうえで，「定年年齢への到達」あるいは「定年年齢に近い」という基準はきわめて有効であり，それゆえに多くの企業でブルーカラーも含めた定年制度が整備されたのである。これは，本書での日本的雇用システムを構成する諸制度の中では他に先行しての確立であった。

　この選択の背景としては，戦後における労働組合の存在を指摘しなければならない。解雇基準を欠如させているという条件のもとで，労働組合は選別を前提とした指名解雇への強い反対の立場を堅持していた。別の表現をすれば，選別の困難や結果が招く集団的コンフリクトという点で，指名解雇が経営側に発生させるコストは高かったのである。だからこそ，年齢による自動的な雇用調整手段としての定年制度は相対的に有効であった。

　他方，労働者側にとっての定年制度は，定年までの雇用保障という "黙契" として受諾可能な制度であった[16]。むろん "黙契" である限り明文化されておらず，実際に雇用調整制度が整備されるのは 1960 年代のことである。そのようなあいまいさが残る時期において労働者が定年制度を受諾したのは，いつ訪れるかわからない退職勧奨への不安からの解放を優先したからであると推測される。また，退職に関わる予見可能性の上昇は，「職員並み」の処遇の実現という戦後直後の経営民主化イデオロギーとも整合的であった。実際に，労働争議の要求項目に「定年制度確立」が掲げられる事例すら存在したのである。

　このように，日本でのブルーカラーも含めての定年制度の普及は，雇用調整手段と雇用保障の "黙契" という異なる性格を含む，いわば同床異夢状態で実現したのである。

(2)　補強の過程

　確立直後の時期の定年制度への労働者の評価は高いものではなかった。だが，本書で日本的雇用システムが確立するとしている 1960 年代後半になると，定年制度に付随する諸制度の充実，具体的には退職一時金の充実や再雇

---

16)　この点は，荻原（1984）を参照。

用制度の拡充（期間の延長と選抜要件の緩和）などもあり，制度の定着ぶりを観察することができるようになる。実際，ある大企業による定年制の事実上の廃止の試みは，労働組合の意向もあり結果的には失敗に終わっている。労働組合は，希望退職募集が生じるのは定年制を廃止したからであると受け止めて，むしろその復活を要求したのである[17]。また，定年制度と退職一時金の拡充は，公的年金制度に先立って進行し，60年代での公的年金制度と退職一時金制度（企業年金制度）との統合の試みは事実上失敗した。"私的過程"としての移行期②の性格は，定年制度の定着の中で積み上げられていったのである。

1960年代から労働組合が一貫して要求してきた定年延長は，80年代に入りようやく60歳定年制が多数派となるという形で実現していった。この背景としては，公的年金制度の支給開始年齢引き上げへの動きと連動した定年延長を促進する政策の存在があるが，実現の理由として重視すべきは，労働組合側が，50歳代での賃金カーブの調整や，遠い勤務地や技能を生かせない職場への異動に協力したことである。定年年齢の延長は，賃金カーブの調整か早めの高年齢者の排出の一定の進行がなければ実現することはなかったのである。そして，この時期になると，晩婚化や高学歴化によって，退職期での扶養の問題はホワイトカラーにとっても深刻となった。定年延長問題は，ブルーカラーだけでなくホワイトカラーも共有する課題となったと考えられるのである。

5 変 容

(1) 政策からのインパクト

定年制度については，1990年代半ばから政策による影響が強まってきている点に注目しなければならない。86年時点での高年齢者雇用安定法は，定年年齢の60歳以上の努力義務化を求めたものであったが，この時期は60歳定年制度の普及が50％を超えた時期であり，政策はこのような社会レベ

17）　鐘紡の労使の事例である。佐口（2003b）参照。

ルでの実態・趨勢の後追い的性格を帯びていたといえる。しかしながら，94年改定になると「定年制を設けるならば60歳を下回ることはできない」という形で強行規定化された。さらに，2004年改定では，65歳までの高年齢者雇用確保措置が義務化され，そのために，定年年齢の引き上げ・継続雇用制度（再雇用，勤務延長）・定年制の廃止のいずれかの措置を選択することとされた。そして，13年3月には経過措置が終了し，再雇用での希望者全員採用が義務化されることとなったのである。

こうした一連の改定は，直接的には1994年と2000年の公的年金制度改定によって老齢厚生年金の定額部分と報酬比例部分の支給開始年齢が，段階的に65歳に引き上げられていくことへの対応という面もある。しかしながら，長らく定年年齢と公的年金制度とのギャップが放置され，政策は基本的には実態の後追い的政策に終始してきたという歴史的経緯をふまえると，その新しさが浮き彫りとなる。また，これまでの定年制度の分析をふまえれば，この転換は日本的雇用システムを堅持することとは整合しない。目的意識性の程度は別にしても，事実上日本的雇用システムの変容を許容することを前提として高年齢者雇用政策の転換が進められていると解釈することができる。

(2) 脆弱性の顕在化

定年制度に内在する一つめの脆弱性として，制度としての進化が臨界点を超えると，定年制度を始めとした日本的雇用システムの自己否定につながる点を指摘してきた。雇用政策による65歳までの雇用確保の強制は，この臨界点に近い効果を及ぼす可能性がある。年功賃金カーブの形状については，第2章で述べたように40歳以上からの勾配の変化（とくに非製造業・大卒・男性）が顕著である。他方で，中高年の早期排出については，必ずしも顕著には観察することはできない。しかし，平均勤続年数の推移を見ると，1000人以上企業の男性（一般労働者）では，25〜29歳と60〜64歳の層を除くと，近年は低下の傾向が認められる。なお，大卒以上については，35〜39歳，40〜44歳の層で低下の傾向が見られる[18]。また，高年齢者の非正規雇用率

---

18) 高橋康二（2018）での図表1-16および1-17参照。

図 5-④　高年齢労働者（55〜64 歳，男性）の非正規雇用比率の推移

注：1988 年から 2001 年までは各年 2 月，2002 年以降は 1-3 月平均，男性。
出所：総務省「労働力調査」より作成。

の上昇が顕著に見られることにも留意する必要がある（図5-④）。以上の現象は，定年延長が，日本的雇用システムの動揺に直接・間接に関連している可能性を示していると考えられる。

　二つめの脆弱性に関しては，すでに述べた男性高年齢者での非正規雇用率の上昇（2005 年以降）が注目される。これは，「定職」での格差がブリッジジョブにおいて増幅されるという構図が顕著になりつつあることを示している。また，中高年の早期排出が今後より高まれば，中小企業での受け皿機能の低下も相まって選別が強化され，非正規雇用率や失業率が高まる可能性がある。さらに，1990 年代後半以降の若年者の非正規雇用化とその固定化という事実をふまえると，今後，高年齢者での非正規雇用および失業問題が進行する可能性は高い。単に働くことが貧困からの脱出にはつながらないのである。さらに，後に検討する男女間雇用格差は女性高年齢者の生活問題にも影響している。繰り返しになるが，移行期②の諸問題の処理を企業中心のメカニズムに依存してきたことは，生活問題の深刻化を緩和する仕組みの未整備状況を生み出したのである。

本章のポイントのチェック

A　日本での移行期②はどのような特質を帯びているのか？

B　定年制度と年功賃金制度はどのように関係しているのか？

C　日本において定年年齢が際限なく延長されることは，定年制度
にどのような影響を及ぼすことになるのか？

D　定年年齢延長問題は，なぜ日本の労使の争点であり続けてきた
のか？

E　高年齢者の活用という視点から，定年制度はどのように評価で
きるのか？

第6章

非正規雇用

　ここまでは，主に正規雇用の男性を対象とした制度について議論してきたが，第6章，第7章では，それに含まれない非正規雇用と女性雇用に関わる諸制度という側面から日本的雇用システムについて説明していく。日本的雇用システムにおける非正規雇用問題の特質は，正規雇用と非正規雇用との関係を検討することで浮き彫りとなる。ここでは，経営側が非正規雇用を選択する理由やそこでの制約をふまえて，正規雇用と非正規雇用の分断性等を説明していく。さらに，非正規雇用に関わる制度の領域での変容が，いかなる意味で日本的雇用システム全体の変容を促すことになるのかも検討していく。

キーワード

正規雇用―非正規雇用関係，直接雇用・非正規労働者，間接雇用・非正規労働者，雇用形態の合理的配分，非正規という身分，非正規化への制約，有期雇用の無期雇用化

1 何をどう扱うのか？

(1) 社会問題としての非正規雇用問題

すでに言及してきたように，1990 年代後半から上昇していた非正規雇用率は，近年においても高水準を維持し続けている。当初は将来の家計の維持という観点から若年男性の非正規雇用問題が注目されてきたが，ジェンダーバイアスから自由になれば，若年女性の非正規雇用問題の深刻さも浮かび上がる。むろん，次章で扱うパートタイム雇用に関わる問題も継続している。さらに，高年齢者での非正規雇用率の上昇についてもすでに述べてきた通りである。

ところで，2005 年前後から社会問題化していった非正規雇用問題は，当初は電機や自動車産業等の企業における「偽装請負問題」として扱われた。しかしながら，後述のように業務委託でのこうした働き方は従来から存在していた現象であることをふまえると，問われるべきは，むしろこうした働き方が日本的雇用システムのもとで機能してきた条件や，2000 年代に社会問題化した要因ということになる。

(2) 非典型雇用と非正規雇用

雇用の形態は，直接雇用か間接雇用[1]か，期限の定めのない雇用か期限付き雇用か，フルタイム雇用かパートタイム雇用かの組み合わせとして把握することができる。この分類のもとでは，典型雇用は直接雇用・期限の定めのない雇用・フルタイム雇用の組み合わせであり，それ以外は非典型雇用となる。

ここで，雇用制度の理論をふまえると，雇用制度において典型雇用として位置付けられるべきは，直接雇用であり継続的雇用である。そしてこれに該当しない雇用形態は非典型雇用と位置付けられることになる。典型雇用が主

---

1) 本来は直接雇用のみが雇用制度に含まれるが，ここでは，派遣や業務委託などを「非正規雇用」に含めて議論するために間接雇用と表現する。

流であるとしても，一時的雇用や間接雇用といった非典型雇用に固有の存在
理由があること，言い換えればそれにふさわしい仕事が存在することは想定
できる。また，すでに説明してきたように，20世紀の雇用諸制度においては，
成人男性中心の長期的雇用が典型雇用となる。そのことによって，非典型雇
用は典型雇用を維持するための存在としても機能することになる。この場合
は，典型雇用のあり方（雇用保障・賃金制度等）が非典型雇用のあり方を強く
制約するという関係が成立する。たとえば，典型雇用の処遇が高い場合と，
低い層も典型雇用に含まれる場合では，典型雇用―非典型雇用関係は異なる
のである。

　日本における非典型雇用は，非正規雇用と呼称されており，本書でもその
ように使用する。日本的雇用システムでの非正規雇用の特質を，国際比較上
量的に確定することは，定義の差異の問題もあり容易ではない。本書で注目
する点は，"正規・非正規労働者間の低くないレベルでの仕事における同質
性の高さと大きい処遇の格差（とくに年功賃金適用の有無）の併存"である[2]。
このことに加えて非正規から正規への移動が容易でないこと，（EU諸国に比
して）政策上の規制が弱いことなどに注目している。正規雇用―非正規雇用
関係に言及せずに非正規雇用について説明することは不可能なのである。

2　非正規雇用に関わる諸制度

(1)　特質と態様

　繰り返しになるが，本書では日本的雇用システムにおける正規雇用と非正
規雇用の関係に注目している。日本的雇用システムにおいては，年功賃金制
度の適用を始めとしてブルーカラーでの雇用諸制度とホワイトカラーのそれ
との近似が観察される。言い換えれば，ブルーカラーへの処遇が比較的厚い
のである。これは，日本的雇用システムは正規雇用のメリットを積極的に活
用することを選択した仕組みであることの反映である。他方で，厚い処遇の
対象がブルーカラーにも広がっていることは，条件次第では経営側がその処

---

　2)　これに関連する問題の先駆的研究としては，氏原（1951）参照。

図6-①　正規雇用─非正規雇用関係

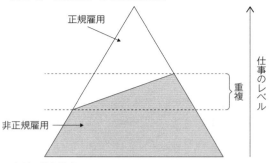

出所：筆者作成。

遇の対象を狭く設定するインセンティブにもつながる。これに，非正規雇用の仕事を正規雇用と厳格に区別して切り出すことは困難であるという事情を加えると，低くないレベルで，正規雇用労働者と非正規雇用労働者が同質性の高い仕事を行っているという状況が生み出されることになる（図6-①）。ただし，正規雇用中心主義①から正規雇用活用の要請という逆の力も働くことにも留意する必要がある。

両者の境界がどこで決まるのかはさまざまな要因によるが，とくに，正規雇用のメリットを広い層において活用する指向と高コストの処遇対象を狭く設定しようとする指向との相克が重要である。たとえば，非製造業の場合，労働規律・操業の安定・安全性などの問題が製造業に比して深刻ではない。したがって，正規雇用は狭く設定され，非正規化は製造業より進行することになるだろう（図6-②）。

非正規雇用労働者は，厚い処遇からの枠外者として位置付けられている。したがって，非正規雇用労働者は正規雇用労働者と比較的近い仕事をしていても，両者には大きな処遇格差が生まれやすいことを意味する。とくに，年功賃金制度を適用されないことにより，この妥当性の低い大きな格差が増幅されていくのである。このような格差が存在していることは，非正規雇用から正規雇用への移動が，格差が小さい場合に比べて容易ではないことにもつながっている[3]。このような意味で，正規雇用と非正規雇用との間での分断性は強いのである。

2 非正規雇用に関わる諸制度 *113*

図6-②　産業別の非正規雇用率 (2016年)

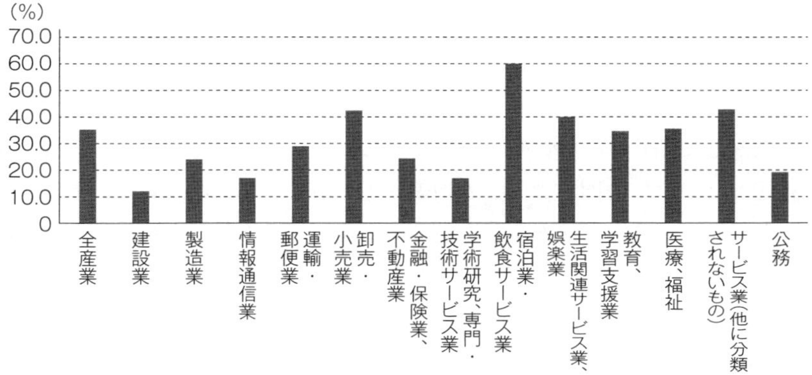

(%)
70.0
60.0
50.0
40.0
30.0
20.0
10.0
0

全産業／建設業／製造業／情報通信業／運輸・郵便業／卸売・小売業／金融・保険業、不動産業／学術研究、専門・技術サービス業／宿泊業・飲食サービス業／生活関連サービス業、娯楽業／教育、学習支援業／医療、福祉／サービス業（他に分類されないもの）／公務

出所：総務省「労働力調査詳細集計（年次）」より作成。

　非正規雇用に関わる諸制度は，さまざまな形態をとる。直接雇用・非正規の場合，その雇用契約期間によって日雇い・臨時雇い・常雇いなどに分類されることもあるが，労働者を期間工（臨時工）・契約社員・パートタイマーなどに分類して把握する場合が多い。だが，この分類も客観的基準というより呼称による場合も多く，その内実も契約社員のように相当程度変化しているものも存在している点に注意する必要がある。

　他方，間接雇用・非正規は，派遣・業務委託が主要な形態である。一口に間接雇用といってもいくつかの類型が考えられる。第一の類型は，訓練も管理もユーザー企業任せとなっている間接雇用である。具体的には，派遣元・業務受託企業による訓練のない登録型派遣や業務委託などの形態の間接雇用である[4]。第二の類型は，訓練や管理がユーザー企業任せとなっていない間接雇用である。たとえば，場合によっては自社工場をもつような請負企業，

---

3)　逆に見れば，仕事内容や労働条件で格差が小さい場合には，非正規雇用から正規雇用への移動が相対的に容易になることになる。関連する研究として，労働政策研究・研修機構（2014）「非正規雇用者の企業・職場における活用と正社員登用の可能性——事業所ヒアリング調査からの分析　資料シリーズ No.137」，金井（2010）参照。
4)　ルーツは労働者供給事業や，いわゆる手配師であると考えられる。日雇派遣はこのルーツをよく反映した形態である。

自前の訓練も行う真の意味での常用型派遣元企業が担い手である。

　ところで，臨時雇や派遣の形態で働く労働者が就業者に占める割合は，国際比較上，日本がとくに高いとは特定できない。他方で，パートタイマーについてはその比率が高いグループに属するが，これは日本での女性雇用の特徴を反映している（次章参照）。いずれにしても，非正規雇用については，すでに述べたように各国による定義の差異等もあり，単純な比較には困難が伴うことに留意する必要がある。むしろ非正規雇用のあり方を正規雇用との関係で特定することが，日本の特質を剔出するのに適した方法である。

(2)　機　　能

　非正規雇用の機能について，非正規雇用が諸主体に選択される理由を通じて検討してみよう。まず，経営側は，需要変動に対して正規雇用の機能的柔軟性による処理に限界が見られる場合に備えて，解雇コストの低い非正規雇用の採用を選択すると考えられる。また，賃金，法定内・外福利費，採用費などの労働費用の節約のために，それらの相対価格が低い非正規雇用が選択される場合もある。これには，後述のように，正規雇用を使用しないことのコストや非正規雇用の使用に伴う新たなコストの問題が考慮されなければならない。さらに，正規雇用へのスクリーニング期間として活用するために非正規雇用を選択することも行われるが，このスクリーニング機能には正規雇用と非正規雇用の処遇差が大きくないなどの条件が必要となる。さらに，期待成長率の低下や不安定性が非正規の増大につながることも指摘されてきた[5]。

　また，仕事内容やそれに対応する訓練からの雇用形態の合理的配分を説明する議論も見られる。たとえば，経営戦略上の重要度の高低を縦軸にとり，仕事の内的関連度の強弱を横軸にとって，それぞれの雇用形態を分類するのである。日本の事例に当てはめれば，重要度が高く内的関連度も強い場合には正規，重要度は低いが内的関連度が強い場合には直接雇用・非正規と派遣，重要度は高いが内的関連度が弱い場合には高技能業務委託，重要度が低く内

---

　5)　八代（1997）参照。

図 6-③ 雇用形態の配分

出所：Baron and Kreps（1999）を参考に筆者作成。

的関連度も弱い場合には低技能業務委託を位置付けることができる（図6-③）。

さらに，「人的資産」の特殊性（企業特殊技能と拘束性の程度）と「業務不確実性」（チームワーク特性とマルチタスクの程度）に注目して，正規雇用—非正規雇用の選択の合理性を導く議論も存在する[6]。これによれば，「人的資産」の特殊性が高く「業務不確実性」が高い場合に正規雇用となり，その逆は非正規雇用という区分となる。

他方で，労働者の側から見ると，労働における拘束性の低さを指向する場合には，非正規雇用を「自由意思」よって選択する場合がある[7]。ただし，高年齢者雇用や女性雇用の事例を考慮するならば，「自由意思」については雇用システムや社会的規範からの制約をふまえて限定的に理解する必要がある。また，さまざまな理由で本格的雇用（正規雇用）から遠ざかっていた層がそれに向かうためのステップとして非正規雇用を位置付けることも可能である。無論，いったん非正規雇用となった労働者が正規雇用を指向する場合，非正規雇用状態に滞留せずに正規化を実現できる道が制度上開けていなければ，この側面の強調は批判を免れない。

以上の非正規雇用の選択の理由についての議論は，非正規雇用が，経営側

---

[6]　平野（2009）参照。
[7]　この点に関わる議論として，佐藤（2007）が挙げられる。

116　第6章　非正規雇用

にとっては正規雇用労働者の雇用保障・労働費用の節約・スクリーニング・多様な仕事内容への対応として機能を果たしているとともに，労働者にとっては留保付きながら拘束性の低い働き方や正規雇用へのステップとして機能しうる可能性もあることを示している。

　これらに加えて，本書では以下の点にも注意を促したい。まず，先述の正規雇用—非正規雇用関係の特質の説明を仕事内容と非正規区分の議論に当てはめると，日本での実態は仕事内容が非正規雇用への振り分けを決めるのではなく，非正規という身分の確定が先行している側面があるということである。たとえば，"非正規という身分であるから職務の数を制限する"という側面である。この場合，非正規雇用という身分が前提であるから，経験を重ねる中で職務数の区分を越境するという事態が生まれても，身分は不変のままであり，正規雇用と非正規雇用との"低くないレベルでの仕事での同質性"という関係の問題につながる。図6-③に置き換えて述べれば，右下の直接雇用・非正規と派遣の労働者が，右上の正規雇用の領域を侵食する（同質の仕事を行う）ことを意味するのである。

　次に，非正規雇用をどう機能させていくのかの決定の過程には経営側の裁量の余地が相当程度存在するということにも留意する必要がある。環境条件や仕事内容との対応関係も含めた経済的合理性だけでは説明しえない点も多い。たとえば，日本的雇用システムにおいて正規雇用中心主義①を選択したことも，他の選択肢も存在する中で経営側の判断であった。そして，この選択が非正規雇用のあり方を規定する側面も認められるのである。また，経営側の裁量の余地が大きいことは，機会主義的に非正規雇用が濫用される可能性があることをも意味する。したがって，非正規雇用の選択や機能は，規制（公的・社会的）がどのようになされているのかという問題の検討をくぐって初めて正確に把握できるのである。

(3) 非正規化への制約

　ところで，非正規雇用はさまざまな理由で経営側に選択されるとしても，一方的な非正規化の進行には制約がある。本書が重視しているのは，雇用制度の目的から見える限界である。雇用制度の目的から見ると，非典型雇用で

ある非正規雇用を増大させることは，その分だけ典型雇用＝正規雇用のメリットを喪失することを意味する。つまり，経営側は働き方の柔軟性や労働供給の確定性に制約が生まれ，コミットメント維持の限界にも直面することになるのである。また雇用制度による生活維持機能が低下することは，その補償を社会全体で負担する可能性を生み出すのである。さらに，非正規雇用であっても，とくに指揮命令が必要な場合，経営側に相当程度の管理コストが発生することに加え，実際の仕事の遂行を考えると，非正規雇用の利用による訓練コスト節約にも限界がある。そして，間接雇用に依存し過ぎると，技能空洞化など，ユーザー企業の側の取引力の弱化が生じ，結果として賃金コスト節約への制約となることも考えられるのである。

　要約すれば，非正規化は，諸コストの削減に単純につながるというわけではない。したがって，雇用制度に代わりうる新しい制度が登場せず，雇用制度という枠組みが維持される限り，非正規雇用の進行には一定の限界があると想定することができる[8]。だからこそ非正規雇用への規制が有効となると考えられる。

　ところで，非正規雇用の運用については，雇用政策の側から規制がかけられてきた。たとえば，ドイツやスウェーデンでは，1960〜70年代から典型雇用を守るために，有期雇用には強い"入口規制"が行われてきた。有期雇用の設定そのもの（入口）に，たとえば"客観的理由が存在する限り"認可といった規制が加えられていたのである。派遣についても，登録派遣の禁止や厳しい期間制限が行われた。80年代後半以降こうした規制は柔軟な運用へ変更され，2000年前後のEU指令では，同一労働同一賃金原則による規制が主となっている[9]。対照的なのはアメリカであり，典型雇用の下層労働者は賃金水準も雇用保障の水準も低い。したがって，非典型雇用問題に関わ

---

8)　このことは，正規雇用のメリットの損失が深刻でない事例の場合には，非正規化が相対的に進行することを意味する。これは正規雇用の内実の差異とも関連している。

9)　EUからは，1997年にフルタイマーとパートタイマーの均等処遇，99年に有期雇用者と常用雇用者の均等処遇，2008年に派遣労働者と派遣先の正規労働者との均等処遇についての指令が出されている。この問題については，労働政策研究・研修機構(2016)「諸外国における非正規労働者の処遇の実態に関する研究会報告書」を参照。

118　第6章　非正規雇用

る問題の多くは，低賃金労働問題として扱われる傾向にあるといえる[10]。その一方で，次章でふれるように男女間雇用差別などについては厳しい規制が行われてきた。こうした差異には典型雇用への社会レベルでの位置付け（理念と諸制度）あるいは労使関係のあり方が影響している。日本的雇用システムのもとでは，非正規雇用の入口規制，労働条件規制，差別禁止への規制の三つとも欠如しているか低位のまま推移してきたといえるが，その背景については，本章と次章，また第Ⅲ部などで説明していくこととする。

3　相互補完関係と脆弱性

(1)　相互補完関係

　日本的雇用システムは，正規雇用の機能をフルに活用するという意味での正規雇用中心主義①という性質を帯びている。したがって，その限りでは非正規雇用の活用を直接的に促進するシステムではないともいえる。しかしながら，その正規雇用中心主義①ゆえに，この層の高い処遇を維持する必要が生まれ，その結果として一定程度の非正規が必要となる。また，すでに述べたように，低くないレベルで同質の仕事をしている層が存在するにもかかわらず，分断性が強いという正規雇用—非正規雇用関係が生み出された。これらをふまえると，非正規雇用に関わる諸制度と，正規雇用中心主義①に関わる諸制度，具体的には年功賃金制度や雇用調整制度などとの相互補完関係を指摘することができる。たとえば，正規雇用の年功賃金制度が充実し正規雇用の処遇が高まるほど，それを維持するために非正規雇用の機能の必要性が高まる。また，雇用調整制度も，非正規雇用のバッファとしての機能を必要としていたし，定年制度が機能するうえでもブリッジジョブとしての嘱託等の非正規雇用が必要とされた。また正規雇用に関わる諸制度は日本の非正規雇用の特質を強く規定したのである。なお次章で見るように，非正規雇用に関わる諸制度は，女性雇用・労働供給のあり方とも相互浸透して機能してき

---

10)　Low wage 問題の研究としては，たとえば Gauntie and Schmitt eds.（2010）が挙げられる。

た。

(2) 脆 弱 性

上述の相互補完関係は認められるものの，正規雇用―非正規雇用関係における分断性自体はきわめて妥当性の低い事柄でもある。低くないレベルで同質の仕事をしているにもかかわらず処遇格差が大きい層が存在すること，具体的には年功賃金制度や雇用調整の制度での適用・非適用という格差は，深刻な不公正そのものである。また，処遇格差が大きいことは，非正規雇用から正規雇用への異動（同一企業内での登用も含め）が容易ではないことを意味している。異動は，処遇格差是正の代替たりえていないのである。さらに，非正規雇用に関する公的・社会的規制が弱いという事実は，非正規雇用の量が大幅に拡大した場合，それによって生じる社会問題に対する緩衝帯が乏しいことを意味する。以上のような意味での分断性の強さが正規雇用中心主義②の内実である。

ここで，社会的規制の弱さの背景には真の公正さ・均等化を追求することが，正規雇用労働者の既得権の崩壊につながりうるという構造が存在することを指摘しておく必要がある。とくに日本的雇用システムの確立によって処遇が引き上げられることとなった相対的に下位の職務の層にとってその影響は大きい。だからこそ労働組合は "非正規雇用の正規雇用化" を要求することはあっても，現にある処遇格差問題を正面から取り上げて社会的規制の強化に積極的に乗り出すことはなかった[11]。また，経営側にも，日本的雇用システムのもとでは，あえて集団的コンフリクトを引き起こす強いインセンティブは存在しなかった。雇用政策として非正規雇用への規制が低位で推移してきた理由の一つもここに求められる。

本書では，以上を日本の正規雇用―非正規雇用関係に内在する脆弱性であるととらえている。こうした脆弱性が長らく顕在化することがなかったのは，非正規雇用の比率が閾値を超えていないことを前提として，それを回避する

---

[11]　佐口（2015）。例外としては，河西（2011）が取り上げた広島電鉄の労働組合の事例が挙げられる。

120 第6章 非正規雇用

メカニズムが作動していたからである。このメカニズムとは，製造業も含めての女性パートの利用と社外工を取り巻く制度であるが，この点は歴史的経路で説明する。そして，この脆弱性は，上述の回避メカニズムの機能不全とともに1990年代後半以降に顕在化していくことになる。

4 歴史的経路[12]

(1) 日本的雇用システム確立以前

　第二次大戦直後においては，GHQ による労働市場の民主化政策のもと，労働者供給事業禁止策が実施された。そして，これまでブルーカラーの供給を労働者供給事業（以下，労供と略記）に依存してきた企業は，直接雇用化するのか，請負企業と契約するのかという選択に迫られた。だが，直接雇用化＝臨時工化すれば問題が解決するわけではなかった事例では，経営側は同質の仕事を行う正規雇用労働者と臨時工との処遇格差問題に直面することになったのである。これには旧労働組合法17条の一般的拘束力の解釈問題も付随していた[13]。

　1950年代に入ると，間接雇用について社外工（業務委託）という形態での展開が見られた。政府・GHQ は，労供禁止に続いて社外工を規制する政策に向かわなかったばかりではなく，むしろ職業安定法の施行規則を一部改定し社外工の枠を広げる方向に向かった。これは，従来の採用の実情に合わせて，労供に類似した事業を事実上放任することであり，実際に一時直接雇用化した層が社外工として間接雇用に復帰する事例も観察されたのである。一方，臨時工については，経営側の関心はその存在を前提とした効率的運用に置かれ始めていった。この時期に，長期臨時工問題などの処遇格差問題は存在していたが，60年前後になると供給源確保や一部に見られる賃金上昇への対応に追われ始めていたのである。また，従来から見られる若年者の正規雇用へのスクリーニング期間としての活用も進展していた。なお，造船産業

12）　ここでの叙述は，佐口（2015）に基づいている。

13）　ただし，正規雇用労働者も雇用への高い不安定性を抱えている時期での出来事であったことにも留意する必要がある。

のように欠員は必ず臨時工から補充することが慣行化されていた事例も見ることができる。

　注目すべきは，労働組合の非正規雇用問題への関わり方は，正規雇用への登用促進一色ではなく，一部には臨時工自身が組織する臨時工組合が存在したことである。また，合化労連（合成化学産業労働組合連合）傘下組合のように本社での正規雇用との一括交渉化を模索した事例も観察される。さらに，全造船（全日本造船機械労働組合）のように社外工の臨時工への切り替えの要求を行った事例も存在したのである。

(2)　日本的雇用システム確立以降

　1960年代後半から確立過程に入った日本的雇用システムは，正規雇用を最大限活用する正規雇用中心主義①であった。これを，非正規雇用の側から見ると，男性の直接雇用の非正規労働者を，従来のような形で活用することが困難となったという事情と対応している。この要因としては，労働力不足下でとくに製造業での男性若年臨時工の確保の困難度が増大したことが挙げられる。その中でブルーカラーも含めた正規雇用労働者の処遇は充実し（正規雇用中心主義①），直接雇用・非正規労働者との処遇格差は広がったのである。その点では，処遇格差問題の発火点はより低くなったといえるだろう。このような条件下で，製造業における非正規雇用の形態としては，女性パートタイム雇用と社外工が浮上することになった。前者の主体である主婦は主な家計支持者ではないこと，後者は主体がユーザー企業にとっては社外者であることから，処遇格差問題の深刻化が回避されると見なされたのである。

　ところで，この回避メカニズムが有効となるには，両制度が継続する条件が必要となる。女性パートタイム雇用制度については次章で検討するが，社外工制度については，親方層の機能や人的ネットワークの存在によって，系統的スキル養成や生活保障，キャリアの発展の可能性を一定程度見出すこともできたことが挙げられる[14]。また，自営業が何らかの形でこの層の受け皿として機能していた可能性もある[15]。

---

　14)　社外工企業の中には，全国展開するほど発展する企業も見られる。

122 第6章 非正規雇用

1970年代後半の経営側の「減量経営」戦略によって, "日本的雇用システムを享受する特権的正規雇用と, その雇用を守るために機能する未権利の非正規雇用"という図式がより明瞭となった。とくに, 雇用調整助成金制度によって正規雇用労働者の雇用維持のための公的支援の仕組みを充実させたこと, 判例における整理解雇の4要件が確立したことは, 正規雇用の雇用保障の充実を意味し非正規雇用との分断性を結果的に強めたのである。労働組合も, 非正規雇用問題については正規雇用への登用促進を掲げることが主で, 正規—非正規間の処遇格差問題に正面から手を着けることはなかった。

1980年代にはサービス産業を中心とした産業構造の転換の中での女性パートの拡大が着実に進行した。そこには基幹パートと呼ばれる店舗等での主力となった層も多く含まれていた。このようなパートタイム雇用のあり方は, サービス業での正規雇用は, 全国転勤もあるような限られた層であるという構造を背景としていた。また, 80年代に増加した労働者派遣制度の主力は女性を担い手とする事務処理派遣業務であったが, ここではしばしば契約の繰り返しによる雇用の継続化が行われていた。彼女らの仕事の相当部分が正規雇用労働者の仕事と内的関連性が高いこと, あるいは同質性を帯びていることと対応しているのである。

5 変 容

(1) 非正規雇用率の上昇と問題の顕在化

第Ⅱ部第4章で述べたように, 1990年代後半に入ると若年者を中心に非正規雇用率が急上昇していった。この背後には, 期間工・契約社員・パートタイマー等の直接雇用・非正規の増加に加えて, 業務委託を中心にした製造業での間接雇用の増加があった。製造業等での業務委託は, 当初は外国人労働者の使用が多かったが, その後は直接雇用・非正規からの切り替えも見られるようになった。さらに, 実態を後追いした法改正により派遣の形態をと

---

15) 対照的に, 1990年代以降の自営業主の減少傾向については, 厚生労働省『労働経済の分析 平成25年版』(Ⅱ-3-⑥図)参照。

る場合も多く見られるようになったのである。

　このような非正規雇用率の上昇要因としては，第一にもともと非正規率の高いサービス産業の労働者の割合が高まったという産業構造の変化の影響，第二に技術革新（主にICT＝情報通信技術の導入）によって既存のスキルが陳腐化するなどの影響が指摘できる。ただし，第一の要因については，産業構造の変化で説明できる部分には限界がある。また，第二の要因については，主にアメリカを中心に，実証も含めた研究が進展している[16]。第三の要因として，グローバル化による企業業績の不安定性によって非正規雇用化戦略が選択されたことが挙げられる。これは，グローバル競争に晒されている製造業に関しては説明力が高い[17]。他方で，従来の中年女性や外国人だけでなく，新規高卒者求人の激減に伴って若年者が供給源として加わったことも非正規雇用率の上昇を支えたと考えられる。

　これらの現象は，非正規問題が深刻化することを回避するメカニズムの喪失と並行して進行したことに留意する必要がある。まず，前提となる非正規雇用率は急上昇し，閾値を超えつつあるという想定も成り立ちうる。また，労働市場の仲介組織が派遣会社や請負会社など人的関係を介さないものに変化した。このことは，人的なつながりによる系統的スキル養成や生活保障，キャリアの発展の可能性を低めているといってよいだろう。さらに，次章で検討するように，女性パートタイム雇用については，「均等待遇」問題の展開が見られるのである。

　このように，日本的雇用システムにおける非正規雇用に内在する問題は，その潜在化に一定程度成功してきていたものの，1990年代後半にいたって一挙に顕在化した。その中で，非正規雇用に関わる領域への社会的規制の弱さが浮かび上がることとなったのである。このこと自体，従来の正規雇用―非正規雇用関係が継続しえないことを示唆する現象であった。

16）　Autor（2010）参照。
17）　森川（2010）参照。

124　第6章　非正規雇用

(2)　不連続性

　近年の非正規雇用への政策を見ると，間接雇用への規制政策のブレが顕著に観察される。間接雇用への依存を促進する政策に動いた後に，過度の依存にブレーキをかける政策に揺れたのである[18]。他方で，直接雇用については，正規雇用登用への促進・助成に重点を置いた政策が一貫してとられてきた。だが，この政策を偏重することは，正規雇用と非正規雇用の間の妥当性なき処遇上の格差を放置することにつながりかねない。また，すでに指摘したように，格差が大きいほど登用率は低く，少額の助成金が従来からのアドホックな正規雇用登用を大きく超えるほどの効果を生む可能性は低い。そして，こうした政策の状況のもとで，リーマンショック後も高い非正規雇用率は維持されてきたのである。

　これに対して，2013年から施行された労働契約法における有期雇用契約に関する改定は，直接雇用・非正規問題へのインパクトが大きい。この改定がターゲットとしている雇用契約の反復により継続的雇用となっている非正規労働者の多くは，正規雇用労働者と「低くない仕事での同質性」が認められる層と重なっていると考えられるからである。この層の仕事自体がなくならない限り，一部非正規雇用の無期雇用化（あるいは「正規雇用」化）が生まれる可能性がある。実際，正規雇用が狭く設定されてきたサービス産業を中心に，有期雇用（パートを含む）労働者の無期雇用化が相当程度進行しているのである（図6-④）。むろん，この背後には労働市場条件や経営戦略の変化によって，この層へのリテンションの指向が強まったことも重要な要因となっている。他方で，年功賃金カーブに見られるように，正規雇用内部での分化の趨勢がこの過程と並行して観察されている。したがって，ここから正規雇用Ⅱと無期化した非正規雇用上層との類似性が強まり，正規雇用Ⅰと非正規雇用下層の双方から分離した階層となっていくことを展望することも可能なのである（図6-⑤）[19]。また，非正規雇用下層は，正規雇用との関係がより希薄化するという意味で変容していくかもしれない。

---

[18]　1996年以降は規制緩和路線が進行したが，2012年の改定で「日雇い派遣禁止」も含めて一定の規制の強化が図られた。

図6-④　経営側の無期雇用化への姿勢

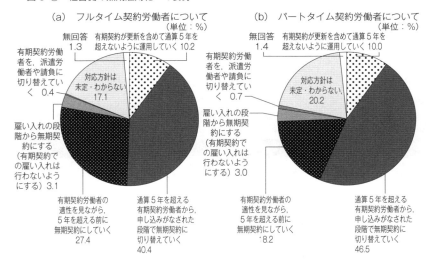

出所：労働政策研究・研修機構（2017）「『改正労働契約法とその特例への対応状況及び多様な正社員の活用状況に関する調査』結果」。

図6-⑤　正規雇用―非正規雇用関係の変容

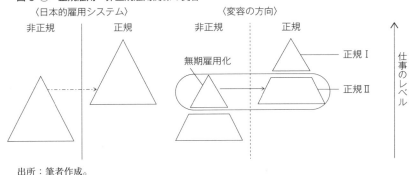

出所：筆者作成。

　この新しい三層構造が定着するものなのかどうかについては不明な部分も

19）　派遣労働に関しても，2015年の法改正で，派遣期間終了後の「雇用安定措置」の義務付けが規定された。これも派遣労働者の一定部分の無期雇用労働者化（派遣先あるいは派遣企業での）を促す可能性がある。

多い[20]。しかしながら，従来の正規雇用—非正規関係からの不連続的変化（＝変容）は認められると考えられる。そして，それは正規雇用内部での分化の趨勢と並行して進行している。1990年代後半からの非正規の急上昇は，結果として以上のような意味での日本的雇用システム全体の変容に結び付いているのである。

本章のポイントのチェック

A　日本的雇用システムでの非正規雇用の特質は何なのか？　そしてそれはなぜ生成したのか？

B　なぜ非正規雇用という枠は仕事の性質で割り振られるものではなく，一種の身分と見なしうるのか？

C　非正規雇用化が無制限に進行しない理由は何か？

D　日本的雇用システムのもとで，非正規雇用問題が顕在化しなかった理由は何か？

E　日本的雇用システムのもとでの正規雇用—非正規雇用関係は，近年どのような意味で変容しつつあるのか？

20）　これについては，佐口（2015）参照。なお，こうした三層化については，荻野登（2014）「JILPT リサーチアイ第5回　雇用ポートフォリオに変化の兆し」の中で「3区分」への動きとして指摘されている。

第7章

女性雇用

　日本的雇用システムにおける男女間の雇用格差は，国際的に見ても大きく，諸指標でも顕著に観察される領域である。この背景にある日本の女性雇用に関わる諸制度は，日本的雇用システムのあり方と結び付いて生成・展開してきた。だが，この男女間雇用格差は明確な不公正であるばかりでなく，経済的合理性の面から見ても自明な事柄ではない。本章では，女性雇用に関わる諸制度として，女性の若年期・短期・正規雇用とパートタイム雇用を取り上げ，その検討を通じて日本的雇用システム下での女性雇用の諸側面を説明していくこととする。さらに，日本的雇用システムの変容と女性雇用に関わる諸制度との関係について検討する。

> ### キーワード
>
> 男女間の雇用格差，統計的差別，性別役割分業規範，若年期・短期・正規雇用，パートタイム雇用，男女雇用機会均等法，「均衡待遇」，マミートラック

128 第7章 女性雇用

1 何をどう扱うのか？

(1) 政策課題

近年，少子化対策の一環として仕事と家庭の両立支援策への注目が高まっている。本来，この政策は男女双方の働き方に関わる事柄ではあるが，実質的には女性の働き方の変革が議論の中心となってきた。また，2000年代に入り，雇用での男女間の「均等待遇」に関する政策にも展開が見られる。間接差別やセクハラなどに関する規定も不十分ながら付け加えられ，これらの問題に関する訴訟も社会的に注目されるようになってきた。

企業のレベルでも，今後の労働力不足の趨勢をふまえ，女性雇用は未開拓の人的資源として見直され，外国人労働者も含めたダイバーシティマネジメントの一環として位置付けられている。企業レベルでの改革は，単なる企業イメージの改善として軽視されてはならないであろう。男女間の雇用機会均等について，まっとうな企業として守らなければならない標準が作られれば，雇用システム全体にも大きなインパクトとなりうるからである[1]。

本書では，以上のような政策上の動向は雇用システム上の変容と呼応していると考えている。だが，実態として把握される数字の面では変容の速度は遅い。本章ではこのギャップを重視しつつ日本の女性雇用についての説明を行う。なぜここまで男女間の雇用格差の改善が停滞してきたのか，そしてどのような意味でその変容は不可逆的な趨勢なのかが論点である。

(2) 統計的差別理論による説明

まず，なぜ一般的に男女間での雇用上の格差が発生するのかについての説明の一例を示しておきたい[2]。日本の事例に限らず，一般に女性の勤続年数が短くなる傾向については，しばしば統計的差別理論が活用される。統計的

---

1) アメリカでの女性雇用の改革の経験については，Dobbin（2011）がきわめて興味深い分析を行っている。

2) 統計的差別理論も含めた男女間賃金格差に関する諸説の説明としては，たとえば，中田（1997）参照。

差別理論では，これらの現象は経営側の差別意識の結果ではなく，経営側の「合理的」行動の結果として説明される。そこでの条件は，経営側と女性側での情報の非対称性，「女性は長期勤続の確率が低い」という経営側の認識などである。後者の条件は，20世紀の成人男性中心の長期的雇用に付随する諸制度とも重なる部分がある点に留意する必要がある。

　この条件のもとでの経営側の「合理的」行動について，最もわかりやすい例としては，次のような説明を挙げることができる。女性は離職確率が高いゆえに訓練コストを回収できないと見なされるために，昇進につながる「よい仕事」が与えられない。その結果として，能力を開発する，あるいは示す機会を与えられないという説明である[3]。むろん，この結果は，職位の男女間の差異となり賃金格差にもつながる。この理論で重要なのは，結果として生じる賃金格差が継続就業を断念させ，そのことが高い離職率に結果し，「女性は長期勤続の確率が低い」という経営側の認識を再生産するという自己強化過程（「予言の自己成就」）を生み出すという点である。これが女性というグループに属するがゆえに受ける可能性のある統計的差別の論理である。

　また，この過程は明確な不公正を含んでいるだけでなく，生産性向上へのモラール（あるいはインセンティブ）を阻害する。さらに，能力の高い女性を活用できる確率が低くなることなどから社会的損失を発生させる可能性がある[4]。経営側の行動の合理的という形容には括弧が必要である所以である。このことは，男女間の雇用格差や差別に関しては，功利主義のみでは説明できない要因が含まれていることも示しているといえる[5]。

(3)　国際比較の視点

雇用制度の理論からすると，雇用における性別分離・性差別は本来存在し

---

3)　これは，サローの仕事競争モデルを援用した説明である，仕事競争モデルについては，Thurrow（1975，邦訳1984）参照。
4)　統計的差別の不合理性に関連する議論としては，山口（2008）参照。
5)　たとえば性別役割分業，とくに家族内でのケア労働の分担の問題である。ここでのケア労働とは子供・高齢者・病人・障害者など，依存しなければ生きられない人々の世話をすることを意味する。Kittay（1999，邦訳2010）参照。広く考えれば，どんな人間もケア労働への依存なしに生きていくことは困難であるといえる。

130   第7章　女性雇用

表7-①　平均賃金・平均勤続年数の男女間格差の国際比較

	賃金格差 (男性：100)	勤続年数（単位：年）		
		男性	女性	格差 (男性：100)
日　本	72.2	13.5	9.4	69.6
アメリカ	81.1	4.3	4.0	93.0
イギリス	82.3	8.3	7.8	94.9
ドイツ	81.3	11.1	10.2	91.7
フランス	84.5	11.3	11.5	101.5
スウェーデン	88.0	8.8	9.1	103.8
韓　国	67.6	7.1	4.6	64.8

注：詳しい算出方法・原データについては下記の出所を参照。
出所：労働政策研究・研修機構「データブック国際労働比較　2017」。

ないはずである。つまり，本書では，"産む性"であることは直接的には雇用制度の機能への制約ではないという立場をとる。しかしながら，雇用制度は拘束性が強い制度であるということが雇用制度にとって外在的な性別役割分業の規範と結び付いた場合，性別職務分離・性差別につながりうる。実際に，20世紀雇用諸制度における長期的雇用は，性別役割分業に基づく男性稼ぎ手システムへの趨勢の中で生成していった。20世紀の雇用諸制度の生成は，女性の（雇用）労働市場からの排除を伴っていたのである。また，後に検討するように，長期的雇用を実現するメカニズムは，性別役割分業の規範が強い場合，女性の雇用制度上の不利益を継続させていった。しかしながら，1970年前後から，いくつかの先進諸国では，女性の（雇用）労働市場への参加が顕著に観察されるようになり始める。この現象は中期的には20世紀雇用諸制度の変容を促すことになるが，その萌芽は70年前後という比較的早い時期に見られたことになる。これは，元来雇用制度と性別職務分離・性差別は親和的であるとはいえないことの反映であると考えられる。

　日本における女性雇用は，国際比較の視点から見るといくつかの特質が指摘できる。まず，男女間格差という点では，平均賃金水準・平均勤続年数において，その大きさが顕著であることである（表7-①）。また，高学歴女性の就業率も相対的に低い（図7-①）。さらに，先に挙げた女性雇用の1970年

1 何をどう扱うのか？　*131*

図7-①　高学歴女性の就業率の国際比較（25〜64歳，2015年）

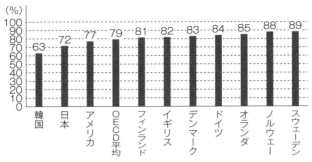

注：この図の高学歴は terciary education（第三次教育）のこと。
出所：OECD Stat. より作成。

図7-②　パート雇用出現率の国際比較（2015年）

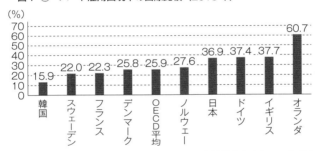

注：パートの定義は週30時間未満労働者。女性労働者内部での出現度。
出所：OECD Employment Database より作成。

前後以降の変化が微弱である点も特質である。たとえば年齢別就業率の形状は，近年変化しつつあるものの，国際的に見ると変化の度合いは大きくない。さらに，女性雇用におけるパートタイマーの雇用比率も国際的には高いグループに属していることも注目される（図7-②）[6]。

これらの現象を生み出す具体的な雇用諸制度としては，若年期での短期・正規雇用と，労働市場への再参入後のパートタイム雇用制度の二つを挙げることができる。以下，これらの諸制度がいかに機能しているのかの検討を通

---

[6]　週30時間以上のパート労働者が相当程度存在する日本の現状を考慮すると，それらの長時間パートを除いた基準でも，図7-②のように出現度が高いグループに属することに留意する必要がある。

132　第 7 章　女性雇用

じて，日本での男女間雇用の格差・差別の理由について接近していくことにする。

2　日本的雇用システムと女性雇用①
──若年期・短期・正規雇用

⑴　もう一つの正規雇用

　先述のように，日本での男女間勤続年数格差は大きい。また，人的資本の蓄積という点では勤続年数が高くなるはずの大卒女性のそれが高卒女性よりも短い傾向が見られる（図7-③）。これらのことは，女性管理職比率の国際的に見た低さにもつながっており，賃金格差を増幅させている。そして，これに対応しているのが若年期での短期の正規雇用の慣習である[7]。新卒女性（典型は高卒）は，新卒一括採用制度のルートに乗って採用される点では男性と同じであるが，後述するように雇用管理は短期雇用を自明とする運用がなされ，"もう一つの正規雇用" として機能していたのである。このような運用の背景には，先述の雇用格差を生む一般的な論理だけでなく，日本的雇用システムにおいては，上記の格差発生を増幅させるメカニズムが内在しているのではないかという想定が成り立つ。以下，そのメカニズムについて説明していく。

　第一は，採用時での離職確率の重視である。日本的雇用システムは長期にわたって労働者を育て上げることを目指す仕組みであると諸主体に認識されており，加えて新卒一括採用制度で得られる個人の情報の水準は高くない。したがって，女性は基本的には離職確率の高いグループに振り分けられ，配置されるのは昇進の見込みの高くない仕事である傾向がより強くなるのである。第二は，年功賃金制度の機能である。年功賃金カーブでは，女性にとって，それ以下では労働供給を行わないという意味での留保賃金が高くなる子育て期に提示される賃金水準は相対的に低くなる。このことは，離職行動に対して促進的に作用することが考えられるのである[8]。また，正規雇用中心

---

7)　本書では，慣習も広い意味での制度としてとらえている。
8)　大沢真知子（1993）参照。

図7-③　学歴別・女性の平均勤続年数の推移

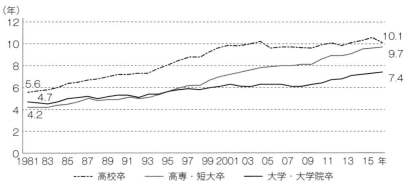

注：勤続年数の定義は労働者がその企業に雇い入れられてから調査対象期日までに勤続した年数。
出所：厚生労働省「賃金構造基本統計調査」より作成。

主義①は，長時間労働につながりやすい。正規雇用の柔軟性には残業への対応の柔軟性も含まれており，繁忙期での長労働時間につながりやすいのである。このことに，現在でも観察される性別役割分業規範の強さ（女性への家事負担の偏り）が加わることで女性正規雇用労働者の早期離職につながる。これが第三のメカニズムである。

ところで，日本での男女間雇用格差の大きさとその頑健性は，男女雇用機会均等法の副産物の一つであるコース別人事制度の導入後の過程に現れている。コース別人事制度は，採用時の経営側と候補者との情報の非対称性を解消することを目的とするという建前で導入されたが，事実上は女性に対して選抜過程で総合職か一般職かの選択を強いる制度として機能した。しかしながら，総合職においても女性管理職割合の低位は継続しており，コース別人事制度は，それだけでは情報の非対称性を克服して男女間雇用格差の克服につながらなかったことが明らかとなっている。総合職女性での勤続年数や管理職割合が顕著に伸びたわけではなかったのである。また，一般職の一部では派遣などが活用され非正規雇用化していった。他方で，一般職の中に派遣労働者とは区別された仕事（＝総合職と部分的に重なる仕事）を担う層も出現している[9]。

(2) 大卒女性

大卒女性の雇用においては，日本的雇用システムと性別役割分業規範のコンフリクトがより顕著となる。その結果として，継続雇用層が一定程度存在する一方で，多くの女性は労働市場退出後に労働市場には戻らない現象が観察されてきたのである。このことは大卒女性の人的資本の蓄積の相対的高さという属性とは不整合であり，国際的にも日本の大卒女性の就業のあり方は一般的ではない。若年期・短期・正規雇用は，主に高卒女性の場合はその後のパートタイム雇用につながり，大卒女性の場合は専業主婦につながりやすいということになる。

この現象については，いくつかの説明が試みられているが[10]，それらを参考にして本書としてまとめると以下のようになろう。たとえば，大卒女性の場合は，「よい仕事」への指向が強いと想定される一方で，新卒一括採用制度における長期勤続重視は，与えられる仕事内容や職位に負の影響を及ぼすと考えられる。先に述べた統計的差別が機能するのである。そして，この両者のギャップが大きい場合には高い離職率につながると考えられる。また，日本的雇用システムにおける「よい仕事」での働き方は，家事責任を負担しない男性をモデルに成り立っている。したがって，大卒女性の中でせっかく「よい仕事」を獲得できた者であっても，出産後に雇用の継続か退職かの二者択一に迫られる。そして，一度離職した大卒女性は，「よい仕事」への指向の強さと離職女性の再雇用への壁の高さとのギャップに直面することになる。さらに，家族との関係も大卒女性の労働市場への再参入を抑制する要因となりうる。たとえば，夫の所得が高卒女性の場合に比較して高いことは留保賃金の高さにつながるし，大卒男性の相対的高賃金が長労働時間を伴って

---

9) コース別人事制度においては，転居転勤と異動の幅と昇進構造が結び付いて雇用管理区分が設けられ，転居転勤と異動の幅が広いほど昇進上限が高くなるよう設計されている。なお，近年では転居転勤の範囲が総合職より狭い，総合職と一般職の中間的なコースを設けている企業も多く，企業によって異なるが昇進上限は総合職と同じ場合が多いが賃金水準は総合職より低く設定され，一般職・総合職双方から条件付きでコース変更ができるようになっている（金井，2017）。

10) たとえば，脇坂・冨田（2001），坂本（2009），樋口（2009），市川（2016）など参照。

いることも，その妻である大卒女性の就業にとっては抑制要因となりうる[11]。

このように，日本的雇用システムのもとでは，大卒女性が労働市場への再参入を放棄し専業主婦化していくメカニズムを観察することができる。そして，このメカニズムによって女性管理職比率の国際的低位が生み出されてきたのである。

3 日本的雇用システムと女性雇用②
——パートタイム雇用

（1） 特　質

日本的雇用システムにおいては，「パートタイマー」という分類が必ずしも労働時間に基づいていないことはよく知られている。週30時間未満という国際的基準に当てはまらないにもかかわらず，「パートタイマー」と呼称されている層が相当程度存在していたからである。したがって，従来から「身分としてのパート」の存在を日本のパートタイム雇用制度の特質ととらえる議論が主流であった[12]。この「身分としてのパート」には，正規雇用労働者と労働時間が同程度あるいは若干短い程度の「長時間パート」も含まれている。また，仕事内容に着目し，仕事が正規雇用労働者と部分的に重複するパートタイム労働者の存在も指摘されてきた。管理業務・判断業務・指導業務の一部を担当する「基幹パート」と呼ばれる層である[13]。

こうした特質が生み出される背景はいくつか考えらえる。第一に，後述するように，日本の女性パートタイム雇用制度が製造業から生まれてきたという歴史的経路である。製造業でのライン作業は短時間就労とは適合せず，製造業パートタイム雇用制度の多くでは当然のように正規雇用労働者並みの労

---

11)　労働市場からの離脱期間が相対的に長くなる傾向は，子供への「よりよい教育」への指向が高卒女性よりも高いことをうかがわせる。

12)　初期のものとしては，正田（1971）参照。

13)　「基幹パート」については，たとえば本田一成（2001）参照。ただし，産業による権限構造の差異に留意しなければならないだろう。この点は，禿あや美氏のご教示に依拠している。

働時間での就労が行われていたのである。また，フルタイムに近い形で働きつつ家事労働も担うという行動様式は，自営業での主婦のそれに近いものであったということができる。

第二は，第Ⅱ部第6章の非正規雇用の部分で指摘した日本的雇用システムに内在する構造である。すでに説明してきたように，日本的雇用システムは，経営側の正規雇用のメリットの積極的な活用への指向と，厚い処遇の対象を狭く設定するインセンティブとの拮抗・バランスの中で機能してきた。元来仕事の切り分けは容易ではないことから，後者の力が強ければ，低くないレベルの仕事での同質性と大きな処遇の格差が生まれる。よって，正規雇用を仕事内容の水準の高い層に絞る傾向の強いサービス産業において，「基幹パート」が典型的に現れたのである。

第三は，日本的雇用システムのもとでは，結婚・出産等で一度離職した女性への正規雇用枠の開放度が低い点である[14]。これにより，能力や意欲の高い層も含めて多様な層がパートタイム雇用の担い手となりうる。この層は正規雇用労働者と一部重複する仕事を担うことも可能であり，そうなれば労働時間も正規雇用労働者に近接することになるのである。

(2) 賃金格差

「基幹パート」が存在する一方で，日本的雇用システムでのパートタイム労働者の賃金（賃率）はフルタイム労働者に比して低い（図7-④）[15]。この格差の発生については，人的資本の蓄積の差異や性別役割分業規範に規定された既婚女性の労働供給の豊富さだけでなく，他の説明が必要となる。最も有力な説明は補償賃金仮説である。賃金水準と労働時間制度はセットで提示されるという前提に立ち，パートタイム雇用制度における低めの賃金水準（ディスカウント）は家庭内活動のしやすさに影響されているという説明である。ただし，日本においてはパートタイム労働者という働き方は，未就学児

---

14) 新卒一括採用によって正社員を採用するために，離職期間の長い者を正社員で採用しない，という事情が考えられる。

15) この点は，国際比較上も観察できる。これについては，男女計の数値ではあるが，労働政策研究・研修機構「データブック国際労働比較 2017」参照。

図7-④　フルタイム労働者とパートタイム労働者の賃金格差（女性）

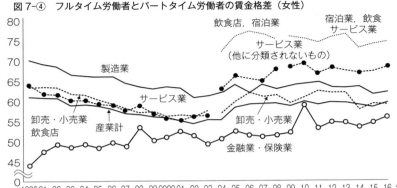

注：一般労働者の時間あたり現金給与総額を100とした場合のパートタイム労働者の数値。
出所：労働政策研究・研修機構『ユースフル労働統計2017』図15-1。
　　　原データは厚生労働省「賃金構造基本統計調査」。

の子育て期においては女性の家庭内活動と両立しやすい就業形態とは見なせない面があることには留意しておく必要がある[16]。

　また，パートタイム労働者とフルタイム労働者の賃金（賃率）格差には，妥当な差異といえる部分が存在することを主張する議論がある。ある仕事の局面を取り出せば外形上同質であったとしても，転勤・残業の有無や仕事の責任の有無などで差異があればそれに由来する差異には妥当性があるという議論である[17]。だが，この主張は，第Ⅱ部第6章での正規雇用―非正規雇用関係の部分で論じたように，フルタイムである正規雇用労働者自身の問題に跳ね返ることに留意しなければならない。つまり，正規雇用労働者自身の内部に転勤・残業・仕事の責任などに関する条件を満たす者がどの程度存在するのかという問題である。また，正規雇用労働者との差異が一定程度観察されたとしても，それが退職一時金を含めた大きな格差を正当化しうるものであるかは問題が残る。さらに，女性への正規雇用枠の開放度の低さをふまえたとき，上述の議論の通用性は大きく低減するだろう。

　ところで，パートタイム労働者とフルタイム労働者の賃金水準の格差が増

16）　永瀬（1997）参照。
17）　これが，パート労働法の改定にも見られる「均衡論」の考え方である。

幅される直接的要因は，年功賃金制度の適用の有無である。仕事とは無関係に，パートタイム労働者という身分＝年功賃金制度非適用者となることで正規雇用労働者（フルタイム）との賃金格差は増幅されていくのである。さらに先に述べた雇用の出口での退職一時金制度の運用の差異も報酬総額の大きな格差を生み出す。したがって，退職一時金を含めての賃金水準への女性パートタイム労働者の不満度は決して低いとはいえない[18]。正規雇用労働者と一部仕事が重なる「基幹パート」が存在することを考慮すると，この問題は深刻なはずである。問われるべきは，この深刻さが存在するにもかかわらず，なぜ日本のパートタイム雇用制度は機能しえてきたのかである。この点については，後に歴史的経路も交えて検討する。

4　相互補完関係と脆弱性

(1)　相互補完関係

　若年女性の短期・正規雇用は，日本的雇用システムのあり方と性別役割分業規範の強さから生み出された。また，その結果の一部としてのパートタイム雇用制度は，正規雇用―非正規雇用関係および性別役割分業の維持という二つの制約から自由ではなかった。繰り返し指摘しているように，「低くないレベルの仕事での同質性と大きな処遇の格差」を是正することは正規雇用（主に男性）の特権を見直すことにつながる可能性があり，放置されることとなったのである。このように女性雇用に関わる諸制度は日本的雇用システムと性別役割分業規範の産物であり，それを支えてきたのである。

　それだけでなく女性とその配偶者との関係が両者の関連をより強固にしていた。たとえば，格差を放置することによる不公正さの問題が集団的コンフリクトにつながる可能性は，労働供給主体が主な家計支持者ではないことから低減された。また，労働市場に再参入した主婦を中心としたパートタイム雇用制度は，主に高卒の夫の収入を補い"人並み"の生活を実現していったのである[19]。そして，労働市場に再参入しない層には，高学歴専業主婦層

---

18)　たとえば，厚生労働省「パートタイム労働者総合実態調査　平成23年」参照。

が多く含まれていたが，彼女らの就業選択はホワイトカラーである夫が享受する日本的雇用システムに影響され，生活もそれに依存していたのである。

　女性雇用に関わる諸制度は，（男性）正規雇用に関わる諸制度の機能を支えてきた。また（男性）正規雇用に関わる諸制度は女性雇用に関わる諸制度のあり方を規定しつつ，その機能を補完していったのである。このような意味で，日本の女性雇用に関わる諸制度は，正規雇用中心主義①に関わる諸制度と相互補完関係を形成していたと見なすことができる。

(2) 脆 弱 性

　いかなるメカニズムが作動しているにせよ，結果として生じている男女間の賃金や勤続年数の格差に妥当性はなく不公正であることは明白である。とくに性差という，生まれながらにして有する属性は個人の選択の余地はなく，それに基づく差別を正当化するいかなる理由も見出せない。さらに，功利主義の観点からも女性自身が生産性を向上させるインセンティブを著しく低下させるという問題を指摘できる。統計的差別のメカニズムも，女性の能力の活用を阻害し結果として社会的損失を生じさせていることにもなることはすでに述べた。そして日本的雇用システムには，この格差を増幅させるメカニズムが内在していた。日本的雇用システムでの女性雇用には以上のような脆弱性が内在していたのである。

　これらの脆弱性（不公正さや非合理性）は，性別役割分業規範や正規雇用―非正規雇用関係の維持，配偶者の日本的雇用システムの享受などの要因によって集団的コンフリクトに展開することが抑制されてきたという側面はある。しかしながら，これらの要因に少しでも揺らぎが生じれば，ただちに問題が顕在化し日本的雇用システムの根底を揺るがしうる。女性雇用に関わる諸制度は，賃金制度とともに日本的雇用システムの変容のカギを握る領域と見なすことができるのである。

---

　19)　高卒の夫は大企業のブルーカラーや中小企業労働者である。彼らは日本的雇用システム，あるいはそれに近似しつつある諸制度を享受していた（とくに1980年代）。

5　歴史的経路[20]

(1)　日本的雇用システム確立前後

　1950年代においては，さまざまな産業で雇用労働者としての女性の数が急速に増加しており，男性の伸び率よりも高かった。産業としては，製造業がサービス業を上回っており繊維工業がその中心であったが，伸び率で見ると，50年代は金属・機械器具が大きかった。また，若年女性の就職を支えたのが新規中卒採用に関する諸制度であり，とくに紡績業での紹介網の整備はよく知られている。重要なことは，女性雇用労働者の平均年齢は20歳代の前半から半ばで推移し，基本的には女性の雇用労働者としての就業は若年期の短期間雇用（正規雇用）が中心であり，主婦パートが大量に出現してくる時代との顕著な差異を確認できることである。

　1960年代に入り，労働市場が逼迫する中で男性臨時工の部分的代替として定着したのが女性パートであった。製造業での就業が多いことが特徴的であり，69年段階の調査においては，製造業パートには労働時間や労働日数などについて一般労働者とほとんど差異がない層（「身分としてのパート」）が相当程度存在していることが指摘されていた。そしてかつての男性臨時工には一定程度存在していた正規雇用への可能性を，女性パートに見出すことはできなかった。他方で，若年女性の正規雇用の主力は，新規中卒の製造業での雇用から新規高卒の事務職雇用へと移行していったが，正規雇用であっても短期雇用である点は従来と変化はなく，たとえば銀行窓口業務も短期間の勤続と結婚後の離職が慣行とされており，結婚退職への優遇措置も存在したのである[21]。明示的な結婚退職の強制については，60年代半ばに公序良俗違反と見なされる判例が出されているが，慣行としては継続していたと考えられる。このように，この時期に，若年期の短期正規雇用と主婦層の女性パート雇用という，日本的雇用システムでの女性雇用の諸制度が出そろうこ

---

20)　佐口（2015）参照。
21)　たとえば，駒川（2009）参照。

とになった。この傾向は，70 年代にも引き継がれていく。

(2) 1980 年代

1980 年代は，女性雇用については「新時代」と形容されることもあった時期であるが，実際に進行したのは，労働者の平均年齢の上昇，中高年有配偶者の比率の上昇であった。この時期には，非製造業パートの増大が顕著となるが，繁忙期の調整のための短時間雇用とは異なる性格を見せ始める。すなわち，卸・小売業などでパートタイム雇用が進展する中で，正規雇用労働者と一部仕事が重なる「基幹パート」としての戦力化も見られるようになるのである。そして，この層に対しては，画一的な賃率設定ではなく昇給付きの賃金制度など，正規雇用の雇用諸制度が部分的に適用されることなども行われた。なお，この層の担い手の多くは高卒女性であった。しかしながら，正規雇用の雇用諸制度のパートタイム雇用制度への部分的適用が進行することで正規雇用労働者とパートタイム労働者（とくに「基幹パート」）との均等な待遇が実現するという経過をたどることはなかった。

他方で，大卒女性の就職率は 1970 年当時では 60％弱であったのに対して，85 年には 72％を超えるに至った。しかしながら，勤続年数 10 年以上の比率については，大卒者はむしろ 70 年代よりは低下しており，高卒者での一定の上昇と対照的であった。女性の昇進・昇格の機会を増やすことを意図する企業が相当程度存在することを示す調査も見られたが，上記の数字はその後の高学歴女性の勤続年数の伸び悩みという事態を暗示しているといえよう。

また，この時期には，事務処理部門の OA 化・減量化に伴った雇用形態の変化も見られる。事務作業に関する間接雇用は，当初は「事務請負」として処理されていたが，その後事務処理派遣として定着していくことになる。事務処理派遣の実際の仕事内容は，事実上一般事務であったが，この時期からすでに長期に派遣されている層が多いという事実も発見されていた。事務処理派遣は決して一時的な現象ではなく，その普及は女性の若年期・短期・正規雇用の一般事務職が減少していく過程の開始を意味したのである。

以上のように，1980 年代は女性雇用をめぐるさまざまな変化に直面した。だが，結局のところ定着したのは，女性雇用＝非正規という通念であったと

142 第7章 女性雇用

考えられる。実際に，女性労働者の出産後の就業パターンや大卒女性の勤続
年数などは，「新時代」といわれた80年代以降も大きく動くことはなかった。
女性雇用の進展は，妥当性なき男女間格差・不公正という日本的雇用システ
ムの脆弱性が解消されたことを意味せず，むしろ潜在的には不公正問題が深
刻化する可能性を高めていたのである。

(3) 差別克服政策の展開

　日本での雇用における男女間の差別克服の政策は，先進諸国の中では後れ
をとり，1985年に制定された男女雇用機会均等法によって本格的に開始さ
れた。80年代に入って，従来の若年期・短期・正規雇用＋パートタイム雇
用に留まらない多様な女性雇用の展開が見られるようになったことをふまえ
た政策と位置付けることも可能であるが，直接的には男女差別撤廃に関わる
国際条約の批准という外圧の影響も見逃せない。注目すべきは男女間雇用差
別克服政策と日本的雇用システムとの関係である。その点で，募集・採用・
配置・昇進について当初は努力義務とされたことが重視されなければならな
い。これは年功賃金制度を始めとする日本的雇用システムの一貫性に配慮し
た結果であると考えられる。97年改定で上記項目は義務化されたが，罰則
は軽微な内容に留まっておりその効力は高いとはいえないのである。

　先進諸国での男女間の雇用差別克服政策を見ると，第二次大戦期の就労経
験の広がりや戦後の福祉国家の生成にもかかわらず，順調に進展したわけで
はなかったといえる。成人男性の雇用保護の優先や母性保護の論理がその妨
げとなっていたのである。アメリカにおいても1950年代には家族規範の浸
透が見られるなど，性別役割分業規範も頑健性を示していた。このような状
況のブレイクスルーは，60年代のアメリカでの，同一賃金法（63年）および
公民権法（64年）である。ただし，公民権法での女性差別禁止については，
法律の内容自体の不十分性が見られ，女性就業の発展といった前提が存在し
ていたわけでもない。女性の地位向上の運動は活発に展開されたが，むしろ
この環境下で原動力の一つとして注目すべきは，何が差別でありその克服の
ためにどのような施策を現場で採用しなければいけないかの基準・モデルを
実際に作り上げていった企業レベルの人事部門の管理者（女性を含む）で

あった[22]。また，この部門の活動とその横のつながりは，女性比率の上昇に支えられていた。このことも，60 年代から 80 年代にかけての女性就業率の上昇・年齢別就業率の変化をもたらした重要な要因といえる。

他の先進諸国では 1970 年代から 80 年代にかけて女性雇用は急速に進行した。それに対応して雇用差別克服政策も，たとえばフランスにおいて 83 年法で体系化されるなどの展開を見せるに至る[23]。90 年代に入ると，20 世紀期の雇用諸制度による成人男性中心の長期的雇用が動揺していることを背景に，EU レベル（政策担当者）においては，女性雇用の促進策の優位性の認識が共有され始めたといってよいであろう。すなわち，家計での生活上のリスクの低減手段としての位置付けである[24]。女性雇用は，男女間の権利の均等の問題としてのみでなく，生活全般に関わる持続可能なシステム形成の戦略の問題として政策上扱われ始めたのである。

ところで，男女間雇用差別克服政策に関する一つの代表的な方策に，アファーマティブアクションがある。これは現に格差の存在している状況を改善するために目的意識的に女性雇用を促進する政策であり，政府と取引のある企業への女性雇用比率の量的割り当てから公的機関への採用計画の提出のレベルまで多様である。最も強い規制である量的割り当てはしばしば逆差別という非難を受けてきたことはよく知られている。だが，すでに説明した統計的差別が機能する一例からも明らかなように，能力を示すことさえできない仕事を割り当てられた層が存在する限り，量的割り当てにも合理的根拠が存在することになる。また，女性雇用の促進が，人事や働き方全般の改善につながる可能性も存在する[25]。

---

22) Dobbin（2011）参照。日本の人事部門との差異が顕著であることは注目に値する。

23) 鈴木（2008）参照。

24) E-Andersen（1999, 邦訳 2000）参照。

25) アファーマティブアクション以外にも，Comparable Worth（同一価値労働同一賃金）も代表的な方策である。なお，これを日本で議論する場合は，ナイーブな職務給化論との距離を明確にしておく必要がある。

144　第 7 章　女性雇用

図 7-⑤　近年の女性就業率の変化

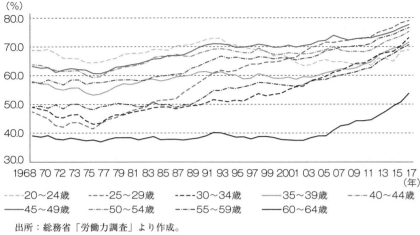

出所：総務省「労働力調査」より作成。

6　変　　容

(1)　初期状態の低位からの漸進

　1990 年代後半以降も，男女間賃金格差・女性非正規雇用率・パートタイム雇用での女性比率・大卒女性の勤続年数などの諸指標は必ずしも顕著な改善は見られない。国際的に見ても，日本での雇用におけるジェンダーギャップの改善速度の鈍さは相変わらず際立っているのである。しかしながら，2000 年代に入ってからの年齢別就業率の上方シフトは観察することはできる（図 7-⑤）。この現象は，未婚女性割合の上昇だけでなく，比較的若い有配偶女性や子供のいる女性の就業率の上昇によってももたらされていると考えられる[26]。また，女性管理職比率も緩やかながら上昇している[27]。以上をふまえると，日本的雇用システムの変容が観察され始める時期から少し遅れて，女性雇用の領域は，初期状態の低位からの漸進が見られ始めたといえ

---

[26]　第一子出産前後での母親の継続就業率は，従来 40％前後で推移していたが，第一子出生年 2010 ～ 14 年については 53.1％へと上昇した（国立社会保障・人口問題研究所「第 15 回出生動向基本調査報告　結果の概要　2015 年」）事実に注目すべきである。

よう。

パートタイム雇用制度における「均等待遇」問題については，長年放置され，1993年に制定されたパートタイム労働法もその効力はきわめて低いものであった。そして，正規雇用とパートタイム雇用の格差是正を実現することを目的とする政策として登場したのが2007年の同法の改定である。そこでは，「均等待遇」を義務化する要件については，職務内容・人材活用の仕組み・契約期間において厳しい基準を設定し，この基準に該当しない場合は正規雇用との差異に応じた「均衡待遇」を適用することとしている。だが，この厳しい基準は，「均等待遇」に適合するパートタイム労働者はほとんど存在しないという意味で現実的なものとはいえない。むしろ本書では，正規雇用労働者の中にもこの基準に適合しない層が存在することを浮き彫りにするという「意図せざる効果」をもっている点に注目すべきであると考える。これは，非正規雇用問題が正規雇用問題でもあることを実証する一例なのである[28]。

初期状態の低位からの漸進という現状のもとでも，女性雇用が日本的雇用システムの変容にとってカギを握る領域であるという点に変わりはない。留意すべきは，第2章〜第6章で検討してきたような雇用諸制度の変容は，女性の若年期・短期・正規雇用やパートタイム雇用などの諸制度が安定的に機能する基盤を脅かしつつあるという事実である。同時にそれは，男女間雇用の均等化の必要性とその要求の正当性を高めていくことになる。また，日本的雇用システムの変容は，均等化の壁となってきた制度を改変するコストが相対的には低下していることをも意味する。以上から，日本での女性雇用に関わる諸制度は，不連続的な変化に直面しつつあると評価でき，それは今後急激に進行する可能性を帯びていると考えられる。

---

27) 「賃金構造基本統計調査」による民間企業の女性管理職割合は，係長級17%，課長級9.8%，部長級6.2%（2015年）となり，1998年の4.6%，2%，1.1%から上昇している。

28) こうした中で，現実に進行しつつあるのは，2013年の労働契約法の改定（施行）と呼応する形での非製造業でのパート雇用労働者の一部の無期雇用化である。

(2) 可能性と直面する問題

ところで，男女雇用機会均等法においても新しい展開が見られることに注目する必要がある。たとえば，2006年改定では，妊娠・出産・産休取得を理由とする解雇や不利益取り扱い禁止の明確化，セクハラ防止措置の具体化なども盛り込まれた。さらに，間接差別禁止についての規定が盛り込まれ，総合職（コース別人事）の採用・募集での転勤要件は，「合理的な理由」を欠く場合に，間接差別に当たるとして禁止された（省令）。これは，女性→転勤困難→一般職→低い処遇というような雇用区分による差別の正当化の余地を狭めうる措置であったといえる[29]。こうした進展が，男女間の雇用平等化を阻んでいる性別役割分業規範の強さをどのように変容させるのかが今後の焦点となる。

たしかに性別役割分業が従来どおり維持される中で両立支援策のみが偏重されることになれば，一連の改革も短期的には女性雇用のマミートラック化の促進という結果に終わるかもしれない[30]。しかしながら，重要なのは，男女間格差の克服過程は新しい雇用諸制度，生活維持システムのあり方につながるインパクトをもちうるという点である。すなわち，男性も女性も働きやすく生活できる制度，労働の質・生活の質の内容の問い直しに関わる問題が問われているのである。

ただし，こうした根本的なシステム変容の途上で女性の雇用問題が生活問題として深刻化しつつある現実にも注意しなければならない。若年女性の非正規雇用率の上昇や非労働力化は，生活上のリスクが堆積されていく過程を示しており深刻な問題である。また，現在の母子世帯や高齢女性の貧困問題は女性が日本的な雇用システムの中で直面してきた不利益の産物でもある。そして若年女性雇用の現状は，こうした貧困層への厚い予備軍が形成されつつあることを意味しているのである。

---

29) 実際に差別を克服できるかは「合理的な理由」の解釈に依存する。

30) マミートラックとは，女性の母親役割を所与として設定された比較的仕事量や責任の軽い職位を昇進していく経路のことである。関連する議論として，Blau and Kahn（2013）を参照。

6 変 容 147

本章のポイントのチェック

A 男女間の賃金・雇用の格差が発生し，それが日本的雇用システムにおいて増幅されるのはなぜか？

B 日本での女性管理職比率の国際的低位の理由は何か？

C 日本的雇用システムにおけるパートタイム雇用制度の特質は何か？ また，そうした特質が生じる要因は何か？

D 正規雇用労働者とパートタイム労働者間の「均等待遇」と「均衡待遇」との差異は何か？

E 男女間の雇用差別の克服策としてのアファーマティブアクションの合理性（妥当性）は何か？

第8章

日本的雇用システムとその変容

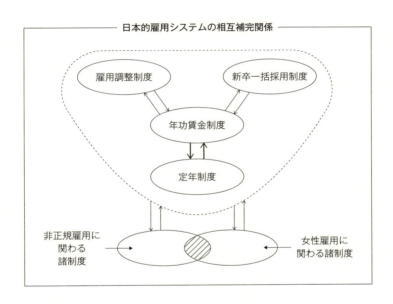

1 雇用制度と雇用システム

本書においては，"制度としての雇用"という拠点（＝窓口）を設定して，雇われて働くという一見当たり前に思えることが，日本においてはどのようなメカニズムで機能しているのかを検討してきた。そして，現実の雇用諸制度がなぜ生成・確立し，どのように変容しつつあるのか等についても説明してきたのである。

そのために，まず雇用制度についての理論的枠組みを提示した。その中で雇用制度の原点がリテンションであると設定することは，雇用制度が機能するうえでの経営側の制約を明らかにすることでもあった。雇用関係での労働者側の不利を否定するものでは決してないが，こうした制約をふまえておかないと雇用制度の実際の機能や展開を説明することはできないからである。

さらに，雇用制度の対概念である請負制度との相違を明示することで，経営側にとっての雇用の究極の目的は，労働者に"どんな仕事も確実に遂行"させることであるとした。無論，生身の人間が対象であり退職の自由が存在する社会においては，こうした目的に近づくにはさまざまな困難が伴う。すなわち，指揮命令を受け入れ継続的に働くという自発的意思の不断の更新の必要，そのために労働者の生活の安定性の見通しを実現する必要，雇用と非雇用の不連続性の高さへの対応の必要の３点である。そして，これらの困難への対応のために具体的な雇用諸制度が要請されることになる。

また，雇用制度は，"無限定的・全人格的献身と厚い生活保障"と"特定のサービスの納入と成果報酬"という二つの関係の無理を押しての融合ととらえることが可能である。これは雇用制度の内部に両者の亀裂が内在することを見出していくことでもある。

そして，本書では実際に具体化された雇用制度を雇用諸制度とし，雇用諸制度に相互補完関係が観察される場合にそれを雇用システムと規定した。そのうえで，それらの頑健性，脆弱性，変容の根拠を示すことを意図したのである。

2 日本的雇用システム

本書での雇用諸制度・雇用システムの事例は日本でのそれである。日本では，1960年代後半から90年代半ばにおいては雇用諸制度の頑健な相互補完関係を把握することができる。したがってこの意味での日本的雇用システムは，雇用諸制度の現状を"このシステムからの乖離"として測定するための基準となる。

日本的雇用システムを構成する諸制度については，雇用制度の理論や諸指標の国際比較などが参考にされている。また，20世紀の雇用諸制度として，他の先進諸国のそれらとの対応関係も参照されつつ分析されている。また，本書において日本的雇用システムを特徴付ける概念として，正規雇用中心主義①・②を使用した。正規雇用中心主義①とは，正規雇用のメリット（労働供給の確定性，柔軟性，対応能力等）の最大限の活用を意味し，正規雇用中心主義②とは正規雇用と非正規雇用の分断性の強さを意味する。

3 雇用諸制度

(1) 中核領域[1]

正規雇用中心主義①を担う雇用諸制度としては，主に賃金制度・雇用調整制度・採用制度・退職制度を対象とした。

まず，日本的雇用システムでの代表的賃金制度を年功賃金制度とし，その核心を職能給制度と定期昇給制度であるとした。この賃金制度は，後払い賃金制度としては20世紀の雇用諸制度（とくにホワイトカラー）に一般的に見られる制度であるが，ブルーカラーも含めた対象に適用されていることに特徴がある。そして，その機能は，安定した生活への予見可能性の上昇という一般的なものに留まらず，ホワイトカラーとブルーカラーの間の公正さの実現，能力の評価・開発に関する指標など多面的である。この年功賃金制度は，

---

1) ここでの「中核」とは正規雇用中心主義①を担うという意味である。

本書においては正規雇用中心主義①の中心的存在として位置付けられており，雇用諸制度の相互補完関係の軸となるものである。他方で，40歳代で大多数の労働者が継続的な賃金上昇を享受する点や，非正規雇用との妥当性のない賃金格差の増幅などの脆弱性も抱えていた。

　雇用調整制度としては，希望退職制度（＋ソフトな雇用調整）に注目した。一般的に，雇用調整は，雇用制度の原点であるリテンションと矛盾することから，経営側はその執行をフリーハンドでは実現できずさまざまな困難に直面する。日本的雇用システムにおける労使は，指名解雇を極力回避するという前提のもとで「労働者自らの選択」としての退職（希望退職）という制度を選択することになった。そしてその希望退職すら回避するために，労働者の柔軟な移動によるソフトな雇用調整の措置がとられたのである。日本の雇用保障の水準の高さについては議論の余地が大きいが，これらの雇用調整制度によって正規雇用労働者が将来の雇用の継続について一定の予見可能性を確保できたことは確かである。また，そのことは後払い賃金制度である年功賃金制度の機能を支え，他方で年功賃金制度はソフトな雇用調整に適合的な賃金制度でもあった。しかしながら，こうした雇用調整制度は，雇用調整での対象者と量の不確定性という難点が深刻であるという脆弱性も抱えていた。

　採用制度と退職制度については，ライフコースでの雇用の入口と出口の制度，具体的には新卒一括採用制度と定年制度に注目した。ライフコースでの雇用の入口においては，一般的に学校から職場への移行期問題が発生し，その処理のための制度が要請される。日本においては，この移行期①を極小し正規雇用としての採用を基本とする制度＝新卒一括採用制度が採用された。これによって，若年者の雇用の安定が図られ，きわめて低い失業率もこの制度と対応していると考えられる。また，未経験労働者としての若年者の採用は，若年時の相対的低賃金を不可欠とする年功賃金制度を補完し，年功賃金制度が中途採用と不整合であることは新卒一括採用の重要性を高めることにもつながった。他方で，新卒一括採用制度は企業の人事戦略に強く依存しており，需給双方の側がもつ情報の質は高くないという脆弱性も抱えていた。

　ライフコースでの雇用の出口では，職場から引退への移行期の問題が発生しそのための制度が要請される。日本では，一律強制退職制度によって早め

に「定職」から離職させ，長い移行期②を設定することでこの問題に対応した。定年制度は，労使の同床異夢状態の中で確立したが，長い移行期②のブリッジジョブが充実することで，高年齢者の高い就業率を実現することに結果した。また，定年制度は後払い賃金制度である年功賃金とは不可分・一体の関係にある点で他の雇用諸制度とは一線を画している。定年制度は，定年年齢が際限なく延長されると，年功賃金制度との一体性を保持できなくなる（賃金カーブの傾きの低下）という宿命を帯びている。さらに，一体性を保持しようとすれば，定年年齢まで雇用される労働者が極小化されるという意味で空洞化が生じるという関係にあるのである。加えて，この移行期②は高年齢者の高い就業率に見られるように，企業の機能に相当程度依存しており，このことも定年制度が帯びる脆弱性である。

　そして，この中核領域内での年功賃金制度と雇用調整制度（希望退職制度とソフトな雇用調整制度）・新卒一括採用制度・定年制度との関係は，相互補完関係として把握することが可能なのである（図8-①）。

(2) 非中核領域

　正規雇用中心主義①は，それに含まれない非中核領域と相互補完関係を形成することで機能することが可能となった。その一つが，非正規雇用に関わる雇用諸制度である。雇用制度は一時的雇用や間接雇用の就業を排除するものではないし，20世紀になって男性中心の長期雇用が典型雇用として一般化すると，典型雇用維持のためのバッファの機能をもつ非典型雇用が要請されることになった。日本では正規雇用中心主義①に対応して正規雇用労働者がブルーカラーも含めて手厚い処遇を享受することが，正規雇用—非正規雇用関係を規定した。すなわち，仕事においての同質性が低くないレベルで発生するにもかかわらず，正規雇用と非正規雇用の分断性が深刻となったのである（正規雇用中心主義②）。非正規雇用労働者は，具体的には臨時工・パートタイム労働者・契約労働者・社外工・派遣労働者といった形態をとって活用された。法制度や労働組合による規制も日本的雇用システム下においては相対的に弱く，正規雇用—非正規雇用の処遇における妥当性のない格差は事実上放置されてきた。ただし，非正規雇用の一方的増大は正規雇用活用のメ

154　第 8 章　日本的雇用システムとその変容

図 8-①　日本的雇用システムの相互補完関係

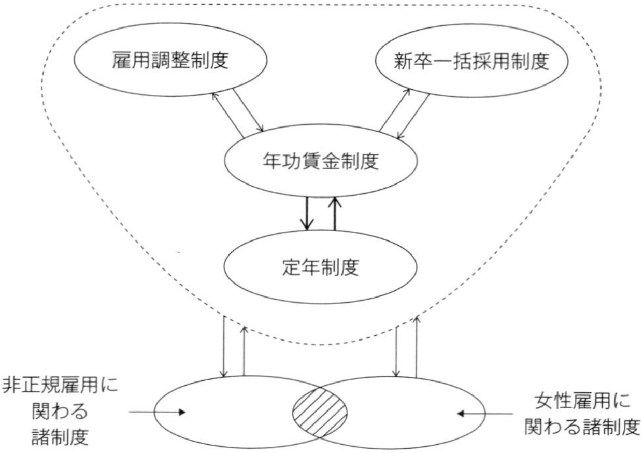

雇用調整制度　　新卒一括採用制度

年功賃金制度

定年制度

非正規雇用に
関わる
諸制度　　　　　　　　　　　女性雇用に
　　　　　　　　　　　　　　関わる諸制度

出所：筆者作成。

リットを失うことを意味するがゆえに一定の歯止めがかけられた。

　非中核領域のもう一方の柱は，女性雇用に関わる雇用諸制度である。20
世紀の雇用諸制度において雇用制度は性別役割分業と結び付いたが，原理的
には性中立的である。雇用における性差別は，公正さという観点からも功利
主義的にも著しく妥当性に欠け，先進諸国の多くではその克服が進められて
きた。対照的に，日本的雇用システムには男女間雇用格差を増幅させる要因
が内在しており，そのことが男女間の雇用格差の大きさと，その改善の速度
の低さを規定する重要な要因となっている。具体的な制度としては，若年
期・短期・正規雇用とパートタイム雇用が挙げられるが，前者の一部は高学
歴専業主婦層につながっている。

　非正規雇用に関わる諸制度と女性雇用に関わる諸制度は相互に浸透してい
る。そして，年功賃金制度を始めとする中核領域と相互補完関係を保ってき
た。この意味で，日本的雇用システムを構成する存在としてとらえられる
（図 8-①）。また，この非中核領域と中核領域との妥当性のない格差は，日本
的雇用システムが宿してきた脆弱性でもあった。

4 変容局面としての現在

(1) 正規雇用中心主義①・②の観点から

日本的雇用システムを構成する諸制度がそれぞれどのように変容しつつあるのかについてはすでに説明してきたが，ここでは正規雇用中心主義①・②に即してまとめてみる。まず第一に指摘できることは，正規雇用中心主義①の対象の縮小である。具体的には，年功賃金制度の対象においてそれは顕著であり，雇用調整制度において保護される対象についても同様である。さらに重視すべきは，この対象の縮小が非正規雇用化による範囲縮小だけではなく，正規雇用の分化の趨勢を伴っている点である。この分化が向かう方向は，単に従来の正規雇用の延長ではない。正規雇用の下層である正規雇用Ⅱでは，ある時点からはフラットな賃金カーブに直面し，上層の正規雇用Ⅰでは従来の年功賃金ではなく成果（能率）が相当程度重視される賃金制度が適用されるからである。また，福祉関連職に象徴される年功賃金制度を享受できない正規雇用の増加もこの趨勢と呼応している。他方で，正規雇用Ⅱの雇用保障の水準がどのように定まるのかは現在のところ流動的である。

次に正規雇用中心主義②についても従来とは異なる様相を見ることができる。正規雇用労働者と同質性の高い仕事をしてきた非正規雇用労働者，とくに有期雇用労働者を中心に無期雇用化しつつある層が相当程度観察されるのである。元来正規雇用がきわめて狭く設定されていたセクター（たとえば，サービス産業系）でその傾向は顕著である。労働契約法改定と労働市場条件等の環境条件は，これらの層の経営側からのリテンション指向（ブランド化・戦力化）を高めつつあると考えられるのである。これは，正規雇用と非正規雇用との分断性の強さという意味での正規雇用中心主義②からの不連続的変化と見なすことができる。

正規雇用Ⅱの層と無期雇用化された非正規雇用上層が完全に一致するとは限らないだろう。しかしながら，正規雇用中心主義①と②の現状における動向に共鳴する部分があることは，この趨勢の強度を示すものといえるのである。

(2) 変容の諸相

1990年代後半以降の雇用諸制度をめぐる事態は，グローバル化を軸とした競争条件，第三次産業化などの産業構造，労使関係などの要因が，経営・人事戦略に強い影響を及ぼした結果である。同時に本書が重視するのは，それらが日本的雇用システムを構成する諸制度に内在している構造的要因や脆弱性と相まって顕在化していると考えられる点である。

いくつかの局面を取り上げてみよう。たとえば，40歳代でも賃金水準の上昇を大多数の労働者が享受していた点は年功賃金制度に内在していた脆弱性であったが，これはこの制度が1970年前後という経営側のリテンション指向がきわめて強かった時期に確立したという歴史的経路に依存していた。それに対して，経営側の経営・人事戦略からの修正が図られたのであり，脆弱性の顕在化が，年功賃金制度の変容を促していったのである。正規雇用中心の新卒一括採用に関する修正や雇用調整において保護する対象の縮小の指向も同様に解釈することが可能である。次に，定年制度をめぐる事態としては，雇用政策による定年年齢の延長を含む高年齢者の雇用確保措置の強制の影響が観察される。これは，直接的には福祉国家の成果でもある高齢化（公的年金の支給開始年齢問題）が要因であり，その意味では雇用諸制度の外側からの要請である。だが，このような強制は定年制度そのもの，あるいは年功賃金制度を揺るがす可能性があり，その背景にはすでに説明してきた定年制度と年功賃金制度に関わる日本的雇用システムの構造上の要因が強く影響しているのである。また，正規雇用―非正規雇用関係の変容については，直接的には労働契約上の改定が強いインパクトを与えたが，根底には従来から正規雇用と同質性の高い仕事をしてきた非正規雇用層が相当程度存在してきた中で労働市場条件の変化に伴い経営側のリテンション指向が高まってきていたという条件が重なったのである。

変容過程での諸現象という点では，新卒一括採用制度や定年制度で指摘した企業への依存と結果としての社会的支援の低位という側面が浮き彫りになったことを指摘できる。このことが，環境条件の変化への社会全体での対応の限界＝遅れを招き，問題の深刻度を増幅させたことは否定できない。そして，このことは後に検討する政策面での転換に結び付いている。

他方で，他の先進諸国に比すとその変容過程が顕著とは形容できない領域も存在する。男女間の雇用格差の残存がその事例である。しかしながら，この領域でも近年漸進的ではあるが展開が見られる。そして，その変容・変革にはどの主体も反対できない妥当性が認められる。さらにはそれが雇用諸制度全体にもたらすインパクトの強度はきわめて高いのである。

「日本的雇用システム」の現状に関しては，中核的な正規雇用労働者の「長期的雇用慣行」の持続を重視する見解もある[2]。これに対して，本書では日本的雇用システムという比較の基準を設定し，さらに正規雇用中心主義①・②という概念を用い，それらからの乖離を観察してきた。その結果，本書で述べた意味での不連続性，つまり変容が認められると考える。また，システム内での相互補完関係ゆえに雇用諸制度の動揺が連動・共鳴していることも重要である。そして，この変容は，揺り戻しの過程も含みつつ劇的ではない形で進行しているという意味で漸進的なのである[3]。

以上の変容過程を敷衍すれば，先進国の共通の土俵として設定した20世紀の雇用諸制度にも漸進的な変容が認められること，雇用制度そのものには当面は頑健性が認められることなどを指摘できる。また，正規雇用内部の分化は，雇用制度に内在する亀裂の反映として把握することができるかもしれない。

ところで，これらの分析は，基本的には企業レベル・社会レベルの雇用諸制度・システムを対象としたものである。本書の以下の部分では，分析の対象をそれらの関連領域に広げていきたい。具体的には，雇用関連政策と労使関係の二つの領域を取り上げて，雇用諸制度・システムの議論を補強していくこととする。また，雇用制度そのものについては，当面は頑健性が認められるにしても，情報通信技術の急速な展開はそうした前提を崩していく可能性も否定できない。本書の末尾ではこの論点についても言及していく。

---

2) たとえば，高橋康二（2018）等参照。
3) 「日本的雇用システム」の変容についての認定は，当然その定義に依存する。重要なのは，それに関する議論を通じて何を明らかにするのかである。本書では，統計上の数値の背後にある雇用諸制度に関する構造上の変化が人々の働き方や生活にどのような影響を及ぼすのかに注目している。

第Ⅲ部

関連領域

第9章　雇用関連政策

第10章　労使関係

第9章

雇用関連政策

　雇用に関連する政策のとらえ方は多様であるが，本書では雇用制度の理論，福祉国家の展開，現局面という三つの視点から具体的な雇用関連政策を取り出して説明していく。そのいくつかはすでに第Ⅱ部において言及しているので，ここでは主としてそれ以外の政策を対象とする。また，日本の雇用関連政策についてはその特質に留意しつつ説明することになる。さらに，新しい雇用関連政策の展開について雇用諸制度の動向との関係に言及しつつ検討する。

キーワード

防貧と救貧，貧困問題，労災補償，長時間労働，最低賃金制度，小さい失業保険，失業扶助制度，失業対策事業，公共職業紹介制度，公共職業訓練制度，積極的労働市場政策，「福祉から就労へ」（Welfare to Work）政策，両立支援政策

1 何をどう扱うのか？

(1) 対象とする政策[1]

まず，雇用関連政策（以下，雇用政策と略記）として何を対象とするのかについて説明しておく必要がある。本書では，第Ⅰ部での雇用制度の理論での議論をふまえ，主に雇用政策として生活維持機能の補填と非雇用状態への対応に関わる諸政策に注目する。生活維持機能の補填の観点からは，労働時間政策，労災補償政策，雇用保護政策，最低賃金政策などが対象となる。また，雇用状態と非雇用状態の不連続性の高さへの対応という観点からは，失業者への政策，公共職業紹介，公共職業訓練政策などが挙げられる。これらは，労働市場での仲介機能や非雇用状態での生活維持にも関わる政策である。

これらの雇用政策は，20世紀に雇用制度が本格的に普及する前提として，あるいはそれに伴って現実化していった。そして，福祉国家や完全雇用政策のもとで新しい展開を見せたのである。1960年代の「積極的労働力政策」と呼称された公共職業紹介と公共職業訓練の体系化を軸とする政策もそこに含まれる[2]。さらに，60年代後半から70年代にかけて，インサイダーの利害を反映した政策が強化される一方で，アウトサイダーからの「異議申し立て」を契機として雇用差別克服政策も生成し始めた。そして，80年代以降には20世紀の雇用諸制度の変容に伴って雇用政策においてもいくつかの新しい現象を観察することができる。

(2) 政策水準の低位

日本の雇用政策の特質は，雇用に関する公的支出の対GDPに占める割合の低さとして指摘されることが多い。関連して，積極的労働市場政策の低位，具体的には公共職業訓練や公共職業紹介などに関する公的支出の低位についてもしばしば言及される[3]。このような低い水準の雇用政策は，日本の雇用

---

1) 濱口（2004）は労働行政の観点などもふまえて関連政策を概説している。
2) 「積極的労働力政策」については，たとえば労働省国際労働課（1966）『OECDと労働力政策』労務行政研究所，参照。

システムのあり方と対応するものであると把握されるのが一般的である。つまり，雇用政策が担うべき機能の相当部分が，企業レベルにおいて雇用システムを通じて果たされているという理解である[4]。

この理解は大筋において正しいものの，水準の低さの指摘や日本的雇用システムの補填という理解に留まるならば，日本の雇用政策の特質を十分にとらえたことにはならない。実際の雇用政策そのものを体系的に検討することによって，それらがどのように機能しているのかを明らかにしていくことが必要なのである。また，従来は日本的雇用システムにとって周辺部分と考えられてきた領域と雇用政策との関係にも立ち入って検討しておく必要がある。たとえば，女性の雇用問題や非正規雇用労働者の問題に対していかなる政策がとられてきたのか，さらには貧困問題への対応と雇用政策との関わりなどがそれに該当する。この領域は近年の雇用政策の変容とも関連して注目される。

ところで，本章で雇用政策を具体的に説明していく前提として，まず二つの領域の政策に言及しておく必要がある。第一は第Ⅱ部ですでに触れられている雇用政策であり，第二は第Ⅱ部での議論の枠外にある政策，具体的には貧困問題に関わる政策である。

2　第Ⅱ部で説明した雇用政策

(1)　雇用保護（調整）政策

雇用保護，若年者・高年齢者雇用，雇用差別に関する政策については，第Ⅱ部において言及してきた。本章では主にそれら以外の政策を対象とすることになるが，日本の事例に限って，上記の政策について再度要約しておきたい。

まず，雇用保護（調整）政策についてである。これに関しては，1970年代後半に整備された雇用調整助成金制度（前身は雇用調整給付金制度）による雇

---

3)　たとえば，樋口（2001），岩田（2009）参照。
4)　たとえば宮本太郎（2009）参照。

用確保の政策に注目してきた。この政策は，事実上，社会レベルで進行していたメカニズムを補強するという意味合いをもつ。また，判例による整理解雇の4要件の確立も同様の意味合いを帯びている。ただし，補強という表現はその影響が軽微であったことを意味しない。助成金制度や判例によって公的な指針が確立することは，諸主体にとっては規範の明確化であり，企業レベルでの雇用調整の制度が互いに接近することにつながるからである。また，正規雇用労働者を雇用保護の主な対象としたことは，非正規との格差をより明確にしたことをも意味していた。

　1990年代後半以降，国際的にも雇用保護法制の見直しが検討されたが，多くの国ではマイナーチェンジに留まってきた。日本でも雇用調整助成金制度の見直しの主張も散見されたが，2008年のリーマンショックへの対応は，むしろ同制度の拡張によって行われた。しかしながら，14年から本格化した労働移動支援助成金制度は，雇用調整に関する政策が労働保蔵から移動促進に移行しつつあることを示している[5]。

(2)　若年者雇用・高年齢者雇用に関する政策

　若年者雇用と高年齢者雇用に関わる政策については，双方とも日本での雇用システムの機能への依存が顕著であり，結果としてこの領域固有の政策は未発達なまま推移してきた。たとえば，日本的雇用システムでの若年者雇用については，「学校から『定職』への移行期」（移行期①）の短さが特徴であった。この枠組み自体は，職業安定政策の歴史的経路に依存したものであり，そこでの"不安定な身分での職探しの回避"という理念にも一貫性が観察される。若年期はスキルが未熟で人的ネットワークも未成熟であるがゆえに，さまざまなリスクの高い時期である。それにもかかわらず，社会レベルの新卒一括採用制度が低い失業と正規雇用としての採用を実現してきたことから，公的な介入の必要性は低いと見なされてきたのである。

　高年齢者の雇用については，「『定職』から引退までの長い移行期」（移行

---

5)　ただし，同制度自体が有効に機能していくのかについては本書執筆の段階では不透明さが残っている。今後の紆余曲折が予想される。

期②）が特徴であった。この長い移行期②には当然のことながらさまざまなリスクが伴う。また，高年齢期の雇用問題は仕事や扶養の社会的分担に関わる領域でもあり，政策上の介入が行われる余地のある領域と考えられる。しかしながら，この領域においても，日本では社会レベルでのブリッジジョブの充実とそれによる高い就業率の実現によって問題の深刻化を回避してきた。諸主体は，引退の過程を私的な領域であり，そこで発生する問題も私的に解決すべきと見なしてきたと言い換えることができる。

だが近年，従来雇用政策が未発達であったこの領域においても，その変容が顕著に観察される。とくに高年齢者の領域では，雇用システムの外側からの影響を強く受けて，雇用システムの内実に影響を与える政策への変容が見られる。具体的には，公的年金の支給開始年齢の引き上げに対応した高年齢者雇用安定法の改定による 65 歳までの雇用確保措置の強制は，年功賃金制度を始めとして日本的雇用システムの諸制度に強い影響を与えるものと考えられる。他方で，若年者雇用については，1990 年代後半以降の若年者雇用問題の深刻化とともにさまざまな政策が打ち出された[6]。こうした政策が打ち出されてきていること自体は新しい現象であるが，内容面では企業の採用戦略や雇用システムの大きな変更を促す政策とはなっていない。

(3) 雇用不平等克服の政策

雇用不平等克服の政策については，正規雇用と非正規雇用の不平等（妥当性のない格差）問題に関する政策から振り返っていくこととする。まず，直接雇用・非正規に関しては，政策の欠如を指摘することができるが，このことは説明を要する事柄である。なぜなら，ここでの正規雇用—非正規雇用関係は，仕事の同質性が観察されても処遇上はきわめて大きな格差が発生するという意味で，集団的コンフリクトの発生の可能性が高い領域だからである。しかしながら，実際には妥当性のない格差を是正する政策は選択されなかった。正規雇用の処遇水準の維持が優先され，それに抵触する可能性のある政

---

6) これについては，たとえば，内閣府（2012）「若者雇用戦略」参照。
http://www5.cao.go.jp/keizai1/wakamono/senryaku.html（2018 年 7 月 23 日）

策は回避されたのである。そして，その結果としての問題深刻化を回避する手段として使われたのが，女性パート雇用制度であり社外工（業務委託）制度であった。

次に，間接雇用・非正規については，政策理念のみが先行し実態とのギャップが放置されるという経緯をたどった。具体的には，職業安定法で労働者供給事業禁止としておきながら，事実上ユーザー企業の指揮命令を受ける社外工が存在してもそれを放置してきたのである。1980年代の労働者派遣法には，進行する事務処理での業務委託を派遣として法的な規制の対象とすることが含まれていた。だが，それはユーザー企業の指揮命令を受けてきた実態を追認するという意味をもっていた一方で，製造業での社外工の実態は放置する結果となったのである。また，同一の職場に繰り返し継続的に派遣される派遣労働者と派遣先の正規雇用労働者との格差問題も事実上放置されることとなった。

直接雇用・非正規の変容を促す政策としては，2013年の労働契約法の改定が挙げられる。これに労働市場条件が加わることで，サービス産業を中心に継続的に直接雇用されていた有期雇用労働者の一定部分が無期雇用化されることになった。無期雇用化した層の賃金制度・水準，さらには雇用保障の水準がどのように設定されていくのかについては不透明な部分もある。だが，この層の多くは，正規雇用IIと仕事内容が重複していると考えられ，その点からも正規雇用―非正規雇用関係の変容が進みつつあるといえる[7]。

次に，男女間の雇用差別克服政策に関しては，まず戦後直後に制定された労働基準法4条での性別による賃金差別の禁止規定が，ほとんど実質化してこなかった点に注目しなければならない。男女間の賃金格差は，年齢・勤続年数・能力・職位などによる賃金額の差異として正当化されてきたのである。そして，その象徴的存在が，長期的雇用と年功賃金カーブを享受しえない若年期・短期・正規雇用である。また，退職後の女性は，家庭でケア労働を担いつつ，場合によってはパート労働による家計補充の役割を担う存在となっ

---

7) 先に指摘したように間接雇用・非正規については，2015年労働者派遣法改定における雇用安定に関する措置が注目される。この動きも従来正規と同様の仕事を継続してきた非正規の無期雇用化の趨勢と部分的に符合している。

た。

　日本での男女間の妥当性に欠ける雇用格差は，第Ⅱ部で見てきたように，統計的差別の作動と日本的雇用システムによるその増幅作用によって再生産され続けた。また，そのもとでの女性雇用の役割は，日本的雇用システムを支えてきたのであり，男女間雇用差別問題は政策によっては容易に動かせない領域と化した。そして，その克服への政策的な取り組みは放置されてきた。例外的と考えられる男女雇用機会均等法についても，制定された1980年代半ばは日本的雇用システム全盛期であり，雇用差別克服に関わる規定が「努力義務」となるなど，雇用システムへの影響を回避することが優先されたのである。

　しかしながら，日本的雇用システムの変容は，女性の就業とそれに伴う困難を克服する必要性への諸主体の認識を急速に高めつつある。そのことを反映して，男女雇用機会均等法についても，雇用システムに相当程度の影響を与えうる改定も進行してきた。女性雇用については，雇用システム全体に関わってロックインされてきたがゆえに，現状ではこの変革の進行を急速とは表現できないが，これが着実に進行すればシステム全体を変える梃子になると考えられる。他方で，若年女性の非正規雇用問題を始めとする現に存在する諸問題は軽視できない。また，今後の趨勢としても，両立支援策が不本意なマミートラックへの誘導や特定の女性に限定された男性並み労働者化といった陥穽にも十分留意する必要がある。

3　雇用問題と貧困問題

(1)　雇用と社会保障

　近年の雇用政策の変容を検討する際には，雇用と貧困の関係の問題を避けては通れない。この問題に接近する前提として，ここでは雇用と社会保障の関係を整理しておきたい。まず，20世紀の雇用諸制度の中心であった成人男性労働者（典型雇用労働者）にとっての貧困への対策は，社会保険による防貧が主軸となっていたことを確認しておく[8]。そして，そこから零れ落ちた層が公的扶助制度の対象となってきたのである。また，この公的扶助制度の

168 第9章 雇用関連政策

位置付けは，20世紀を通じて大きな変化はなかった。

　社会保険制度は，拠出を前提として事故発生による損失への補塡を行う仕組みである。そして，個々人の実際の必要とは無関係の一定の基準での給付が行われることが原則である。多くの場合，強制加入・応能負担であり拠出に個別的事故確率は考慮されない。また，加入について，個人的情報の開示は要求されない。なお，この制度のルーツの一つは企業内福利制度である。一方，公的扶助制度においては，給付は拠出を前提としないが，給付の「必要」の認定は個別的であり，ミーンズテスト等の個人的情報の開示を要請する。また，社会保険と異なり，公的扶助制度の利用を「恥」とするような社会的な眼差し（"スティグマ"＝烙印）が伴うことがしばしば見られる。両者とも社会の構成員の誰もが直面しうるリスクに対応する社会的協同事業としての共通性がある[9]。だが，実際には権利性への意識が異なるのである。なお，公的扶助制度は，共同体としての社会原則を担保するものであり，ルーツはさまざまな公的な救貧措置に求められる。

　ところで，第二次大戦後に先進諸国で本格的に生成した福祉国家においては，全国民の生存権保障の理念を実現するための社会保障制度が貧困問題への中心的地位を占めていたといってよい。本書では，社会保障制度を，生存権保障の理念のもとに社会保険制度・公的扶助制度・社会サービス制度を体系化したものととらえている。ここで重視すべきは，20世紀の雇用諸制度と社会保障制度の相互補完関係である。それは，社会保障制度はその防貧機能で雇用諸制度を支え，他方で社会保障制度は雇用諸制度が安定的に機能することの結果としての拠出によって支えられるという関係である。この場合，社会保障制度の中軸は社会保険制度であるため，1980年代後半以降に成人男性中心の20世紀の雇用諸制度が揺らぎ始めたことは社会保険制度をも揺るがすことにつながった。その結果として，90年代以降，従来は残余の処理手段と見なされてきた公的扶助制度の重要性，同制度と雇用との関係の見直し等が浮上してきたのである。

---

8)　本書では狭義の「社会保険」と労働保険を含めて，社会保険としている。

9)　ここでの議論の多くについては，塩野谷（2002）を参考にしている。

(2) 日本的雇用システムと貧困問題

日本的雇用システムと貧困問題という観点から見てみると，このシステムが十全に機能することが雇用システムと貧困問題の関連の不可視化につながったと表現できる。たとえば，若年労働者・非正規雇用労働者・中小企業労働者の相対的低賃金状態は過渡的な現象であると見なされた。諸主体にとって年功賃金制度下での若年時の低賃金は一時的現象であり，非正規雇用労働者は自力で正規雇用化すべき存在とされたのである。また，いくつかの中小企業の雇用諸制度には大企業のそれを理想として接近していくものもあり，賃金水準の底上げも一定程度進行していた[10]。結果として，継続的低賃金層（あるいはボーダーライン層）が現実に存在したにもかかわらず，その問題の解決は雇用システムの機能に委ねられ，雇用政策の対象外へと押しやられた。そして，整理解雇等による貧困問題（極貧ではないが）には，それが顕在化しないうちに失業者を職に就かせる政策を中心に対応したのである。

以上，本章での雇用政策の説明に入る前提として，第Ⅱ部で言及した雇用政策と第Ⅱ部では議論の枠外にあった貧困問題に関する政策について述べてきた。これらをふまえ，以下では具体的な雇用政策について，生活維持機能の補填・非雇用状態への対応・新しい雇用政策の順に日本での事例も交えて説明していく。

4 生活維持機能の補填

(1) 労働災害への政策

雇用制度の拘束性，とくに生身の人に対する拘束の強さを考慮すると，身体の保全はコミットメントの実現や生活維持機能の前提である。史実としては，雇用制度が普及し始めることと並行して，鉱工業の展開（動力の使用）に伴う労働災害の多発（19世紀後半）という現象が観察され，経営側は雇用制度における身体の保全の問題に直面するようになる。一方，労働者にとって労災の危険が低減されることは継続的就業の前提であり，社会的にも労働

---

10) 中小企業の賃金カーブの動向については，小池（1991）参照。

170　第9章　雇用関連政策

災害の多くは実質的には経営側の過失に基づくという認識も広まっていた。
19世紀末から20世紀初頭の社会保険等による労働災害への政策上の対応は
このような背景のもとで生まれた。そして，その核心は無過失責任主義に立
脚した補償措置であった[11]。無過失責任主義での補償を認めることで，経
営側は訴訟等による問題の長期化や補償の不確実性を回避し，物損と同様に
補填に関する予見可能性を上昇させることを意図したのである。また，労災
の発生件数に応じて保険料等を上下させるメリット料率の仕組みは，労災の
抑制効果への諸主体の期待と整合的であった。

　制度面では，逆選択問題を回避する必要もあり，多くの場合強制保険に統
一されていくが，労働災害による社会的損失の発生が政策上の介入を促した
側面も否定できない。また，労災補償保険制度は経営側の利害を中心に生成
してきた事情もあり，主に経営側の拠出によって運営されている。ただし，
実際には賃金水準の引き下げ等で労働者が負担していることもありうること
に留意する必要がある。

　日本においては，第二次大戦前の労災問題への政策は工場法とともに確立
したが，その補償（扶助）水準は低かった[12]。したがって，日本における本
格的な労災への政策は，第二次大戦後の労働基準法・労働者災害補償保険法
の整備に始まるといってよい。しかしながら，労災件数そのものは1960年
代においても多発しており，大きな社会問題となっていた。こうした事情を
背景に，労災補償と別枠の民事賠償に関する「安全配慮義務」の判例が積み
上げられ，さらには労働安全衛生法（72年）によって積極的な環境整備が義
務付けられることになった[13]。留意すべきは，この時期は日本的雇用シス
テムの確立と重なる点である。この確立過程においては，生産現場では工数
低減などの生産性向上が図られOJTの体系化も進行したが，同時に労災の
回避の取り組みも徹底された。たとえば，職場での小集団活動などの中には

---

11)　労災補償の歴史的経緯については，たとえば品田（2005）参照。なお，労災補償
　　での無過失責任主義とは，経営側に故意や過失がなくてもそれについての賠償責任を
　　負うという原則のことである。
12)　工場法の労災補償については，岡（1917）参照。
13)　「安全配慮義務」については，後に労働契約法に明記されることになる。

4 生活維持機能の補塡 *171*

図9-① 労働災害による死亡者数・死傷者数の推移

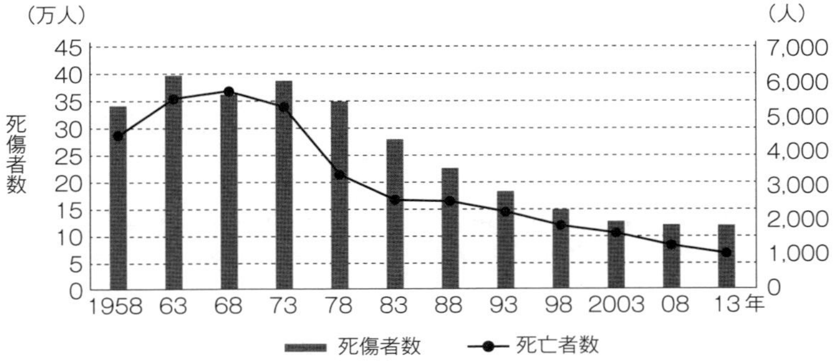

（万人）　　　　　　　　　　　　　　　　　　　　　　　　（人）

死傷者数 / 死亡者数

注：死傷者は1968年以前は休業8日以上，1973年以降は休業4日以上の者。
出所：厚生労働省労働基準局「労働災害発生状況」より作成。

労災防止・安全衛生の徹底の意図をもって行われたものもある。実際に，労災死傷者数は70年代末から急速に低下していくのである（図9-①）。

　近年の動向としては，ホワイトカラーを中心としたメンタルヘルス問題に注目しなければならない。そして，その背景としては，日本的雇用システムの変容過程での長時間労働の偏りを指摘することができる。また，単なる労働時間の長さだけでなく，仕事内容がどの程度ストレスフルであるのかも重要である。2000年代に入り，過労自殺に対して，「安全配慮義務」違反を認める判例が出されたことに伴って，メンタルヘルスについて政策上の対応も急速に展開している[14]。たとえば，2006年には厚生労働省によって「労働者の心の健康の保持増進のための指針」が策定され，労働安全衛生法に基づく経営側の役割が明確化された。このような動きは，雇用制度の前提となる労働者の身体の保全の問題が，100年前とは異なる形で現出していることを意味する。メンタルヘルス問題は，経営側がその処理を準備しておくべきリスクとなりつつあるのである。さらに，メンタルヘルス問題の場合は労働者の職場復帰問題が付随する点に特徴があり，これをどのように円滑化していくのかも政策上の課題となりつつある[15]。

14） 2000年に最高裁で判例が示された，いわゆる「電通事件」が大きな契機となっている。

172 第9章 雇用関連政策

(2) 労働時間問題への政策

労働時間への初期の規制政策としては，19世紀前半のイギリスでの工場法における子供・女性の工場労働への規制がよく知られている。この時期の工場法は，子供・女性の過度な工場労働による社会的損失の発生への対応であったと考えられるが，これらの層を労働市場から排除し学校（公教育）や家庭に導く機能も伴っていたことにも留意すべきである。この意味で，成人男性中心の20世紀の雇用諸制度が確立する前史の出来事として位置付けることができる。

成人男性を対象とした労働時間規制政策は，労災補償政策に比べるとその展開は遅い。雇用契約内容・労働条件に直接関わる問題であること，経営側の必要性の認識が労災問題に比較すると高くなかったことに影響されていると考えられる。第一次大戦後に広がり始めた8時間労働法制については，労働者の権限の拡張・自由時間の確保の問題，言い換えれば労使関係上の問題として扱われた。1918年11月のドイツにおける労使協定はその一例である。アメリカにおいては，Welfare Capitalism下での部分的実現を前提に1930年代後半に公正労働基準法を契機として導入され始めた。

また，時間による生産性の変化を考慮すると，単に長時間働かせることは必ずしも効率的ではない。工数管理が進展し労働密度が上昇している局面においては，そうした認識が生じることは当然である。成人男性への労働時間規制が経営側に受け入れられていった過程と「最適労働時間」という考え方の登場は並行していたのである[16]。

ところで，労働時間の規制の方法については，法律で最長労働時間を設定し，労働協約で若干の柔軟性をもたせることが一般的である[17]。そして，労働時間の短縮は1970年代から80年代にかけて，主に労働条件の向上の一

---

15) EUでは1989年における労働安全衛生に関する指針にメンタルヘルスに関する内容が含まれている。これについては，下記のサイトを参照。
    http://www.jil.go.jp/foreign/labor_system/2005_11/eu_01.html（2018年8月17日）
16) 山本潔（1982）参照。
17) 各国の労働時間規制については，たとえば大内（2015）参照。なおアメリカにおいては，法定労働時間を超える労働への相当程度高い割増賃金によって規制する方法をとっている。

環として実現されていったが，80 年代から 90 年代にかけては，失業への対策＝雇用維持という機能も担うこととなった。また，近年では，EU レベルでの最長労働時間の規制が強められるなどの政策上の動きが観察されるが，その一方でドイツでの労働時間口座制度の機能に見られるように，柔軟な働き方の促進に向けた動きも強まっている[18]。つまり，労働時間政策には，労働者保護の観点からの長時間労働の抑制という方向だけでなく，柔軟な働き方の促進（それへの障害の除去）という側面もある。こうした諸側面は，雇用制度に内在する亀裂の問題に対応しているといえる。

　日本での労働時間規制で注目すべきは，日本的雇用システムが確立した当時の年間総実労働時間は国際比較上長かっただけでなく，その後も短縮される趨勢を見出すことができなかった点である。日本的雇用システムの内部からは労働時間短縮へのインセンティブが生成されていなかったのである。日本的雇用システムが長時間労働を伴ってきたことについては，いくつかの説明がなされてきた。たとえば，年功賃金制度・雇用保障への信頼維持のために正規雇用を狭めに設定して景気変動等には労働時間の伸縮によって対応してきたという説明が挙げられる[19]。また，割増賃金率の低さもしばしば理由とされるが，割増賃金率の高低が労働供給をどのように左右するのかは一定ではない。

　本書において長時間労働が是正されないどころか上昇に歯止めがかからなかった理由として重視するのは，労使関係と転職コスト問題である。労使関係の観点からは，労働組合が賃金問題に比較すると労働内容・時間の規制への指向が弱かったこと，組織構成上ホワイトカラー固有の問題への取り組みが遅れていたことなどを挙げることができる[20]。転職コストの高さは，定

18）　ドイツの労働時間口座制度の簡単な紹介としては，たとえば JILPT の下記のサイトを参照。
　　http://www.jil.go.jp/foreign/labor_system/2016/12/germany_01.html（2018 年 7 月 30 日）

19）　実証については，山本・黒田（2014）参照。なお，この考え方は，労働時間短縮に向けての公的介入への経営側の反対意見の中にも見られた。日本経営者団体連盟弘報部編『労働時間短縮と労務管理』1982 年を参照。

20）　この点に関しては，第Ⅲ部第 10 章で触れられる。

174　第9章　雇用関連政策

着を前提とした雇用諸制度が機能していることの裏返しではある。だが，このことはたとえば在職中の人的ネットワーク作りや職探しなどが低調であることと対応している。そして，転職コストの高さによって退職という選択肢が狭まることは，結果として労働者が長時間労働を受け入れざるをえないことにつながるのである[21]。

　ところで，1980年代半ばの労働基準法改定＝週40時間の法定労働時間の制定を境に，労働者全体の年間総実労働時間は低下傾向にあることはよく知られている。ただし，これは主にパートタイム労働者の増加の影響が大きく（図9-②），長時間労働者割合については，国際的にも高くとくに30歳代（男性）に多い[22]。また，90年代後半以降の長時間労働の中心は大都市のホワイトカラーであり，従来の中小企業のブルーカラーとは異なることにも留意が必要である[23]。このことは，日本的雇用システムの変容過程において長時間労働問題が解消されているのではなく，むしろその偏りが顕在化していることを意味している。関連して，成果主義管理の一環としての時間管理の緩和（とくにみなし労働時間制）は，短期的には長労働時間に帰結している場合も多いことに注目すべきである[24]。仕事量が調整されない中で人員削減や昇進昇格管理の厳格化が進行していることの帰結といえる。また，非正規雇用の急激な増加による管理労働の過重化や自由度の低い業務委託（名目的自営）の増大なども，日本的雇用システムの変容が労働時間短縮に結び付かず，むしろ逆の結果さえ招いていることの事例といえよう。

21）　樋口（2007）参照。転職コストとは，たとえば転職に伴う賃金水準の低下などのことを意味する。

22）　長時間労働割合の国際比較については，労働政策研究・研修機構「データブック国際労働比較2012」を参照。
　　http://www.jil.go.jp/kokunai/statistics/databook/2012/documents/databook2012.pdf（2018年7月30日）
　　また，年齢別長時間労働者割合（男性）については，内閣府・仕事と生活の調和推進室（2013）「数値目標に関する分析等について（案）」参照。
　　http://wwwa.cao.go.jp/wlb/government/top/hyouka/k_25/pdf/S3-1-1.pdf（2018年7月30日）

23）　山本・黒田（2014）参照。

24）　小倉（2013）参照。

4 生活維持機能の補塡　175

図9-②　パートタイム労働者比率の推移と年間総実労働時間

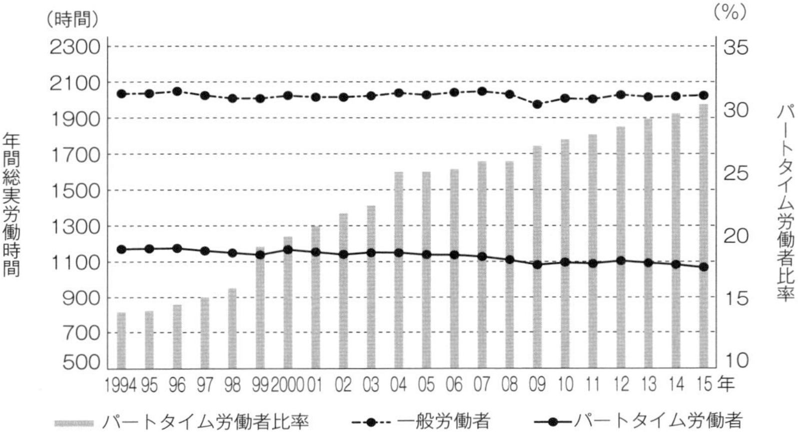

（時間）　　　　　　　　　　　　　　　　　　　　　　　　　　（％）

年間総実労働時間

2300
2100
1900
1700
1500
1300
1100
900
700
500

35
30
25
20
15
10

パートタイム労働者比率

1994 95 96 97 98 99 2000 01 02 03 04 05 06 07 08 09 10 11 12 13 14 15 年

▦▦▦ パートタイム労働者比率　　-●- 一般労働者　　-●- パートタイム労働者

注：事業規模5人以上。
出所：厚生労働省「毎月勤労統計調査」より作成。

　これらの問題に対する日本の労働時間政策・法制の対応力はきわめて弱かった。第二次大戦後の労働時間法制は，一日8時間という当時の実態から見ると比較的厳しい上限を設けたが，このことを一因としてさまざまな例外規定や「労使自治」への丸投げを伴うものとなった[25]。これに先述の労使関係要因が加わって，たとえば時間外労働に関するいわゆる36（サブロク）協定の形骸化が生じたのである。また，2008年の労働基準法改定は主に割増賃金率の引き上げであったが，上述の事態に十分に対応しているとはいえない。EUのいくつかの諸国と異なり絶対上限のある労働時間規制がなく，割増賃金率もアメリカほどは高くないという問題を抱えている限り，このような規制の実効性は低位であるという評価を免れないのである[26]。

　しかしながら，この状況を放置することは先に説明したメンタルヘルスを含めた労働災害の深刻化につながる。さらには女性雇用の増大によって家事

25）　大内（2013）を参照。
26）　本書脱稿後に，2019年4月から罰則付きの労働時間の上限規制を開始する内容を含んだ法案が国会を通過した。例外措置も含めた上限の水準や罰則の有効性などについては，今後検討する必要がある。

176　第9章　雇用関連政策

を負担する労働者割合が上昇していく可能性にも有効に対応できない。また，結果的には，ブルーカラーモデルの労働時間管理になじまない働き方へのルール作りを停滞させることにもつながるのである。

(3)　最低賃金政策

最低賃金政策は雇用制度にとっては外在的なものであり，強力かつ明確な公的介入でもある。したがって，包括的法定最低賃金制度のない国も存在し，整備されている国でも第二次大戦後での整備という事例が多い。また，制度の理念や水準でのばらつきも見られる（図9-③）。たとえば，フランスは高い水準のグループに，日本・アメリカは低い水準のグループに分類され，その差異は大きい。また，1960年代末の労働組合攻勢の結果として生成したフランスの法定最低賃金制度（SMIC）は，経済成長の果実を最低賃金水準に反映させることを企図した制度として異彩を放ってきた[27]。

最低賃金政策に関わって常に問題とされてきたのは，その目的と機能の乖離の可能性である。「高い最低賃金水準は雇用水準を低下させる」という命題は論争の中心であった。つまり，最低賃金の強制は労働需要を低下させ，その結果としての失業・貧困を生み出すというものである。この議論については，最低賃金導入に伴う相殺措置（福利厚生・無駄な経費等の削減）や，需要独占的状況の場合は一定の範囲内で雇用減を伴わない導入は可能であるといった有力な反論がある[28]。雇用喪失効果についての実証研究は途上にあるといえよう[29]。さらに，貧困対策としてはその効果が限定的であるという議論も見られる。本当の貧困者は就業すらできていないのであり，恩恵は中間層の子弟の場合も多いという内容である。ただし，低賃金職種から抜け出せない労働者が相当程度存在している場合には，その効果は高いといえるだろう。また，勤労所得税額控除（Earned Income Tax Credit）などの政策に比べると，所得の捕捉の困難性とは無縁であり財政上の制約もない[30]。

27）　SMICについては，たとえばJILPTの下記のサイトを参照。
　　　http://www.jil.go.jp/foreign/labor_system/2008_9/france.html（2018年7月30日）
28）　たとえば，Card and Krueger（1995）参照。
29）　論争の紹介については，たとえば川口大司（2009）参照。

図 9-③　最低賃金水準の国際比較と動向

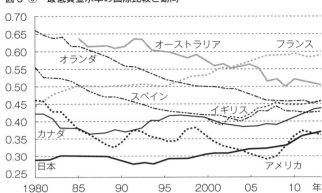

注：数字は，最低賃金水準／基礎的賃金の中位数（フルタイム労働者）。
出所：Stefano Scarpetta（OECD）(2014) 1st OECD/IZA World of Labor Seminar: Minimum Wages Impacts And Institutional Processes, OECD.

　1990年代後半以降に低賃労働者の出現度の上昇が顕著に観察されるようになったことによって，最低賃金制度の役割は高められたと考えられる。包括的法定最賃制度のなかったドイツでも，外国人労働者の流入や労働協約の適用率の低下といった労働市場・労使関係の変容に対応して，さまざまな改革が積み上げられ，2015年になって全産業対象の最低賃金制度が整備されることになった[31]。また，連邦最賃・州別最賃の水準の低いアメリカでは，自治体による生活賃金条例の制定によって，低賃金労働問題への対応が見られた[32]。近年の最低賃金制度については，周辺的労働者の生活維持への支援という政策に留まらず，雇用諸制度のあり方にも強い影響力をもつ包括的法定最低賃金制度に収斂していく趨勢にあるといえるのかもしれない。
　日本での最低賃金制度は，その確立が比較的遅かったことや水準が国際比

---

30)　OECD（1998）参照。なお，最低賃金制度はEITCなどの政策との併用を排除しないことにも留意する必要がある。
31)　ドイツ最低賃金制度の近況については，たとえば労働政策研究・研修機構の下記のサイトを参照。
　　http://www.jil.go.jp/foreign/jihou/2015/01/germany_01.html（2018年7月30日）
32)　生活賃金（Living Wage）条例についてはLuce（2004）参照。

較上低位であることはよく知られている。1947年の労働基準法28条の規定にもかかわらず，実際には59年に業者間協定としてきわめて不完全な形で生成した後，68年から審議会方式による整備が進行し，70年代に地域別最低賃金（＋目安方式）が導入されたことで，ようやく現在の制度に近い形になった[33]。すでに述べたように，その水準は平均賃金の30％程度であり，国際的には低いグループに属する。したがって，実際には主に労働需要の弱い地域でのパート賃金の下支えとして機能してきたといわれている[34]。

　こうした遅れや国際比較上の水準の低さには年功賃金制度も関係している。すなわち，年功賃金カーブを保つために，最低賃金水準が初任給水準に影響を与えることを回避する必要があったと考えられるのである。すでに強調してきたように，年功賃金制度の機能にとって，若年者の相対的低賃金の受容は重要な要素であった。別の角度から見れば，最低賃金制度が対象とする労働者は，あくまでも日本的雇用システムの中核領域の枠外者だったといえるのである。

　日本的雇用システムの変容過程で非正規雇用が増大し，雇用制度の生活維持機能の揺らぎが生じている。また，家族に働いている者が存在しているにもかかわらず相対的貧困線以下の所得で暮らしている者の比率は国際的に見ても高い[35]。これは，最低賃金制度を始めとして従来の諸政策が有効に機能していないことを意味する。このような状況の中で，最低賃金制度は，雇用システムの中核領域の枠外者を対象とした低水準の制度のままに推移することは許されないであろう。いかなる理念のもとで制度を立て直し，どのような諸制度との組み合わせで機能していくのが有効なのかが問われているのである。また，最低賃金制度は賃金水準への政策上の介入であり，その変革は労働需要や企業内賃金構造に影響を与えることになる。だからこそ，雇用システムの変容を促進することにもつながりうるのである。

33）　たとえば，四方・金井（2010）参照。

34）　労働政策研究・研修機構（JILPT）（2009）「最低賃金制度に関する調査──低賃金労働者の状況　資料シリーズNo.62」参照。

35）　相対的貧困とは，世帯の可処分所得を世帯員数の平方根で割った等価可処分所得が，全体の中央値の半分に満たない状況のことである。

5 雇用—非雇用状態の不連続性への対応
——支援と円滑化

(1) 失業者への支援政策①——失業保険制度を中心に

　雇用制度にとっては失業の発生は不可避であるが，失業状態が長期化することはスキルの劣化による再就職の困難化や貧困問題を発生させる。したがって，何らかの政策が要請されることになるが，具体的には失業救済事業，失業保険に関する政策，失業扶助制度などを挙げることができる。歴史的に見ると，失業者の生活維持のために政府が仕事を作り直接・間接に雇用する事業としての失業救済事業が先行した。仕事内容は，どのような経緯で失業した人でも対応できるように，低技能でも可能な労働集約的な軽作業・土木作業が中心である。このため，就労によってスキルは蓄積されず，いわゆる滞留問題に陥りやすい。失業救済事業は，救貧法的救済と就労経験による労働市場への再参入という二つの目的が混在した政策であるといえる。

　他方で，失業保険制度は失業救済事業と異なり，失業手当が給付される期間内での所得保障によってこの層の再就業を目的として出発した。たとえば，イギリスでの失業保険制度（1911年）での基本的考え方は，救済事業における低い作業効率と滞留への反省から，労働と救済を分離し個人の失業にそなえるために個人所得を時間的に再配分するというものであった[36]。他方で，ゲント（Ghent）方式と呼ばれる別の失業保険のルーツは，労働組合の共済機能に自治体が補助することで形成されたものであり，熟練労働者を中心として任意加入の組織によるものであった。この方式は北欧の失業保険制度につながっていく。そして両者とも，大きな流れで見れば，失業者に対しては直接仕事を分け与えることから所得保障をして職探しを支援することに政策の重点が移っていったことの反映であるといえる。また，いずれも，少なくとも出発点においては長期的失業に対応していたとは考えられない。

　しかしながら，失業保険制度の現実の展開過程においては，短期失業のみではなく長期失業を対象としなければならない事態も発生しうる。したがっ

---

36)　武田（1984）参照。

て，失業保険制度の一定の改革・整備やその枠外者を対象とした制度の発動による対応が必要とされたのである[37]。

　失業保険制度については，国による多様性に十分留意しなければならない。財源，給付水準と期間（配慮），拠出水準，管理主体，受給要件などは異なるのである。また，加入条件の差異は，受給者が失業者に占める割合にも影響を与えることになる。

　機能の面では，「労働者に寛容な失業保険制度は失業率を押し上げる」という命題が焦点となってきた。とくに高水準・長期の失業給付が求職態度を低下させ，結果として失業の長期化および高失業率を招くという論理は，一時多くの政策担当者に共有された[38]。実証上も給付期間終了付近で就職の決定が集中するといういわゆるスパイク効果の存在も認められているが，この命題の真偽および日本の事例への適用可能性に関しては慎重になる必要がある。失業保険制度の多様性をふまえると，どの程度の給付期間・水準の制度を対象に議論するのかで結論も異なることに留意しなければならないのである[39]。なお，公共職業紹介制度の運営においては，合理的理由もなく仕事の紹介を拒否したり，職探しが怠慢であったりすることにペナルティを科すという手段もしばしば選択される。さらに，寛容な失業保険であっても，高いレベルの積極的労働市場政策と結び付けば，失業の長期化にはつながらない可能性があることについては共通の認識が生まれていることにも注目する必要がある[40]。

　次に，失業扶助制度について説明していく[41]。日本ではなじみのないこの制度は，公的扶助（生活保護）と失業保険の中間的な制度といってよい。すでに見てきたように，本来失業保険制度は，長期失業への対応としては限

---

37)　大沢真理（1984）参照。
38)　OECD（1994）参照。
39)　橘木（2000）参照。また，非寛容的な失業保険制度は，ミスマッチを誘発し結果として失業発生頻度を上昇させる可能性も指摘できる。
40)　この認識の共有については，1990 年代後半以降のデンマークでの Flexicurity 戦略の成功の影響が大きい。OECD（2006a）参照。
41)　これについては，たとえば，労働政策研究・研修機構「データブック　国際労働比較」各年版参照。

界がある。したがって，その補填を公的な所得保障に重点を置いて対応する諸国においては，失業扶助制度が生成することになる。本制度は，典型的には失業保険給付期間が切れた者，したがって就業する意思と能力のある者を対象としている。公的扶助の性格から資力調査付きが多いが，給付期間は一定の年齢まで無制限の場合が多い。失業扶助制度を有する国は必ずしも多数派ではなく，ドイツ，イギリス，フランス等が代表的な国である。だが，失業保険の限界に所得保障で対応することのない国ではこうした制度は見られない。アメリカや日本はその代表例である。アメリカでの欠如は，従来失業期間が短いという特徴を根拠とし，労働市場の問題は労働市場で対応するという政策上の原則が貫かれていることの反映である。

さて，20世紀の雇用諸制度の揺らぎによって失業の長期化，さらには非労働力化の問題への対応が迫られている。従来のインサイダーの利害が強く反映された失業保険制度では対応に限界があるだけでなく，制度・政策への若年者の不信感も増幅されているのである。このような状況の中で，より広い意味での非雇用状態の人々を対象とした政策枠組みが提示され実践され始めている。その実践において積極的労働市場政策として総称されたり，後述するアクティベイション（Activation）政策として把握されたりしている政策の枠組みについては後に説明することとする。

(2) 失業者への支援政策②──日本での事例

日本の失業保険制度（雇用保険）は，国際比較の観点からは，給付水準と給付期間，拠出水準，受給要件，失業者に対するカバリッジにおいて，相対的に小さい制度であることはよく知られている。日本での低い水準の雇用政策は，"小さい失業保険"としても機能していたといってよいだろう。

日本の失業保険制度は，1947年11月に，緊縮政策下での大量失業を想定して成立した[42]。しかしながら，その政策の背後に流れる理念は，所得保障のもとでの職探しを可能にすることとは距離があったと推測される。実際，職を失った労働者については，主に公共事業と失業対策事業が機能していっ

---

[42] 菅沼（1991）参照。

182　第9章　雇用関連政策

たのである。この時期は，失業問題というより，むしろ日雇労働が問題の中心であり，これに対応した日雇失業保険という簡易な制度も作られた。その後の若干の改定後，75年には雇用保険と改称され，前身の事業を経て雇用安定事業が付加されることになる（77年）。また，84年には自発的失業者への給付開始の延期（1か月から3か月）の措置がとられた[43]。

　本書では，"小さい失業保険"と失業扶助制度を欠いていることを日本の失業政策の特質を考えるうえで重視している。また，日本の生活保護制度は，極力労働能力者をその保護対象からは排除するよう運用されてきたことにも注意する必要がある。このような諸政策から浮かび上がるのは，"労働能力のある失業者はすぐに仕事に就かせる"という政策上の理念である。労働者に寛容な失業保険による所得保障も，失業扶助や生活保護による生活支援も，その理念とは整合しないのである。

　"小さい失業保険"と失業扶助制度の欠如に対応して，失業への政策としては直接的な仕事の提供である失業対策事業・公共事業・雇い入れ助成などが積極的に展開されることになる。歴史的には，失業対策事業は第一次大戦後から失業救済事業として登場した。失業保険制度に先行しており，失業への政策の主流であった。留意すべきは，この時期においては，公共事業と分離されておらず，それが行われるのは，1949年の緊急失業対策法によってである。失業対策事業は，職安に登録した失業者を対象として自治体等が直接雇用する事業であり，請負は禁止された。仕事の内容は労務費比率の高い事業・単純作業であり，賃金水準は公共事業での賃金水準の最高～最低の枠内であることが原則とされた[44]。だが，次第に事業対象は高齢者・女性の比率が上昇し，都市単身高齢者（戦争未亡人等）の生活保障策へとその性格を限定的にしていった。そして，日本的雇用システムが生成する時期（71年）には事業への新規参入が禁止され，95年度に完全に廃止された[45]。

　公共事業は，建前としては失業への政策とは無関係であるが，特定の地域

43）　84年の改革の受給者割合への影響については，酒井（2012）参照。

44）　当初の失業対策事業をめぐっては，さまざまな紛争が頻発し治安対策的色彩も帯びていた。

45）　失業対策事業の歴史については，加瀬（2000）参照。

では失業者の吸収率を定めたことに明らかなように，失業への対策を目的として含んでいた。実際，その増減は景気の動向に左右されたし，その規模の大きさ（対 GDP 比の高さ）から見ても失業対策の中心的地位を占めていったといってよい[46]。他方で，事業が終了すれば雇用も終了する短期雇用であり，仕事内容も土木作業中心であることから，失業者がスキルを積み上げることは困難であった。失業者の雇い入れ助成策については，1960 年代の炭鉱離職者対策の中で大規模に展開され始めた。内容的には雇い入れ企業への賃金助成が主であり，その手法はその後の失業問題への政策手段として定着していった[47]。

"小さい失業保険"の問題が顕在化したのは，1990 年代後半以降である。失業の長期化や雇用保険枠外の非正規雇用の増大という，制度が予定していなかった事態に直面したからである。そして，失業者に占める雇用保険受給者の割合も低位状態が継続した。こうした状態に対して，失業への政策においては主に三つの方向での変容が進行している。第一は，雇用保険への加入条件の改定を繰り返し，非正規雇用労働者の加入を促す措置をとり始めた点である。第二は，雇用保険受給資格のない層に対して，生活援助と職業訓練を提供する制度である求職者支援制度を創設したことである。これは，広い意味では失業扶助制度に類似した制度であるといえる。第三は，失業対策事業の刷新である。公的資金によって失業者に対して直接的に仕事を供給する事業であるという点では，従来の事業と同じであるが，2000 年前後から始まった「基金事業」は，地域雇用政策として多様な展開（たとえば重点分野雇用創造事業）を見せていった。その中には，単なる失業者の一時的退避先として機能する事例もあるが，事業として継続しうる実質的にも公共的価値のある事例も散見されるのである[48]。

46） 樋口（2001）参照。
47） この政策については，その政策がなくても雇用されていた層の雇用に助成している可能性があるなど有効性についての疑問も残る。
48） 佐口（2010）参照。

184　第9章　雇用関連政策

(3)　雇用・非雇用間の円滑化政策①——公共職業紹介制度

　雇用状態と非雇用状態の間の移動を円滑化するための政策として，まず公共職業紹介制度から説明する。労働市場の仲介制度の必要が導かれる要因としては，労働市場における情報のコストの問題，あるいは情報の不完全性（しばしば非対称）の問題，さらには非合理的な集団的行動を生起させるリスクの問題などが挙げられる[49]。これらの問題が，労働市場での公正さの確保や労働者の生活維持という点で社会的に重要な損失をもたらす状況に至る場合には，公共政策による措置へと結び付くことになる。実際に，たとえばアメリカでは，悪質な私的エイジェントが求職側の情報の少なさを悪用するような行為に対して規制する必要から公共職業紹介制度が生成していた。労働者側の情報不足の補填という目的・機能を観察することができる[50]。そして，国際的には，第一次大戦直後にILO（国際労働機関）の第1回総会において，政府の無料職業紹介機関の設置を促進する条約が採択されている。

　1960年代になると，技術革新や産業構造の変化への対応が，公共職業紹介制度にも求められてくる。とくに完全雇用政策のもとでのインフレ抑止という政策課題は，成人労働者の流動化を推進する必要性を生み，公共職業紹介制度はその実現手段としての位置も与えられたのである。このような政策はすでに言及している「積極的労働力政策」として把握され，公共職業紹介制度は中心的存在となった。90年代後半以降になると，長期失業者や非労働力化層の増大，失業保険給付への過度な依存という問題の中で，公共職業紹介制度も改革の必要に迫られた。その中で，たとえば公共職業紹介制度の手法として注目されてきた手法として，Individual Action Plansが挙げられる[51]。これは求職者のニーズ・知識や経験を担当者が明確にすること，そして求職者の遂行への約束と責任を前提として就職への行動計画を作成させていくという手法である。失業保険給付への依存の回避と求職者の実情に即したきめ細かい紹介との両立を目指す仕組みであるといえよう。また，アメ

---

49)　Autor（2009）参照。

50)　Lee（2009）参照。ドイツの事例では，公的職業紹介機関に労使の運営委員会が設けられ，労働市場での公正さの実現が目指されていた。武田（1984）参照。

51)　佐口（2012）参照。

リカなどでの NPO を含めた多様な主体による仲介組織の展開も注目される[52]。

　さて，日本における職業紹介は，法的には求人・求職を受け付けて雇用関係成立を斡旋する事業として定義付けられる。具体的組織としては，公共職業安定所，民間職業紹介（営利・非営利）機関，地方自治体，学校などが職業安定法で紹介権を認められている。なお，登録型派遣事業も実質的に職業紹介を行っていると見なすこともできる。

　日本の公共職業紹介関連支出の GDP に占める割合は，国際比較上高いとはいえない[53]。第二次大戦前においては，1930 年代に公共職業紹介事業の進展が見られ，営利職業紹介（主に周旋屋）の禁止措置もとられた。そして 47 年の職業安定法によって，公正な職業紹介の実現を目的として労働者供給事業の否定が掲げられたことはすでに説明してきた。だが，GHQ が主導した公共職業紹介中心主義は中途半端にしか実現しなかった。60 年代には，労働省周辺では，「職種と能力に基づく近代的労働市場」への転換，労働市場の流動化促進策が模索された。換言すれば，日本版の「積極的労働力政策」である。この構想のうちのいくつかは炭鉱離職者対策に生かされた。たとえば，公共職業紹介（失業保険）と公共職業訓練との連携の強化である。また，より一般的な形としては職業転換に関する個人への給付金（職業転換給付金制度）の充実の動きとして観察することができるのである。

　しかしながら，実態としての職業紹介を見ると，若年者対象の新卒一括採用制度は一貫して継続し，新規高卒・新規大卒採用での公共職業紹介の機能は限定的であった。また，「近代的労働市場」の構想も，第一次石油危機後の対応の過程で霧散していった。むしろ，日本的雇用システムのもとでの公共職業紹介は，中核領域から除外され労働市場で不利な立場に置かれている利用者にとっての最後の砦として機能していたといえよう。このことは，入職経路別でのハローワークの利用率の低さや非効率性として把握されることになる[54]。また，マッチング効率[55]の「低さ」への指摘とも相まって，ハ

---

52)　事例としては，Fitzgerald（2006, 邦訳 2008）参照。
53)　岩田（2009）参照。
54)　関連する研究として，児玉他（2005）参照。

186　第9章　雇用関連政策

ローワーク民営化論の根拠ともなっているのである。さらに，先に挙げた公共職業紹介関連支出の低さは，人員の少なさに直結していることにも留意しておく必要がある。

　ところで，日本でも公共職業紹介制度での変容の兆候がないわけではない。一つの契機は，2005年に開始された生活保護受給者等就労支援事業である。これは，自治体の福祉事務所とハローワークが連携して，働く意思と能力のある福祉受給者に訓練・紹介サービスを提供して就業に導く仕組みである。この事業の成果については，地域による多様な保護層が存在していることなどを考慮しなければならないし，正規雇用等の「よい仕事」への就職の困難が観察される。だが，その一方で，求職者個別の事情に内在した紹介やオーダーメイドでの求人開拓など，従来の"求職態度の確立"を前提とした職業紹介とは異なる動きの萌芽も見られる[56]。このような萌芽は，若年者を始めとした他の就労困難者への支援事業においても観察できることである。

⑷　雇用・非雇用間の円滑化政策②——公共職業訓練制度

　公共職業訓練制度の展開は公共職業紹介制度に比べると遅れていたといえる。だが，人的資本の蓄積が個人で負担できず，そのことが社会的損失を生み出すような場合，あるいは特定の職業の訓練が地域産業の育成・強化に特段の効果がある場合などでは，公的な職業訓練制度に合理性を見出すことはできる[57]。

　多くの先進諸国にとって，この領域での一つの転機が，先述の1960年代の「積極的労働力政策」である。技術革新への対応と流動化促進のための訓練は，社会レベルのみでは対応できなかった。その中で，さまざまな形での公共職業訓練制度が整備されたのである。アメリカでも公的訓練への指向が強まり，主に若年者の雇用問題への対応として公的訓練が整備された。しかしながら基本的には，公共職業訓練政策は貧困対策へと流れ込んでいった。

---

55)　たとえば，就職率，求職期間，転職後賃金などがその指標となる。

56)　この時期の就労支援事業については佐口（2006）参照。なお，近年は，生活保護受給者等就労自立促進事業として展開している。

57)　岩田（2009）参照。

なお，アメリカの公共職業訓練については，その評価が困難であることを前提にではあるが，期待された効果が観察できないという議論も見られる[58]。また，90年代初頭のクリントン政権による公的訓練についての模索も，経営側の協力が得られなかったこともあり失敗に終わった[59]。

　ドイツでの職業訓練におけるデュアルシステムは，その直接のルーツは19世紀後半の営業条例に遡ることはできるものの，法的な意味での体系化・明確化は1969年の職業教育法によって実現されたといえる[60]。職業教育に関する国の権限から始まり，訓練職種の法的な地位，職能団体の出す試験の規制の法的性格などが明確となったのである。なお，職業訓練への公的機関の関わりの度合いと初期訓練への企業の関わりの度合いを考慮すると，双方とも低いアメリカ・イギリスのグループと前者・後者とも高いドイツの差異が顕著に浮かび上がる。ノルウェー・スウェーデンなどは公的機関の関わりの度合いが高く，企業の関わりが低い。日本は，公的機関の関わりが低く，企業のそれは高いグループに入る[61]。

　ところで，先進諸国において近年のこの領域で注目される動向は，格差問題への対応と高度の技能養成の必要性への対応である。アメリカでは，大学への進学という事実上の若年者雇用対策のスキームが崩れてきていることへの対応として，1990年代から若年者が高等学校を修了した後に一定のスキルを習得し仕事を得るというようにキャリアを重ねられる仕組みが地域のNPO等を基軸に模索されている。これには，地域でのさまざまなステイクホルダーが関与する。しかしながら，中核となるべきコミュニティカレッジも有効に機能していないという問題もあり，こうした対応措置の効果については不透明である。また，ドイツでのデュアルシステムは，サービス化の展開の影響もあり訓練機会の減少に直面している。とくに若年者内部での良好な訓練機会に関する格差の広がりへの対応力は高いとはいえない[62]。

　従来の日本の職業訓練においては，企業内養成（継続的体系的OJT）の位置

58）　これに関しては，たとえば橋本・樋口（2005）参照。

59）　Thelen（2014）参照。

60）　Greinert（1995，邦訳1998）参照。

61）　Thelen（2014）参照。

付けが高かったため，公共職業訓練は離職（失業）者対策あるいは中小企業の企業内訓練への支援に重点が置かれてきた。繰り返しになるが国際的位置付けでいえば，公共機関の関わりは弱く企業の参加の度合いは高いグループということになる。ただし，先進諸国での政策上の重点が次第に初期訓練から継続的訓練に移行してきたことをふまえると，日本的雇用システムのもとでの職業訓練のあり方の一定の合理性を指摘することもできる。なお，若年者については，新卒一括採用制度から除外された一部の層を対象としてきたのであり，この性格は移行期①のあり方に対応しているといってよい。

また，日本での公共職業訓練での施設内訓練の成果は，表面的には決して低くないことにも注意が払われるべきである。このような施設（たとえば自治体の職業訓練機関）は，訓練設備・内容の充実が見られるだけでなく，職業紹介権を有し，教官の人的ネットワークを活用した就職斡旋の機能を担っていることがその要因と考えられる。こうした成果は離職者訓練だけでなく新卒の若年者訓練においても観察される。ただし，このような訓練施設には雇用可能性の高い層が集中しているというバイアスの可能性もあることに留意する必要はある。

近年，地域雇用政策の展開に伴って，公共職業訓練においてもいくつかの新しい展開が見られる。地域特性に関わっての事業（たとえば，導入訓練，新技術へのキャッチアップ）が企業の枠を超えて模索され始めていることはその一例である。また，若年者を始めとする就業困難者への訓練も一定の積み重ねが見られる。ただし，関連分野との連携で大きな変革や模索が進行しているとはいえず，総体としては環境条件の変化への対応が遅れている領域といえるかもしれない。とくに，実際の雇用に直結しうる訓練となっているのかという問題が存在しており，どのような主体が連携していく必要があるのか

62） Thelen（2014）参照。なお，EU 諸国においては，EU レベルでのさまざまな仕組みを利用した（たとえば，Youth Guarantee 2013），すでにあるアプレンティスシップ型の訓練の刷新や，EU レベルでの労働移動を促進するメカニズム（EURES portal）の構築とその改訂が進行している。アメリカにおいては，連邦レベルのファンドは Youth Opportunity Fund，地域での事例としては，Philadelphia Youth NetWork 等が挙げられる。

が問われている。

6 新しい雇用政策の展開

(1) 把握の仕方

近年の雇用政策の展開については，さまざまな性格付けが行われてきた。最もよく知られているのは，積極的労働市場政策である。すでにふれていることではあるが「積極的労働力政策」という術語は主に 1950 年代後半から60 年代の産物であり，積極的労働市場政策は主に 90 年代後半以降の諸政策に当てはめられた術語である。構成する政策には重なる部分が多く，主に公共職業紹介・公共職業訓練・雇い入れ助成に関する政策である。他方で，政策の背景の差異を反映して対象は同一ではない。前者は完全雇用状況の中での成人男性の流動化が主な目的であり，後者は社会保障制度と雇用諸制度の相互補完関係の揺らぐ中で長期失業者や非労働力化した層（女性・若年者も含めて）を主な対象としている[63]。

次に，「福祉から就労へ」（Welfare to Work）政策も，1990 年代から注目され始めた政策である[64]。これは，雇用と社会保障の諸制度の相互補完関係が動揺する中で公的扶助制度の役割が浮上する一方で，それが十分に機能しないことへの対応である。具体的には，財政上の制約と福祉依存の問題として現象してきている[65]。公的扶助制度そのものについていえば，その旧態依然としたあり方が問われたのである。「福祉から就労へ」政策は，文字通り福祉の受給から雇用─就業しての「自立」に導く政策であるが，一つの典型がアメリカでの TANF: Temporary Assitance for Needy Families（96 年）である。これは，従来の要扶養児童家庭扶助（AFDC: Aid to Families with Dependent

---

63) 積極的労働市場政策の効果は，短期的には必ずしも明示的ではないが，2〜3 年で女性と長期失業者について成果が観察されるといわれている（Card, Kluve, and Weber 2015）。

64) 佐口（2012）参照。

65) ここでの福祉依存とは，就労してもそれによる収入の一部（あるいは全部）を福祉手当から減額されるため，結局就労しないという選択に陥ることを指す。

Children）の手厚さとそれへの依存を払拭するために，強い就労促進の措置を設けたものである。具体的には，たとえば受給期限と受給資格の制限を設定し，制裁措置によって「就労活動」の義務の履行（訓練受講も含む）を強制するものである。ただし，福祉受給への依存から就業に導くという発想や政策そのものは必ずしも新しいとはいえないことにも留意しておく必要がある。また，この政策は内部に矛盾を抱え込んでいるのであるが，この点については後述する。

次に注目すべきは，ワークライフバランス政策である。この政策は，1990年代後半のイギリスでの政権交代後に浮上し注目されてきたが，日本でも憲章が設定され，数値目標も決められている。具体的には，高齢者・女性の就業率上昇，労働時間短縮，第一子出産前後の女性の継続就業率・育児休業取得率の上昇などに関する指標である。だがこれらの指標だけからは，ワークライフバランス政策＝労働時間政策＋女性政策・高齢者政策，となり，その新しさは個別の政策に解消されてしまうことになる。この政策についても，その中の新しさを見出す作業が必要となるのである。

以上のように，1990年代後半以降に顕著となった雇用政策についてその新しさを無前提的に強調することはナイーブすぎるであろう。ここでは，これらの雇用政策の何が新しいのかを，雇用諸制度が直面してきた変容との関わりを意識して指摘していきたい。具体的には，「福祉から就労へ」政策に関連してアクティベイション（Activation）政策を，ワークライフバランス政策に関連して両立支援政策を取り上げて日本の事例にも触れながら説明することとする。

(2) アクティベイション政策

先述のように，「福祉から就労へ」政策はその自身のうちに矛盾を抱える政策である。効率的行政を使命とする福祉官僚制と個別的な信頼関係の不可欠な自立支援との矛盾である。また，この政策の目的である安易な福祉への依存を防止し受給者の低減の実現を図ることは，他方で制度を利用する能力に欠けるような最も弱い立場の人が制裁を受けることにもつながりうる。さらにこうした層を放置できない以上，どこかが救済する必要が生まれるので

ある。

　ここで注目すべきは，公的扶助対象者だけでなく長期失業者，若年無業者，高年齢無業者等も含めた層への対応が求められていく中，「福祉から就労へ」政策に関連する政策はアクティベイション政策として包括的に把握される場合も見られることである。そして，アクティベイション政策の実現のために，公共職業紹介・公共職業訓練・雇い入れ助成等の積極的労働市場政策の内実を形成する諸手段が配置されるのである。近年の公共職業紹介制度に見られる施策の一つが，Individual Action Plans という方法であることはすでに述べた。具体的には，対象者を単なる救済の受け手だけではなくその自主性を引き出すことにも重点を置いた方法である。これは先に述べたように就労支援の抱える矛盾への対応として位置付けうる。

　だが，実際に進行している施策はこれに留まるわけではなく，対象者への支援をより包括的に行うことも展開している。具体的には，職探しに必要な交通手段・保育への支援の整備，履歴書の書き方やインタビューでの対応の訓練等が図られている。自主性を引き出す条件整備をきめ細かく行うことと言い換えることができる。こうした展開が進行することは，単に非労働力化した層を就労に無理に駆り立てるというよりも，結果として真に就労にとって困難な要因が積み重なった層を浮き彫りにしその層にふさわしい固有の対応につながっていく可能性を帯びている。この可能性についての実証は今後の課題だが，1960 年代の「積極的労働力政策」といわれた時期には見られない新しい現象であることは指摘できるのである[66]。

　次にこれに関連する日本での政策の展開について説明していく。現在の日本での公的扶助制度は，第二次大戦後の生活保護法（1946 年制定，50 年改定）に基づいているが，その後の政策の展開の中で強い選別機能が付与され，労働能力者は給付の対象から事実上排除されていくことになった。このことは，給付の主な対象を少数の特別な層に限定していったことを意味する。しかしながら，貧困といっても，ホームレス・寝たきりの孤老・シングルマザー・

---

[66]　以上の政策をより包括的に表現しているのが，欧州委員会の社会的投資（social investment）という考え方である。これについては，下記のサイトを参照。
　　http://ec.europa.eu/social/main.jsp?catId=1044 & langId=en（2018 年 7 月 14 日）

192　第 9 章　雇用関連政策

一時的失業者等々その内容は多様である。日本の公的扶助制度は，こうした貧困の多様性に対応することを軽視する形で進行したのである。

　しかしながら 1990 年代後半以降の非正規雇用の急増は，日本的雇用システムと貧困問題との断絶の関係を大きく変えることになる。この層にとっての正規雇用化への確率の低さと低賃金状態の長期継続の確率の高さによって，広義の貧困問題は，政策として正面から対応すべき問題となったのである。さらに，業務委託などでの労働者宿舎への依存は，失職と住居の喪失を結び付ける事態，すなわち極貧状態にも直結することになった。また，労働市場での最底辺という点では，これらの事態に先行して，建設日雇労働市場の変化が最後の受け皿・緩衝帯としての「寄せ場」の機能を低下させ，「ホームレス」という晒された貧困を生み出していたことも付言しておく[67]。

　以上の変化を一口で表現すれば雇用問題と貧困問題の直結であり，ここには従来の構図とは明確な不連続性が認められる。そして，非正規雇用の増大による低賃金状態の継続は，日本の In-Work Poverty 比率の国際比較上の高さという数字と整合的である。つまり，貧困＝無就業家計ではなく，家族に就業者が含まれていても家計が貧困である者の割合が高いのである。また，母子世帯の母親の就業率の高さにもかかわらず相対的貧困率がきわめて高いという事態，子供の相対的貧困率が高いという事態とも対応している[68]。

　しかしながら，従来の日本での政策上の対応は，非正規雇用での労働条件の向上そのものではなかった。正規雇用と非正規雇用の処遇の均等化や最低賃金水準の抜本的引き上げは選択されてこなかったのであり，重点は長期失業者や非労働力化した層の就労促進に置かれてきた。正規雇用労働者の地位低下につながる施策は回避されてきたと換言できよう。

　重点が置かれた長期失業者などへの対策としては求職者支援制度が設けられたことはすでに説明した。また，非労働力化した層に対しては，生活保護

---

67)　寄せ場の変容過程については，島和博「労働市場としての釜ヶ崎の現状とその変容」参照。
　　　http://www.kamamat.org/yomimono/ronbun/simakiyou.pdf（2018 年 7 月 30 日）
68)　市場所得からの貧困削減率の低さ＝再分配機能の問題も存在する。大沢真理（2013）参照。

受給者等への自立（就労）支援事業・各種若年者就労支援事業を始めとしたいくつかの「福祉から就労へ」政策，アクティベイション政策が行われてきた。これらの事業は，地域での関連諸組織の連携や貧困の多様性への対応などにおいても一定の進化を遂げてきた。とくに個別の対象者の抱える事情に内在した相談と職業紹介の充実を図る諸施策には，萌芽的ながら"福祉と雇用の融合"という性格を帯びた新しさを見出すことができる[69]。

他方で，仕事へと誘導する政策が進行することは，安定的で生活可能な賃金を享受できる仕事を確保する保証がないという問題を浮上させる。これは，多くの先進国でも直面する共通の問題ではある。とくに，"ともかく職に就かせることを優先させる"という政策理念に基づいてきた日本の雇用政策にとっては，その根本的な変革を迫られる事態であるといえる。

(3) 両立支援政策

繰り返しになるが，仕事と家庭の両立への支援政策は，本来は対象となる性別とは関係がなく，それ自体に意義を求めるべきものである。しかし，現実には女性が主な対象となり，とくに日本では出生率と労働力率（あるいは就業率）の関係によって注目されてきたといってよい。具体的には，両者の相関関係が負から正へと転換した事実を指し，政策的には"少子化問題の解決のカギは女性が働くこと"という形に変換されたのである。この転換は，福祉国家の諸政策の進展により先進諸国の出生率の全般的低下が前提としてあり，そのうえで女性の労働力率上昇が出生率に与える負の効果が，仕事と家庭の両立度が高い（ジェンダー関係における平等度・出産育児へのサポート度が高い）場合にはそれによって低減されることで生じた可能性がある[70]。したがって，南欧や日本などのような両立度が低い諸国では出生率の落ち込みが大きくなる。

両立支援政策が出生率の低下への歯止めとして機能しているという点で，最もよく知られているのが，北欧方式といわれるものである。そこでは，児

---

[69] むろんこれは萌芽的段階であり，訓練の内実には幅があるという問題は軽視できない。

[70] この仮説に関する議論としては，山口（2005）参照。

194　第9章　雇用関連政策

童手当（ユニバーサルで資産・所得での差別はない），出産・育児休業制度，保育サービスの三本柱がすべて充実している[71]。これに対して，アメリカでは育児期の休業補償は低いものの，民間主体の家族支援サービスが充実していることがこれを補塡している。女性の賃金水準が比較的高いことは保育の相対価格が低いことを意味し，このことは高学歴・専門的職業の女性の出生率も低くないという事実とも整合しているのである[72]。

日本での事例では，日本的雇用システムの確立後の1970年代後半から主に20歳代後半の女性の未婚率の上昇，初婚年齢の上昇が見られ，晩婚（産）化が進行した[73]。とくにその後増加した大卒女性は，結婚・出産において継続就業か離職かの二者択一に直面したと考えられる。彼女らが獲得した「よい仕事」は，家事負担等を女性に委ねることを前提とした「男性用の仕事」だからである[74]。関連して，結婚による離職率が高い都道府県ほど非婚化・晩婚化傾向がより強いという事実も観察されている[75]。

両立支援策としては，他の施策に対して育児休業制度の拡充が先行しているものの，とくに男性の利用という点で大きな問題を抱えている。さらに，すでに述べたように男女格差の是正策を欠いた両立支援策には，不本意なマミートラックへの誘導という陥穽が待ち構えていることにも留意する必要がある。

両立支援政策を形成する個別の政策自体は，新しいものと見なすことはできない。しかしながら，本書ではこれらの体系化への指向が女性の雇用労働者化の進展の結果であること，そして少子化という事態と関連性をもって展開していることに注目している。つまり，両立支援政策が展開している背景には，男女を問わず家事負担労働者が増加せざるをえないこと，さらには「生活の質」への意識が高まっていることが存在する。そして，こうした事

71）　津谷（2006）参照。

72）　大関（2006）参照。

73）　和田（2006）参照。

74）　日本における大卒女性の就業率の低さ，女性管理職比率の低さなどの問題も対応している。

75）　宇南山（2010）参照。

態への積極的な対応を欠いては雇用も社会保障も制度として成り立たない事態を招きかねないのである。また，仕事と家庭の両立と男女間雇用均等化を双方とも実現するには，従来の男性の雇用のあり方の変革が不可避となる。別の表現をすれば，両立支援政策の徹底は，男女を問わず雇用制度のもとでの働き方の大きな変革につながりうるのである。これは，雇用制度の拘束性が，今後の仕事と家庭のあり方の変容に対応できなくなっていることの反映と位置付けられる。性別役割分業規範の強さと結び付いて雇用システムが機能し，長らく政策上の大きな変革は生まれてこなかった日本もこの趨勢の例外ではない。

7　日本の雇用政策の特質と変容

(1)　特　　質

　日本の雇用政策の特質を，"水準が低く日本的雇用システムを補塡することを主な機能としてきた" と把握することに対しては，本章での検討をふまえると，いくつかの点を追加しておく必要がある。

　第一は，正規雇用中心主義①・②が機能することの優先である。直接雇用・非正規への規制の欠如や男女間雇用差別問題への公的規制の弱さ，最低賃金水準の低さなどがその反映と見なすことができる。このことに対応して，日本的雇用システムの中核領域の枠外者に対象者を限定しつつ機能している政策が多いという特質にも注目すべきであり，これが第二の点である。公共職業紹介や公共職業訓練制度，最低賃金制度の対象者についてそれが該当するといえる。これは，日本的雇用システムにおける正規雇用労働者とそれ以外との分断性と対応しているが，見方を変えれば，限定された対象者については，政策は一定程度機能していたことになる。第三は，"現職に留まらせることを優先し，離職を余儀なくされた場合には仕事に就かせることを優先する" という理念に政策の重点が置かれているということである。雇用調整への助成政策や失業者への政策にそうした点を見出すことができる。第四は，法律上の建前と実態とのギャップが存在しても意図的に放置する点である。このような政策のあり方は，労働時間政策や間接雇用・非正規への政策に見

出すことができる。また，定年年齢と公的年金支給開始年齢とのギャップの放置もその表れである。問題の処理は極力社会レベルでの合意に委ね，必要があればそれを攪乱しない限りで支援するという方法が選択されてきたのである。

以上のような日本の雇用政策の特質は，1960年代後半から70年代初頭の「近代的労働市場」の構想に見られるような選択の時期，そして80年代の諸政策の繚乱の時期を通じて打刻されてきたのである。

(2) 変　　容

2000年前後からの日本の雇用政策には，従来の政策からの不連続な変化（変容）を相当程度認めることができる。

その一例が，第Ⅱ部において指摘してきたように，公的年金制度との調整の結果として，高年齢者雇用への規制強化が進展していることである。この規制強化は雇用システムにとっては外在的要因によって生じているが，その政策意図とは関係なく雇用システムの変容を促す可能性を帯びている。また，労働契約法の改定も有期雇用労働者の無期雇用化の進展を促すことによって雇用システム全体の変容と連動している。また，従来の雇用調整制度の変容を促しうるものとして，雇用調整に伴う労働移動の促進への政策の移行が模索されつつあることも指摘できる。これらは，日本的雇用システムを構成する雇用諸制度の変容に直接的に関わっている。

さらに，雇用保険対象者の拡大や失業扶助制度に類似した求職者支援制度の導入など，方向としては"小さい失業保険"（＋失業扶助制度の欠如）からの脱却へと向かいつつある。また，従来は見られなかった貧困問題への雇用政策からの直接的対応も進展している。とくに，非労働力化している層（貧困者およびその予備軍）へのアクティベイション政策には，従来の労働市場の仲介制度には見られなかった要素を見出すこともできる。

従来の日本における雇用政策と社会レベルでの雇用システムの実態との関係が，前者による後者の補填もしくは前者による後者の意図的放置が主であったことと比較すると，以上述べてきた諸相には，従来の雇用政策からの不連続性を見出すことができるのである[76]。

7 日本の雇用政策の特質と変容　　197

> **本章のポイントのチェック**
>
> A　なぜこれまでの日本の労働時間法制では長時間労働という実態を改善することができなかったのか？
>
> B　最低賃金制度は貧困問題の解決に貢献することができるのか？
>
> C　日本での「小さい失業保険」とはどのような意味か，そしてなぜそれが機能しえたのか？
>
> D　福祉依存の問題とは何か，またなぜこの問題が近年顕在化してきたのか？
>
> E　「福祉から就労へ」（Welfare to Work）政策が直面せざるをえない限界とは何か？
>
> F　「積極的労働力政策」と積極的労働市場政策との差異は何か？
>
> G　日本の雇用政策の特質を具体的な政策に言及しつつ説明せよ。

---

76)　男女間雇用差別への規制政策や労働時間規制に関わる政策については，本書執筆の時点においては他の諸政策に比べるとダイナミックに展開しているとは表現できない。ただし，現時点がこれらの領域の変わり目であることは事実である。

第10章

労使関係

　本書での労使関係とはいわゆる集団的労使関係を意味する。また，制度の枠組みとしては団体交渉と労使協議に注目する。まず20世紀において労働組合が制度上機能しえてきた理由を明らかにし，それをふまえて主に日本での団体交渉・労使協議の両制度を軸に説明する。第Ⅱ部においても日本的雇用システムの確立や機能に対する労使関係の影響に言及してきたが，ここではそれを労使関係の側から見ていくことになる[1]。

> **キーワード**
>
> 労働組合の規制力，団体交渉制度，労使協議制度，苦情処理制度，産業別組合，企業別組合，春闘方式，労働組合の組織率低下，個別紛争処理制度

---

1)　ノンユニオン企業の労使関係に関しては本書での分析では限界がある。ただし，労使関係制度のあり方やそこでの労働条件はノンユニオン企業に影響する場合もあることに留意する必要がある。

200　第 10 章　労使関係

1　何をどう扱うのか？

(1)　労使関係と 20 世紀の労働組合

　労使関係の定義はきわめて多様であるが，本書では"労働者集団からの代表性を有した主体と経営側が交渉・協議する関係"と定義しその視点から叙述していく。この意味での労使関係を，雇用制度の目的から直接導き出すことはできない。ただし，雇用制度にとっては，労働者のコミットメント獲得の手段としての生活の維持や公正さの実現は必要である。したがって，生活維持や公正さなどの問題に関わって，経営側の機会主義に対する労働者側からの規制が機能する余地が存在することには留意しておく必要がある。

　また，20 世紀の雇用諸制度の中では，労働者（主に成人男性）は生活の維持を相当程度保障され，能力を発揮する主体として位置付けられた。したがって，労働組合をルールの担い手として承認すること，およびそれによって成り立つ労使関係と 20 世紀の雇用諸制度との整合性を見出すことはできる。

　他方で，労使関係の制度的な枠組みにおいて，労働組合は雇用制度における生活維持機能の向上を追求することになる。よって，この過程においては労働供給の不特定性への抑制や確定性への阻害など雇用制度の目的に抵触する問題でのコンフリクトが生じる可能性もある。労働組合は，先の叙述とは裏腹に潜在的には雇用諸制度と必ずしも親和的ではない要素を有しているのである。

　このように，20 世紀の労働組合は，経営側にとっては二つの顔を有していた。ルールの担い手としての顔とルールをめぐってのコンフリクトの発生源の組織としての顔である[2]。そして，雇用諸制度は，労使のコンフリクトと妥協の過程をくぐることで，労使が当事者であることを自覚しその知恵が反映された制度（＝生きた制度）となっていったのである。

---

　2)　しばしば指摘される労働組合の二つの顔とは，"独占の顔"と"民主主義の顔"である。これについては Freeman and Medoff（1985，邦訳 1987）参照。

労働組合の要求の実現手段としては，たとえば，熟練労働者の職業別組合の場合であれば，要求を受け入れない企業を集団的に退出する方法，職業や産業にとらわれない不熟練労働者の一般組合であれば社会的圧力を政策に反映させるという方法が挙げられる。20世紀の典型である産業別組合の場合は，団体交渉と労使協議という制度をとった。この場合，20世紀において，主に企業内で養成される半熟練という技能を有する労働者が数多く出現したことは，彼らの団結組織の規制力の源泉の一つとなった。熟練労働者のような労働供給制限による規制力はないが，不熟練労働者のようにすぐには代替されない性格の技能を有することが規制力の源泉の一つとなるのである。半熟練労働者の交渉の手段は，ストライキを背景としての団体交渉となるが，それを有効ならしめるために団結組織は産業別になる。技能の類似する労働者を組織化してストライキの際に容易に代替させられることを回避するためである。また，産業レベルで賃金水準などでの社会的標準を作り，企業に反映させることも可能となる。このような規制力は，大量生産方式やそのもとでの技能養成のあり方といった構造に基礎付けられて発生しうるパワーと表現できるだろう[3]。

(2) 政治的要因

20世紀において労使関係の枠組みが法認されていく過程では，政治的要因が先行していた。歴史的には，労働組合は雇用諸制度との親和性の延長線上というより，社会主義運動への対抗措置として政府に法認されたといってよい。対抗措置といっても，経営側に支配されたいわゆる御用組合が対置されたわけではない。むしろ労働者の自発的組織こそが社会主義運動に真に対抗できる存在と見なされたのである。したがって，労働組合は広義の社会主義者を含めた雇用諸制度に非親和的な勢力の一定の浸透という緊張関係を内在させてきた。この層を単純に排除することは，組合民主主義や労働者間の相互信頼関係の維持のためには選択されなかったからである。そして，この

---

3) 以上の理解は，基本的には氏原正治郎以来の日本の制度派労働研究の成果に基づいている。

過程で労働組合は組織内の多様性を維持し，そのための連帯の力を培ったといえる。

この結果，経営側から見れば，20世紀の労働組合は日常の秩序から逸脱する勢力を内在させる可能性のある組織でもあり，その行動を予見することの可能性は高くない組織となった。労働者の自主的な組織である限り，特別のミッションをあらかじめ定められているわけではなく，それがどの方向に向かうのかは自明ではない。そうした意味で不確実性の高い組織であっても経営側はあえて承認したのである。そして，この不確実性を帯びるという性格は，先述の構造的に発生しうる規制力とは別に，労働組合にもう一つの規制力の源泉を付与することになった。

ところで，多くの先進諸国においては，20世紀の労働組合は福祉国家やその後の雇用・社会政策の生成に関わった。このことは，失業者への保護的政策や雇用保護法制など諸政策の内容に影響を及ぼすことになる。よって，結果として生成した福祉国家のもとでの政策体系は，広い意味で労働組合の規制力に有利に働く源泉と位置付けられる[4]。同時に，労働組合に組織化された労働者は，20世紀の長期的雇用を享受してきた層であり，自らの利害を反映させたルールを労使関係の中で進化させてきた。その意味では，労使関係とそれを担う労働組合は，インサイダーとしての労働者層を作り出す装置としても機能してきたのである。

(3) 団体交渉制度・労使協議制度・苦情処理制度

労使関係の制度面での基本的な枠組みは，団体交渉制度と労使協議制度である。団体交渉制度では，一般的には利害対立が明確な賃金水準や労働時間などの労働条件事項について交渉が行われる。交渉が妥結すれば労働協約となるが，決裂すれば労働組合のストライキに直接つながる。ここでは，労使は固有の利害をもった主体として交渉を行うことになる。なお，ドイツのような労使双方に産業別組織が存在する場合は産業別の団体交渉が主な形態と

---

4) McCormic and Hyman（2013）参照。なお，（産業別）労働組合は，ストライキを行っても威力業務妨害などの罪に問われないという意味で特別な法的地位を与えられている。

なり日本の場合は企業別となるが，この中間の形態も存在する[5]。

これに対して，労使協議制度では労使の対立が必ずしも明確ではない経営生産事項を協議する。経営情報の共有，雇用関連の制度改変，労働条件に関わる日常的調整などである。協議の水準は，労働者側が単に経営側から情報を提供される協議から事実上労働者側の同意を必要とする協議まで幅が広い。なお，この制度の場合は，元来労使は組織内での利害を共有するものと位置付けられており，協議がまとまらないことが直接ストライキに結び付くことはない。各国における差異も大きく，ドイツのようにさまざまな事項で労働者側が共同決定権を行使しうる労使協議制度を有する国もあれば，アメリカのように労使協議制度という形をとらない国も存在する[6]。

ところで，ここで注意を払うべきは，労働条件事項と経営生産事項は本来不可分であるという自明の事実である。不可分であるにもかかわらず，前者の交渉をストライキの行使と労働協約化に結び付いた団体交渉制度のもとで容認し，後者をその枠から外して労使協議の対象としたのである。これは，経営権への不可侵と労働組合の承認との妥協の産物である。当然の結果として，団体交渉制度と労使協議制度との区分は便宜的なものとなる。たとえば，整理解雇など労働条件が経営側の戦略によって規定されている場合は，それに関わる問題は団体交渉事項になるし，労使協議での協議事項ともなりうるのである。いずれにせよ，団体交渉制度・労使協議制度のどちらか一方のみでは処理しきれないことが，20世紀の労使関係の肝要な点である。

団体交渉制度でも労使協議制度でもない，もう一つの労使関係制度について説明しておきたい。それは，主に労働協約の日常的な解釈問題や処分問題等を扱う苦情処理制度である。この制度は，詳細な労働協約が存在していることや労働組合の職場委員が活動的であることなどが条件となって有効に機

5）アメリカでは，たとえば産業別組合と個別企業との団体交渉という中間的な形態が見られる。これについては，たとえば蓼沼（1986）参照。

6）ドイツの労使協議制度においては，従業員代表委員会が，労働者側の当事者となる。労働政策研究・研修機構（2017）「ドイツにおける集団的労使関係システムの現代的展開　労働政策研究報告書 No.193」参照。アメリカでは，事業所ごとのローカルユニオンによる交渉が行われている。

能する。実際に，職場での日常的な問題を労働組合の職場委員に相談するという慣行がなく，上司に相談するような場合（たとえば日本）は，苦情処理制度は有効に機能することはない。この制度が最も有効に機能してきたのはアメリカであるといわれてきたが，近年その傾向は薄れてきているともいわれている[7]。なお，アメリカでは，苦情処理制度は仲裁制度と結合しており，職場レベルから最終的には第三者の仲裁に至る仕組みになっている。

2　日本の労使関係の枠組み (1)
——団体交渉制度とその展開

(1)　企業別組合

　日本的雇用システムに対応する労使関係の枠組みを担う労働組合の組織形態は，企業別組合といわれている。例外も存在するが，事業所別あるいは企業連を基礎単位とする企業別組合が主流を占めている。企業別という形態ゆえにその特異性を過度に強調する議論もあるが，団体交渉制度と労使協議制度を基本的な枠組みとしていることをふまえると，広い意味で前述の産業別組合の一種に入れることが可能である[8]。実際に，一般に産業別組合といっても事業所別組織を伴っており，日本の企業別組合の場合も産業別連合体を組織しているからである。

　ところで，国際比較上，日本の企業別組合の特質として指摘されているのは，工職混合であるという点である。工員と職員，ブルーカラーとホワイトカラーが同一の組合を形成しているのである。日本的雇用システムにおいて，ブルーカラーとホワイトカラーの雇用諸制度が近似していることは，何度も指摘してきたが，そのことと企業別組合の特質は対応している。ただし，工職混合といっても，ホワイトカラーにとっては，一定の役職以上に昇進すれば組合員資格を失うことをふまえると，その意味は限定的なものである。この限定性は，ホワイトカラーとブルーカラーの利害調整の困難，あるいはホワイトカラー固有の利害を労働組合の方針や行動に直接反映することの困難

---

　7)　たとえば，柴田（2000）参照。
　8)　この把握の仕方は企業別組合固有の特質を否定するものではない。

につながっている。本書では，雇用調整制度や労働時間問題への対応に関連して言及してきた。

団体交渉制度では労使の利害対立が明確な労働条件事項が交渉され，労使協議制度では日常的な問題や労使対立が必ずしも明確にならない経営生産事項が協議される。日本の団体交渉制度では，主に賃金額（賞与・一時金を含む），賃金制度が扱われ，労働時間に関する事項は労使協議制度で扱われる場合も多い。後者では，主に賃金制度に関する事項，安全衛生に関する事項，経営方針に関する事項が扱われる。しかしながら，両者の区分はあいまいであり，上記に関連する事項はそれぞれ団体交渉制度で扱われる事例もあれば，労使協議制度で扱われる事例もあることに留意しなければならない。

(2) 春闘方式[9]

団体交渉制度が有効に機能した事例として，集団的賃上げ交渉としての春闘を挙げることができる。春闘方式とは，春季の一定期間に組まれたスケジュールをもとに，パターンセッター[10]となる大手産別組織の賃上げを他の産業に波及させ，さらには公務員の人事院勧告や中小企業の賃上げにまで波及させることを狙いとした賃上げ交渉方式である。

春闘が有効に機能するためには，いくつかの仕掛けが存在していた。第一は，団体交渉は企業別で行われつつも，運動は産業別に組織された組織が賃上げ要求を統一して行ったという点である。そこには，業界別にベースアップという形で要求を統一することで賃上げの個別企業への影響力を極力平準化・緩和するという意図が存在していた。第二は，パターンセッターを日本経済での戦略的産業の単産（産業別組織）に指定したことである。たとえば1960年代後半から80年代半ばまでは鉄鋼労連（日本鉄鋼産業労働組合連合会）などが主にその役割を担うことになった。パターンセッターは，経済成長期には賃上げを主導することが期待されただけでなく，低成長期には国民経済全体への配慮から賃上げ抑制の機能をも担うこととなった。

---

9) 佐口（2015）参照。
10) パターンとは基準となる労働条件のことを意味する。パターンセッターとはその基準を決める産業あるいは企業の組合を指す。

労働市場条件と比較して春闘方式が賃上げにどの程度固有の寄与を示したのかについて検証することは容易ではない。とくに低成長期には，春闘方式のパターンセッターは賃上げ抑制の機能を果たした可能性もある。他方で，春闘という明確な方式が確立したことにより，幅広い労働者が持続的賃金上昇への期待を共有できるようになったことも否めないであろう。春闘自体は大企業と中小企業との賃金格差の是正を直接の目的とはしていなかったという限界を指摘できる一方で，中小企業の労働運動を活性化させ，賃上げの波及・拡延に寄与した事実も見逃すことはできない。その過程で，日本的雇用システムの諸制度も部分的ではあるが中小企業に波及していったのである。

ところで，経営側にとっては，春闘方式での賃金交渉は意図通りの産物とはいえないことに留意する必要がある。実際，企業ごとでの「長期安定賃金」構想への指向は常に存在していた。「長期安定賃金」構想とは，毎年の争議行為を伴う賃上げ交渉による不確実性を回避するために，昇給に関する3年程度の労働協約を労働組合と締結するというものである。この構想は部分的には実現した企業も存在するが，ストライキの権限を制限するものであるという理由から労働組合側が強く拒絶したこともあり，多数派となることはなかった。また，春闘方式は，それが有する個別企業の抜け駆け的賃上げの抑制機能を重視する限り，経営側にとっても合理性を見出せる賃上げ交渉だったのである。

他方で，労働組合にとっての春闘は，単なる賃上げの実現手段に留まらない意義を有していた。それによって，労働組合の目的・存在理由をきわめて具体的な形で一人一人の労働者に実感させることができたからである。そして，ストライキ権確立等のために毎年繰り返される春闘の過程での職場討議・学習は，そうした実感を確かなものにすることに貢献したといえるだろう。

なお，春闘での賃上げは，基本的にはベースアップ方式であることに留意しなければならない。ベースアップとは一人平均の増加額のことであり，この方式では賃上げのための原資の増額を求めることに主眼が置かれることになる。春闘方式の中では，いわゆる個別賃金方式の要求への動きも見られたが，一部を除いては，基本的には一人平均ベースアップ方式を併存させたも

のであった[11]。

3 日本の労使関係の枠組み(2)
——労使協議制度とその展開

(1) 歴史的経路

　歴史的に見ると，日本での労使関係の枠組みの原型は第一次大戦後に大企業で普及した労使懇談制度に求めることができる。この枠組みでは労働者側の代表を経営側との懇談の対象と位置付けていたが，労働条件事項は懇談の対象に含まれておらず，労働組合の排除も伴っていた。そして，この枠組みは，産業報国会の初期構想にも継承された[12]。

　第二次大戦直後，経営民主化イデオロギーを担って労使関係の主体として登場したのは，事業所別組織としての労働組合であった。この時期の労働組合は，一時的に生産管理闘争にまで展開したり，人事同意約款を含む労働協約を締結するなど，経営権に関わる事項についての権限にも及ぶ活動を指向していた。日本の労働組合の歴史を見ると，企業や事業所レベルでの交渉は，企業への従属を意味するものではなく，むしろ経営権に関わる発言を可能とし経営民主化と矛盾しない行為だったのである。その後，労働組合を前提とした労使協議制度は，経営協議会構想への労使の不信もあり低迷していたが，1950年代の職場労使関係をめぐる攻防の末，60年代には次第に整備されていくことになる。そして，日本的雇用システムのもとでは，賃上げをめぐる団体交渉制度とは区別された労使協議制度が，労使関係の枠組みの中での役割を増していくのである。

(2) 機　　能

　日本的雇用システムのもとでの労使協議制度における協議対象についてであるが，多くの場合，経営方針や具体的経営計画については，労働組合への報告で処理され，労働組合からのインプットはほとんど期待されていない。

---

11)　千葉（1998）参照。
12)　佐口（1991）参照。

また，たとえば新卒採用・中途採用の方針などについても，労働組合が実質的な発言をすることは多くない。これに対して，賃金制度は，労働者全体の利害関係に影響を及ぼすため，団体交渉・労使協議の双方の制度で議論されうる事項である。年功賃金制度は，確立後も常に改定・調整の必要に迫られていたため，労使協議制度に賃金制度の専門委員会が併設される事例もしばしば見られたのである。

　また，希望退職など，労働者の雇用維持に直接関わる事項も団体交渉制度だけでなく労使協議制度の対象となるが，ここでは労使の利害対立は鮮明となる可能性がある。また，技術革新や生産性向上のための諸措置，設備の変更なども労働者の雇用や労働環境に影響を与える問題であり，これをいかに扱うかについては日本的雇用システム確立以前にさまざまな模索が繰り返されてきた。その結果として労使で合意されたのが，労使協議制度における「事前協議」という考え方である。「事前協議」とは，上記のようないわゆる「企業合理化」措置については，計画が変更できる段階で労働組合に報告し，労働条件の不利益変更が生じないよう協議を尽くすことが意図されたルールである。このルールは，労働組合は労働条件の向上がもたらされる，あるいは低下が生じない限り「企業合理化」を拒絶せず，経営側も労働組合の協力を極力追求するという考え方のうえに成り立っている。具体的には，要員変更，配転・出向などの事項について協議されることになるのである。

　ところで，日本的雇用システムが機能した過程は，しばしば「団体交渉の労使協議化」の過程と形容される。日本的雇用システムが確立した1970年前後と異なり，70年代後半から80年代にかけては，労働組合は雇用問題への対応に迫られ始めた。その結果として，「経済整合性論」が登場するなど春闘による賃上げは抑制気味に推移した一方で，雇用維持に関わる諸措置への対応の頻度が高まることとなったのである。さらに，80年代には定年延長問題やそれに関わる賃金制度の調整，労働時間制度の改定なども進展した。そして，これらの問題が扱われるのに適した制度は，団体交渉ではなく労使協議であった。日本的雇用システムを十全に機能させて雇用を維持させていくためには，労使協議制度のもつ意味がより重要となりつつあったといえる。日本の労働組合は，その中で要員・配転・応援・残業等について，一方で経

図10-① 労働争議発生件数の推移

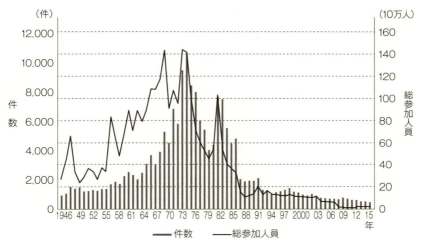

出所：厚生労働省「労働争議統計調査」より作成。

営側の提案に柔軟に対応しつつも，職場や労働者の利害に関わる問題には関与し発言していったのである。

"要員・配転等に関する事項については労働組合が関与しない形では執行させない"ことが労働組合にとっての譲れない線であったとするならば，これこそ労使協議制度が日本的雇用システムの実際の機能や諸制度の調整を担っている姿に他ならない。その意味で，日本的雇用システムの成熟期における「相互信頼的労使関係」という表現が当てはまる姿なのである。

他方で，「団体交渉の労使協議化」を日本の労働組合の職場での規制力の低下として性格付ける議論も存在する。この場合，労働争議の大幅な減少と並行して進行したことを重視している（図10-①）。もともと1970年代までは労使協議制度への不信感を示していた経営側の対応が変化した前提には労働組合の規制力の弱体化があったという理解である。この問題に関する論点については後に言及する。

4 日本的雇用システムとの相互補完関係

(1) 相互補完関係

　春闘を通じての生活水準の上昇とそれを担う労働組合への期待は，日本的雇用システムへの労働者の信頼への基礎的な条件の一つとなっていたと考えられる。また，「事前協議」が確立することは，日本的雇用システムでの雇用調整制度とそれによる雇用の保障，生活維持機能にとって欠くことのできない前提であった。また，日本的雇用システムを構成する雇用諸制度の生成・確立に労働組合が相当程度関与した点は第Ⅱ部で説明してきた通りである。とくに，賃金制度・雇用調整制度・定年制度については労働組合による関与が，それらの内容に強い影響を及ぼした。したがって，賃金制度や定年制度に関しては，確立後も調整が継続し団体交渉制度あるいは労使協議制度の中心的テーマとなっていたのである。他方で，日本的雇用システムでの正規雇用中心主義①は，正規雇用労働者であれば，容易には整理解雇や労働条件の切り下げの対象とはならない存在として位置付けられることを意味する。このことはインサイダーとしての企業別組合の地位の保全および一定程度の規制力の付与につながっていたと考えられる。以上の意味で，労使関係の枠組みとしての団体交渉と労使協議の両制度は，日本的雇用システムとの相互補完関係を形成してきたといえる。

　だが，非正規雇用や女性雇用に対しては，労使関係は別の形で関与することになったことにも注意を払わねばならない。日本の労働組合は，日本的雇用システムでの正規雇用中心主義①による利益を享受し，このことを経営側も承認してきた。正規雇用労働者の柔軟で確定性の高い労働供給のあり方を最大限活用した働き方こそ，日本における仕事の現場での特長であるという認識が労使に共有されていたのである。この認識のもとでは，労働組合が，非正規雇用や女性雇用との公正性の問題に正面から取り組むことは，正規雇用の既得権の根幹を揺るがす恐れがあるとして回避されることになる。正規雇用への登用促進や男女雇用機会均等の実現の建前上のスローガンとは裏腹に，妥当性のない格差は事実上放置され続けてきたのである。労働組合の行

動とそれに影響された労使関係のあり方は正規雇用中心主義②とも対応して
いたといえる。

(2) 労働組合の規制力

ところで，上述の相互補完関係の中で，労働組合の規制力の問題について
はどのように評価すべきなのか，以下の4点を述べておく。第一に，労働組
合が自主的・媒介的な組織であるからこそ経営側から見ると不確実性の高い
組織であり，このことが規制力の源泉の一つである。この観点からすると，
春闘が機能した背景には多様な労働運動の存在があったこととは対照的に，
1980年代における労使協議制度の充実の裏側で進行していた事態は，労働
組合の多様性の喪失や労働組合内部での緊張関係の低下であった可能性があ
る[13]。第二に，日本の労働組合と人事部との特異な関係である。日本的雇
用システムが生成していく過程で，労働組合と人事部との共生関係が形成さ
れ，労働組合は人事部に協力することで経営側からの譲歩を引き出した。人
事部は，経営側と労働組合の間をつなぐブリッジの役割を自任し，またこの
ことは当該部門の企業内交渉の力の源泉となったとも考えられる。労働組合
の規制力はこうした構造を無視しては説明できないだろう[14]。第三は，経
営側に不満をもった場合の労働者側の選択肢としての発言と退出のバランス
の欠如についてである[15]。労使で合意する正規雇用中心主義①は，基本的
には現在正規として雇用されている者の雇用維持を前提としている。労働組
合の発言や規制もそれを前提として機能している。だが，このことは，退出

---

13) 生産現場でのさまざまな協力といった利害対立が少ない事項での発言の多さに関
しては，労働組合のきめ細かい協力なしには仕事が順調に回らないという事態が生じ
ることは確認できるだろうし，このことが規制力の源泉になっていることもありうる。
だが規制力とは，"場合によっては協力しない"という選択肢を労働組合側が有して
いると経営側が認識している場合に成り立つものである。このような認識が本当に存
在していたのか，経営側の提案への労働組合の対応の積み重ねがその認識に変化を与
えることはなかったのかなどについての検討の余地は残っている。

14) Jacoby（2005）参照。

15) ハーシュマンの退出発言モデルは，しばしば労使関係に応用されている。
Hirschman（1970，邦訳2005）参照。

212　第 10 章　労使関係

という選択肢を一定程度想定する戦略，具体的には労働組合自身の，あるい
は公的なレベルでの職業紹介制度や職業訓練制度を整備する方策の軽視に対
応している。結果として，20 世紀の労働組合の抱える雇用問題への脆弱
性[16]が日本で著しく増幅され，そのことが発言力に影響していったと考え
られるのである。第四は，ホワイトカラーの労働組合への関わり方である。
工職混合組合であることは，雇用諸制度のあり方にさまざまな影響を与えて
きたことはすでに説明してきた。重要なのは，ホワイトカラーにとって労働
組合はキャリアの途中で関わりがなくなる存在である点である。つまりホワ
イトカラー固有の利害を代表する団結組織を欠いているのである。このこと
は，労働時間問題を始めとして多くの労働者の日常にとって重要な問題への
労働組合の関わりの希薄さにつながっているといえる。

5　変　　容

(1)　労働組合の組織率低下

　日本の労働組合は非正規雇用や女性雇用への対応に問題を抱えてきた。
1990 年代の後半に入り日本的雇用システムの変容に伴ってこの層が増大し
てもそれに対応できる戦略・仕組みは形成できなかった。また，80 年代に
「ホワイトカラーの生産性問題」に関心が集まって以降，この層への人事管
理の変革が進行した。第 II 部で見てきたように，純粋成果主義は導入に成功
しなかったものの，賃金制度や労働時間等での管理の変革は進行した。他方
で，この層固有の発言の仕組みは未整備のまま放置されてきたのである。こ
うした意味で，日本的雇用システムの変容期は労働者の発言組織としての労
働組合の正統性が厳しく問われる時期であるといってよい。そして，近年で
は，さまざまな理由による非正規雇用率の上昇を直接的な要因として組織率
が低下していったのである（図 10-②）。

　労働組合の規制力や組織率の低下は日本だけの現象ではない。20 世紀の

---

16)　20 世紀の（産業別）労働組合は，旧来の職業別労働組合とは異なり自前の技能養
　成制度をもたない。よって失業問題に自らの組織の力では対応できないのである。

図 10-② 労働組合組織率の推移

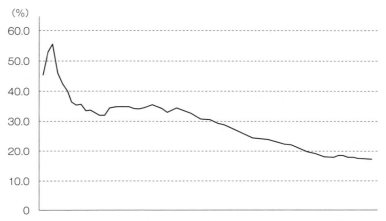

出所：厚生労働省「労働組合基礎調査」より作成。

雇用諸制度とそのもとでの長期的雇用の変容過程で，多くの先進諸国では労働組合の規制力の低下，労使関係の揺らぎに直面している（図10-③)[17]。この背景には，規制力を支えた構造（とくに大量生産方式）の変容，社会主義崩壊を始めとする政治環境の変化，福祉国家体制の揺らぎなどが挙げられる。

労働組合の規制力や組織率の低下に直面し，アメリカやEUの労働組合は，それぞれ新しい戦略を積み重ねてきた。たとえば，アメリカでは，1990年代から包括的な社会運動との地域レベルでの連携強化を強めて労働組合運動の活性化を図る戦略がとられた[18]。また，EUでは，ヨーロッパレベルの枠組みを生かして労働組合の政策参加を強化する試みが展開されたのである[19]。

これに対して，日本の労働組合は，先進諸国の労働組合が共通に抱える問題だけでなく正規雇用中心主義①・②に依存してきたことから発生する固有の問題にも対応しなければならない。たとえば，1980年代には，パートタ

---

17) MacCormic and Hyman（2013）参照。
18) ウェザーズ（2010）参照。
19) EUでの運動については，McCormic and Hyman（2013）参照。

図10-③ 労働組合組織率の推移の国際比較

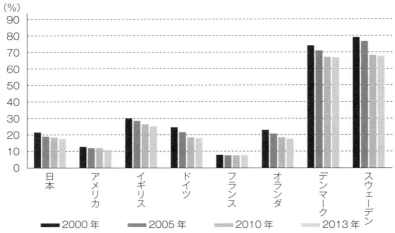

注：各国公式統計ではなく，ILOデータベースを使用。
出所：労働政策研究・研修機構「データブック国際労働比較2016」。

イム労働者や外国人労働者を対象とした地域労働組合も一部見られ始めたが，その広がりには限界があったのである。また，75年のいわゆる国民春闘以来，労働組合の制度政策要求はいくつかの成果を挙げてきたが，個別課題が中心でありそこに体系性を認めることは難しい。つまり，日本においては90年代末の時点で，アメリカ型の地域レベルでの運動やEU型の政策参加という点での労働組合の経験値は低かったのである。

(2) 労使関係制度の存在意義

日本では，2006年に個別紛争処理のための労働審判制度の運用が開始され着実に機能している。これは，職業裁判官と労働問題の専門家で構成する合議体で，3回以内の簡易な審理と調停あるいは労働審判へと進む制度である。重要なのは，この制度において主要に取り扱われている事項が，個々の労働者の権利侵害関連問題，具体的には退職強制・雇い止め・賃金不払い・労働条件切り下げなどであるという点である[20]。これらの問題は，1990年

---

20) 菅野他（2013）参照。

代後半以降，日本的雇用システムが動揺する中で顕在化してきた。よって，労働審判制度が機能していることは，労働組合が非正規雇用問題や職場レベルでの個別的問題への対応能力に欠けていることを露呈させたともいえるのである。

　しかしながら，このことから集団的労使関係（本書での労使関係）に関する制度が不要になったとはいえない。日本的雇用システムの変容の過程においては，労働者の集団的発言の枠組みを整備していくことは固有の重要性をもつと考えられるのである。なぜなら，変容の過程では諸制度への信頼も低下し予期しない問題が数多く発生することになるが，労働者の集団的発言の枠組みが機能することによって職場の末端の情報を労使の代表が入手することが可能となり，問題が拡大して回復不可能な事態が招来されてしまうことを回避できるからである。そして，これらの問題への労使の具体的な対応の積み重ねこそ，生きたルール・制度，持続可能な制度の内容を形作ることができる。

　20世紀後半の労使関係制度とは，労働者側固有の利害も正当に反映させ（団体交渉制度），同時に経営側と労働組合側が目的を共有していく（労使協議制度）ものであった。この相反性を含む制度が安定的に機能しうることは自明ではなかった。だが，それが曲がりなりにも機能できたのは雇用諸制度の安定だけが条件ではない。労使関係制度が，労使双方がコンフリクトとルール作りの過程で学習し一定の期待を共有していく場を提供してきたからである。その意味で，産業民主主義という名称にふさわしい制度であった。こうした産業民主主義実現の場はシステム変容期にあっても，あるいは変容期だからこそ必要となる。ただし，その主体が20世紀と同様である必然性はない。

216　第 10 章　労使関係

本章のポイントのチェック
A　20 世紀の労使関係における労働組合は，なぜ規制力を発揮できたのか？
B　一般的に，団体交渉制度と労使協議制度との差異はどこに求められるのか？
C　日本の労使はなぜ春闘という賃上げ方式を選択したのか？
D　労使協議制度と日本的雇用システムとはどのように関係していたのか？
E　近年の日本での個別紛争処理制度の発展は，（集団的）労使関係制度の重要度の低下を意味しているのか？

終　章

雇用の近未来

　ここでは，これまでの本書の叙述をふまえて，雇用の近未来についての試論を述べることで全体の総括としたい。本書では雇用制度をさまざまな角度から検討してきたが，それは現在生じつつある雇用諸制度の変容の深さを測定する基準作りでもあったことが示される。

1　雇用制度の内側の変容

　本書で述べてきた日本における変容過程を敷衍すれば，他の先進諸国の雇用諸制度にも20世紀の雇用諸制度からの漸進的な変容が認められること，さらに雇用制度そのものには当面は相当程度の頑健性が認められることなどを指摘することができる。また，正規雇用内部の分化を伴う変容は，雇用制度に内在する亀裂の顕在化という現象として一般化して把握することが可能かもしれない。

　だが，ここで問題となるのはどこに向かって収斂していくのかが不明だということである。言い換えれば，「当面」という留保を除いた場合，この変容の深さが確定できていないのである。そして，最もラディカルな問いは，"この変容は雇用制度の枠内に留まるのか否か"ということになる。本書では，請負制度を雇用制度の対概念としてきたことから，雇用制度が向かう先の具体的なオルタナティブの第一候補は具体的には請負制度となる。

　しかしながら，このオルタナティブ候補は，現実には限定的な領域で機能してきたのであり，それに類する働き方の中には労働者にとってのメリットが生かせない"不自由な働き方"も相当程度含まれていた。この事実を重視

すれば，雇用制度の頑健性が認められ，当面は雇用制度内での変容が進行するという仮説が妥当性をもつことになる。実際に，このような仮説に整合する事例は日本でも見られ，本書でも指摘してきた。

その一つの例は，請負的な働き方の広がりには一定の限定性が認められる点である。雇用制度の目的から見ると，これを増大させることは，その分だけ正規雇用のメリットを喪失することを意味する。つまり，経営側は働き方の柔軟性や労働供給の確定性に制約が生まれ，コミットメント維持の限界にも直面することになるのである。加えて，雇用制度による生活維持機能が低下することは，社会全体が負担するコストを発生させる可能性を生み出す。また，たとえば業務委託であっても事実上指揮命令が必要な場合には，ユーザー側に相当程度の管理コストが発生すること，実際の仕事の遂行を考えると訓練コスト節約にも限界があることなどにも留意する必要がある。さらには間接雇用に依存し過ぎると，技能空洞化などユーザー側の取引力の弱化が生じ，結果として賃金コストの節約への制約となることも考えられる。つまり，こうした形での非正規化は諸コストの削減に単純につながるというわけではないのである。したがって，雇用制度そのものが大きく揺らがない限り，請負的な働き方が増加したとしてもそれには一定の限界が存在してきたと考えられるのである。

また，同様の限界に関連する事例は，ホワイトカラーの領域に関しても観察できることにも言及してきた。たとえば，2000年前後の成果主義賃金ブームは，その熱狂にもかかわらず純粋な形での導入は直後に修正が施され失敗に終わった。"仕事の結果に基づいて短期で大きな差をつける"という意味での純粋成果主義賃金の導入が失敗に終わった遠因は，請負制度に限りなく近い制度を，雇用制度の利点も失わない形で，すなわちその枠内で機能させようとしたことにある。純粋成果主義を徹底すれば，年功賃金制度と相互補完関係を形成していた他の雇用諸制度の変革，仕事や技能養成の仕方の変革にも手を着ける必要があるが，それが追求されることはなかった。結果として，目標の設定や仕事上のリスクのとり方，協働関係などについて，雇用制度と純粋成果主義との不整合性が浮き彫りになったのである。

以上挙げてきた事例は，先に述べたように正規雇用中心主義①・②の揺ら

ぎという意味で日本的雇用システムの変容に関連しているものの，雇用制度の代替としての請負制度に近い制度が導入される形でそれが進行したわけではなかったことを示しているのである。

2　雇用制度の外側への変容

　第1節での議論は，“経営側のリテンションを原点とする雇用制度のメリットは頑健であり，社会にとっての請負制度の優位性が雇用制度を凌駕するほど増大することはない”という仮説に基づく議論である。しかしながら，現在の技術革新の指数関数的進行のインパクトを重視すれば，これとは異なる仮説を検討する必要もあるだろう。この場合の究極の問題は，人工知能（AI）の展開によるホワイトカラーや専門職に関連する多くの仕事の消滅の可能性である。このこと自体はきわめて重要な事柄だが，現実に進行していることとしてさしあたり本書が注目するのは，オンライン技術の進展とプラットフォームビジネスやクラウドソーシングによる働き方の変容である。この影響によって，雇用制度そのものの存立基盤が揺らぎ，雇用制度との比較において指摘できる請負制度の問題点が低減されていく局面，さらにはそのメリットが生かされていく可能性が注目されるのである。これは，請負制度あるいはそれに類似する制度が雇用制度への代替となるという意味で，劇的変容についての検討ということになる。なお，ここでの劇的変容とは，急激な変容という意味での速度と雇用制度そのものの置き換えという意味での内容の双方を含んでいる概念である。

　さて，請負制度の特質を改めて確認すれば，第一は，経営側にとっては“確実に何でもする柔軟な労働”ではない点である。つまり，労働供給の不確定性が存在し柔軟な働かせ方への制約がある。第二は，労働者にとっては生活維持機能が弱いという点である。請負制度は原則的には特定のプロジェクトの仕事に関する委託であり，継続的な就業を予定していないからである。したがって，たとえば経営側のリテンションへの指向が弱い等の請負制度の特質に親和的な仕事が増えれば，社会での請負制度の浸透度は高まる。この場合，生活維持機能を始めとした雇用制度が伴ってきた諸機能がどのような

メカニズムで代替されるのかが問題となるだろう。

ここで，雇用制度の裏側で顕在化してこなかった問題に注目する必要がある。すなわち，仕事の時間・方法・場所についての自由度の低さ，つまり仕事遂行面での強い拘束性の問題である。この問題は雇用制度が現実に普及し始めた時代には，従来からの働き方との間に軋轢を生じさせていたが，次第に雇用制度に内在する特質として自明視されていった。この背景には，雇用制度の生活維持機能が拘束性の代償として享受されたことや，労働時間の一定程度の短縮が実現されたことなどが挙げられる。また，産業民主主義のもとでの労働組合の参加・発言もこの背景として考えられる。そして，最も重要な要因は，男性の拘束性の強い労働を女性が家庭で支えてきたことである。

しかしながら，これらの代償措置に揺らぎが生じていることは明らかである。さらに，雇用制度に内在する拘束性（"雇用の壁"）の緩和が，家事を負担する労働者（男女を問わず）の増加に代表される社会的な要請への対応としても必要となりつつある。また，初期の就職に失敗した若年者や高齢者などを含めた広い意味での就業困難者への対応にとっても"雇用の壁"の緩和が必要である。雇用制度の拘束性の緩和が社会的に要請されているとしたら，漸進的変容の中にも劇的変容と整合的な要因が一定程度生まれつつあると解釈することも可能となる。また企業もこれらの社会的課題の解決と整合的な施策を採用しなければ，良好な労働者や投資家を獲得することが困難になりつつあるといえるかもしれない[1]。

3　新しい働き方と直面する課題

だが，雇用制度の拘束性から解放されるという意味で自由な働き方が，持続可能なシステムとして一般化することなどありうるのだろうか。この点を具体的に検討するには，プラットフォームビジネスやクラウドソーシングによる働き方から生まれる"大衆化されたインディペンデントコントラク

---

1)　近年，経済的価値と社会的価値の同時実現である共有価値（Shared Value）の創造が提唱されている現象やCSR活動が重視されることなどもこうした脈絡からとらえる必要がある。

3　新しい働き方と直面する課題　*221*

ター"を事例とする研究が必要だろう。"大衆化されたインディペンデント
コントラクター"とは，雇用労働者とインディペンデントコントラクターの
中間的存在のことである[2]。この場合，雇用制度が結果として社会に対して
果たしてきた諸機能，たとえば，生活の維持，人々の間の平等化や公正さの
促進，能力開発機会の提供等はどこでだれが負担することで果たされるのか
が問題となる。むろん，拘束性からの解放といっても，その自由度そのもの
も相対化される必要がある。また，雇用制度と対応してきた雇用政策や社会
保障が果たしてきた機能もどのように変容するのかも重要な論点である。た
とえば，ライドシェアの Uber や Lyft の事例が示唆することは，労働時間規
制，最低賃金，失業保険などの領域でどのような規制が可能なのかという問
題である。

　ここで，雇用制度の代替という論点とは別に，新しい働き方を社会的問題
の解決に生かしうる可能性にも触れておきたい。たとえば，情報通信技術の
進展は，就労困難者にとっての仕事に関する情報の取得や学習機会を高める
ことにつなげることができる。前者は情報通信技術の進展の直接的成果であ
るが，後者については，社会的企業による無料の学習サイトやオンラインで
のコンピューターに基づく訓練の提供などがこれに該当する。これらは，仕
事を見つけていくうえでのマッチングの質や効率を飛躍的に改善させる。そ
して，この改善は雇用と非雇用状態のギャップが深刻である就労困難者に
とって効果的であろう。さらに，情報通信技術の進展は，在宅での作業など，
仕事の時間や場所の自由度を飛躍的に高めることに活用することが可能であ
る。また，オンライン作業を中心としたクラウドソーシングによる働き方の
普及は，こうした自由度を高める方向に活用しうるものである。さらに，簡
易な働き方から始めていくことが必要な場合，「マイクロタスク」といった

---

　2)　インディペンデントコントラクターとは，比較的独立性の強い個人請負労働者の
　　ことである。個人請負といっても，事実上ユーザー企業の指揮命令を受けているよう
　　な労働者ではない。"大衆化されたインディペンデントコントラクター"は
　　Independent Worker あるいは Dependent Contractor と表現される。いずれにせよ "独
　　立性"が相対的に弱いことから，さまざまな保護・規制が要請されることになる。関
　　連する文献として Harris and Krueger（2015）参照。

形で仕事を切り出すこともできる。これは，非雇用状態から雇用状態への過渡的な仕事が豊富化されることにもなるのである[3]。なお，物理的困難の低減としては，たとえばタブレット端末等を駆使した作業や分身ロボットの活用，3D プリンターによって作成された安価な補助器具の活用などの事例を挙げることができる。

このように一連の情報通信技術の進展は，これまで雇用制度に内在してきた拘束性の強さや雇用・非雇用ギャップの存在に関わる領域に影響を及ぼしうる。就労困難者にとっては，被っていた不利を低減することで，"雇用の壁"を少しずつ溶解させる可能性が生まれていると言い換えることができるのである。これらは，雇用制度から発生する問題の解決，行き詰まりの緩和の手段である。その意味では，当面は雇用制度を補完するものであるが，これが広がっていくことは雇用制度そのものにも影響を与えうると考えられる。ただし，繰り返しになるが，以上の可能性が現実化する過程には，雇用制度をめぐって作り上げられてきた，生活の維持，人々の間の平等化や公正さの促進，能力開発機会の提供等のメカニズムの再構築というきわめて困難な課題が立ちふさがっているのである。

雇用制度に関して我々が直面する問題は，漸進的変容と劇的変容が並行して進行しつつあることによって複雑化している。たとえば，本書で扱ってきた日本的雇用システムの賃金制度問題については，当面の問題は年功賃金制度の変容と分化であると指摘してきた。だが，劇的変容を考慮すると，雇用労働とは異なる報酬の測定基準や最低所得保障が中心的問題となる。また，労働時間問題では，当面は一定層の長時間労働と，それに対する規制の機能不全に関わる領域が問題であることを指摘した。だが，それを超えた問題，つまり労働時間制度が成立しない働き方と規制のあり方も問題となるのである。さらに，非正規雇用問題では，当面は正規雇用Ⅱの生成と非正規雇用上層の無期化の問題が注目されるが，劇的変容をふまえると，個人請負労働者化への趨勢と残存する一定の雇用労働者との併存という可能性が展望できるかもしれない。

3）　佐口（2016）参照。

4 おわりに

ここまでは，雇用の近未来として，雇用制度やシステムの漸進的変容と劇的変容の並行に関して展望してきた。だが，劇的変容には，AI，IoT，ブロックチェーンの進展による"働くことそのもの"に関するさらなる変容も含まれる可能性を指摘しておく必要がある。この局面に関しては，周知のように，超悲観論（ホワイトカラーも含めた仕事の消滅）と超楽観論（「不労の時代」の予言）が交錯している状況である。また汎用 AI そのものへの疑念も示されている[4]。

こうした錯綜する事態に直面する中で，近未来の雇用・働き方を一元的に描くことは不可能であるが，留意すべき点として以下の2点を指摘しておきたい。第一は，雇用制度の枠内での変容だけでなくホワイトカラーや専門職の仕事の減少，クラウドソーシングなどの雇用制度の枠外での新しい働き方の増加も並行的に進行するとしたら，これまで就労困難者として見なされてこなかった広範な一般労働者も，"働くことと生活維持の実現"という関係が切断されるという事態に直面する可能性である。そのような事態となれば，この広がりをふまえた生活維持に関する新しい仕組みが模索されていく必要性が高まることになる[5]。

第二は，制度とその相互補完関係（システム）が構築されていく過程での人々の考え方・信念の果たす役割である。自律的・分権的な社会の到来を展望することが楽観的過ぎることはいうまでもないが，情報が集中的に管理された中央集権的な社会という未来像も自明ではない。この問題の検討は本書の範囲をはるかに超える。だが，たとえば就労支援という領域からは，ICT-enabled Social Innovation という術語に象徴されるように，情報通信技術の進展が社会問題の解決を目指す技法の開発を大衆化し，それに参加する主体の豊富化につながっている趨勢を見出すことができる。情報通信技術の

---

4) 西垣（2018）参照。
5) 周知のようにベイシックインカムへの注目もこの中で生まれている。

進展の指数関数的進行は，人間のつながり方にも影響を与えているかもしれないのである。そしてその原動力となりうるのが，広義の社会的企業や社会的起業家である。当然のことながら，社会的企業や社会的起業家は社会問題の解決という明確なミッションを有している。したがって，革新的技法を開発するだけでなく，それを他の主体と共有する指向を帯びていることが特質の一つである[6]。

　むろん，情報通信技術の展開が人と人との関係にいかなる影響を及ぼすのかは，決してナイーブには把握できないことに十分注意しなければならない[7]。いずれにせよ，新しいシステムの持続可能性を考えるうえで，雇用制度が積み上げてきた成果とその限界，それへの人々の関わりを正確にふまえることは，迂遠ではあっても不可欠の作業である。また，そのことは，間接的ではあれ，我々の将来への選択肢をより高い精度で見出していくことでもあるといえよう。

---

6) このことが，就労支援に留まらない広がりを帯びているとしたら，技術面でのブレイクスルーいう人類史的な出来事が，人間のつながり方を変えつつあるという推測が成り立つ。もしそうであるならば，シェアリングエコノミーの真の意味はここから説明されるべきであり，単にライドシェアなどの表面的現象だけでとらえられるものではないことになる。勝者総取りに陥りがちな情報通信技術の進展の成果を一部の層に独占させない社会のあり方への指向にも通じていくことになるのである。シェアリングエコノミーのやや楽観的な紹介としては，Sundararajan（2016）参照。

7) 持続可能なシステムへの道には，イノベーションへの諸主体の受容と抵抗が満ちており，その過程でシステムの内実は多様性を帯びてくる。一例として，日本へのUber の導入をめぐっては，佐口・ジャコビイ・アルトゥーラ（2018）参照。

参考文献

阿部彩（2008）「第1章　日本の貧困の実態と貧困政策」（阿部彩・國枝繁樹・鈴
　　木亘・林正義『生活保護の経済分析』東京大学出版会）

阿部正浩・野田知彦（2009）「雇用調整——バブル崩壊とコーポレイトガバナン
　　ス構造の影響」（大橋勇雄編著『労働需要の経済学』ミネルヴァ書房）

安藤史江（2008）『コア・テキスト人的資源管理』新世社。

Appelbaum, E., Batt, R. L., Bernhardt, A. and Houseman, S. (2016) "Domestic
　　Outsourcing in the United States: A Research Agenda to Assess Trends and
　　Effects on job Quality." W. e. Upjohn Institute WP16-253.

Autor, D. (2009) "Studies of Labor Market Intermediation: Introduction." Autor, D.
　　ed. *Studies of Labor Market Intermediation*. The University of Chicago Press.

Autor, D. (2010) The Polarization of Job Opportunities in the U.S. Labor Market
　　Implications for Employment and Earnings. The Hamilton Project. Center for
　　American Progress.

Baker, G., Gibbs, M. and Holmstrom, B. (1994) "The Internal Economics of the
　　Firm." *The Quarterly Journal of Economics*. Vol. 109.

Baron, J. and Kreps, D. (1999) *Strategic Human Resource*. John Wiley and Sons.

Beer, P. and Schils, T. (2009) *The Labour Market Triangle: Employment Protection
　　Unemployment Compensation and Activation in Europe*. Edward Elgar.

Blau, F. D. and Kahn, L. (2013) "Fesmale Labor Supply: Why is the US Falling
　　Behind?" *American Economics Review*. 103-3.

Buechteman, C. E. ed. (1993)　*Employment Security and Labor Market Behavior:
　　Interdisciplinary Approaches and Internatioanl Evidence*. ILR Press.

Cappelli, P. (2012) *Why Good People Can't Get Jobs: The Skills Gap and What
　　Companies Can Do About It*. Wharton Digital Press.

Cappelli, P. and Conyon, M. (2016) "What Do Perfomance Appraisals Do ?" NBER-
　　WP 22400.

Card, D. and Krueger, A. (1995) *Myth and Measurement: The New Economics of the
　　Minimum Wage*. Princeton University Press.

Card, D., Kluve, J. and Weber, A. (2015) "What Works? A Meta Analysis of Recent
　　Active Labor Market Program Evaluations." NBER Working Paper 21431.

千葉利雄（1998）『戦後賃金運動——軌跡と展望』日本労働研究機構。

中馬宏之・樋口美雄（1995）「第1章　経済環境の変化と長期雇用システム」（猪
　　木武徳・樋口美雄編『日本の雇用システムと労働市場』日本経済新聞社）

Commons, J. (1924, 1995) *Legal Foundations of Capitalism*. Transaction Publishers.

Commons, J. (1934) *Institutional Economics: Its Place in Political Economy.* Macmillam. (中原隆幸訳『ジョン・ロジャーズ・コモンズ　制度経済学（上）』ナカニシヤ出版, 2015 年)

Deakin, S. (2008) "Legal Origin, Juridical Form and Industrialisation in Historical Perspective: The Case of the Employment Contract and the Joint-Stock Company." CLPE Research Paper 36/2008 Vol.04, No.07.

Dobbin, F. (2011) *Inventing Equal Opportunity.* Princeton University Press.

Dunlop, J. (1958) *Industrial Relations System.* Henry Holt, New York.

E-Andersen, G. (1999) *Social Foundation of Postindustrial Economies.* Oxford University press. (渡辺雅男・渡辺景子訳『ポスト工業経済の社会的基礎──市場・福祉・家族の政治経済学』桜井書店, 2000 年)

E-Andersen, G. (2009) *The Incomplete Revolution:Adapting to Women's New Role.* Polity Press. (大沢真理監訳『平等と効率の福祉革命──新しい女性の役割』岩波書店, 2011 年)

海老原嗣生 (2016)『お祈りメール来た, 日本死ね──「日本型新卒一括採用」を考える』文春新書。

Ehrenberg, R. and Smith, R. (2009) *Modern Labor Economics.* 10th edition. Pearson.

遠藤公嗣 (1999)『日本の人事査定』ミネルヴァ書房。

Fitzgerald, J. (2006) *Moving up in the New Economy: Career ladders for U.S. Workers.* Cornell University Press. (筒井美紀・阿部真大・居郷至伸訳『キャリアラダーとは何か──アメリカにおける地域と企業の戦略転換』勁草書房, 2008 年)

Freeman, R. and Medoff, J. (1985) *What Do Unions Do?* Basic Books. (島田晴雄・岸智子訳『労働組合の活路』日本生産性本部, 1987 年)

Frege, C.and Kelly J. (2013) *Comparative Employment Relations in the Global Economy.* Routledge.

藤原千沙 (2017)「『生活できる賃金』をめぐる研究史」『社会政策』9 巻 2 号。

福井康貴 (2016)『歴史の中の大卒労働市場──就職・採用の経済社会学』勁草書房。

Gauntie, J. and Schmitt J. eds. (2010) *Low-Wage Work in the Wealthy World.* Russell Sage Foundation.

玄田有史 (2001)「結局, 若者の仕事がなくなった──高齢社会の若年雇用」(橘木俊詔・デービッド゠ワイズ編『企業行動と労働市場』日本経済新聞社)

Greinert, W, D. (1995) *Das 'Deutsche System' der Berufsausbildung: Geschichte, Organisation, Perspektiven-Buch gebraucht kaufen.* Nomos Verlagsgesellschaft. (寺田盛紀監訳『ドイツ職業社会の伝統と変容──職業教育のドイツ的システムの歴史・組織・展望』晃洋書房, 1998 年)

Granovetter, M.（1995）*Getting a Job: A Study of Contacts and Careers.*（渡辺深訳『転職——ネットワークとキャリアの研究』ミネルヴァ書房，1998 年）

Gruber, J., Millligan, K. and Wise, D.（2010）*Social Security Programs and Retirement around the World.* The University of Chicago Press.

濱秋純哉・堀雅博・前田佐恵子・村田啓子（2011）「低成長と日本的雇用慣行——年功賃金と終身雇用の補完性を巡って」『日本労働研究雑誌』611。

Handler, J.（2007）*Blame Welfare, Ignore Poverty and Inequality.* Cambridge University Press.

Harris, S. and Krueger, A.（2015）Proposal for Modernizing Labor Laws for Twenty-First-Century Work: The "Independent Worker." The Hamilton Project. DP2015-10.

橋本健二（2009）『「格差」の戦後史——階級社会日本の履歴書』河出書房新社。

橋本正紀・樋口美雄（2005）「アメリカの訓練効果分析は何を示唆するか」（樋口美雄・児玉俊洋・阿部正浩編著『労働市場設計の経済分析——マッチング機能の強化に向けて』東洋経済新報社）

濱口桂一郎（2004）『労働法政策』ミネルヴァ書房。

服部泰宏（2011）『日本企業の心理的契約——組織と従業員の見えざる約束』白桃書房。

樋口美雄（1996）『労働経済学』東洋経済新報社。

樋口美雄（2001）『雇用と失業の経済学』日本経済新聞社。

樋口美雄・山本勲（2002）「わが国男性高齢者の労働供給行動メカニズム——年金・賃金制度の効果分析と高齢者就業の将来像」『金融研究』日本銀行金融研究所，21 巻別冊 2 号。

樋口美雄（2007）「経済学から見た労働時間規制」日本労働法学会編『日本労働法学会誌——雇用関係における文書の作成・管理・提出義務，労働時間規制に関する学際的検討，非常勤職員をめぐる諸問題』110 号，法律文化社。

樋口美雄（2009）「女性の継続就業支援策とその効果——育児休業の法と経済」（武石恵美子編著『女性の働き方』ミネルヴァ書房）

平野光俊（2009）「内部労働市場における雇用区分の多様化と転換の合理性——人材ポートフォリオ・システムからの考察」『日本労働研究雑誌』586。

Hirschman, A.（1970）*Exit, Voice, and Loyalty: Responses to Decline in Firms, Organizations, and States.* Harvard University Press.（矢野修一訳『離脱・発言・忠誠——企業・組織・国家における衰退への反応』ミネルヴァ書房，2005 年）

久本憲夫・竹内治彦（1998）『ドイツ企業の賃金と人材形成』日本労働研究機構。

本田一成（2001）「パートタイマーの量的な基幹労働力化」『日本労働研究雑誌』494。

本田由紀（2005）『若者と仕事——「学校経由の就職」を超えて』東京大学出版会。

228　参考文献

兵藤釗（1997）『労働の戦後史（上）・（下）』東京大学出版会。

今田幸子・平田周一（1995）『ホワイトカラーの昇進構造』日本労働研究機構。

市川恭子（2016）「なぜ高学歴女性の就業率は低いのか？──男女別学歴ミスマッチの影響の日蘭比較」『日本労働研究雑誌』667。

稲継裕昭（1996）『日本の官僚人事システム』東洋経済新報社。

稲葉振一郎（2005）『「資本」論──取引する身体／取引される身体』ちくま新書。

猪木武徳・樋口美雄（1995）『日本の雇用システムと労働市場』日本経済新聞出版社。

石田英夫・井関利明，佐野陽子編著（1982）『労働市場と情報』慶應通信。

石田光男（1990）『賃金の社会科学──日本とイギリス』中央経済社。

伊藤邦武（2016）『プラグマティズム入門』ちくま新書。

伊藤元重・加護野忠男（1993）「日本企業と人的資源」（伊丹敬之・加護野忠男・伊藤元重編著『日本の企業システム3　人的資源』有斐閣）

岩井克人（2003）『会社はこれからどうなるのか』平凡社。

岩田克彦（2009）「職業能力開発に対する政府関与のあり方──政府関与の理論的根拠，方法と公共職業訓練の役割」『日本労働研究雑誌』583。

Jacoby, S.（1990）"The New Institutionalism: What Can It Learn from the OLD?" Mitchell, D. et al. eds. *The Economics of Human Resource Management*. Basil Blackwell.

Jacoby, S.（1997）*Modern Manors: Welfare Capitalism Since the New Deal*. Princeton University Press.（内田秀一・中本和秀・鈴木良始・平尾武久・森杲訳『会社荘園制──アメリカ型ウェルフェア・キャピタリズムの軌跡』北海道大学図書刊行会，1999年）

Jacoby, S.（2005）*The Embedded Corporation: Corporate Governance and Employment Relations in Japan and the United States*. Princeton University Press.（鈴木良治・伊藤健一・堀龍二訳『日本の人事部・アメリカの人事部──日米企業のコーポレート・ガバナンスと雇用関係』東洋経済新報社，2005年）

神林龍（2017）『正規の世界・非正規の世界──現代日本労働経済学の基本問題』慶應義塾大学出版会。

金井郁（2010）「正社員転換・登用制度の実態と課題──非正社員の処遇改善の視点から」『協同組合研究』415。

金井郁（2017）「女性の昇進をめぐる意識とマネジメント」『大原社会問題研究所雑誌』704。

苅谷剛彦（1991）『学校・職業・選抜の社会学──高卒就職の日本的メカニズム』東京大学出版会。

苅谷剛彦・本田由紀編（2010）『大卒就職の社会学──データーから見る変化』東京大学出版会。

加瀬和俊（2000）「失業対策の歴史的展開——日本における失業救済事業の経験から」（加瀬和俊・田端博邦編著『失業問題の政治と経済』日本経済評論社）

川口章（2008）『ジェンダー経済格差——なぜ格差が生まれるのか，克服の手がかりはどこにあるのか』勁草書房。

川口大司（2009）「最低賃金と雇用」（大橋勇雄編著『労働需要の経済学』ミネルヴァ書房）

河西宏祐（2011）『全契約社員の正社員化——私鉄広電支部・混迷から再生へ（1993 年〜 2009 年）』早稲田大学出版部。

Kittay, E. (1999) *LOVE'S LABOR: Essays on Women, Equality and Dependency.* Routledge（岡野八代・牟田和恵訳『愛の労働あるいは依存とケアの正義論』白澤社・現代書館，2010 年）

Kochan, T., Katz, H. and Mckersie, R. (1986) *The Transformation of American Indusrial Relations.* Basic Books.

Kochan, T. (2015) *Shaping the Future of Work: What Future Worker, Business, Government, nado Education Leaders Need to Do for All to Prosper.* Business Expert Press.

小池和男（1991）『仕事の経済学』東洋経済新報社。

小池和男（1993）『アメリカのホワイトカラー——日米どちらがより「実力主義か」』東洋経済新報社。

駒川智子（2009）「女性事務職のキャリア形成と『女性活用』——ジェンダー間職務分離の歴史的形成・変容過程の考察」『大原社会問題研究所雑誌』582。

小杉礼子・原ひろみ（2011）『非正規雇用のキャリア形成——職業評価能力評価社会を目指して』勁草書房。

小杉礼子（2016）「『周辺』の若者の職業形成能力——現状と今後の課題」『職業とキャリアの教育学』21 号。

児玉俊洋・阿部正弘・樋口美雄・松浦寿幸・砂田充（2005）「入職経路はマッチング効率にどう影響するか」（樋口美雄・児玉俊洋・阿部正浩編著『労働市場設計の経済分析——マッチング機能の強化に向けて』東洋経済新報社）

熊沢誠（2010）『働き過ぎに斃れて——過労死・過労自殺の語る労働史』岩波書店。

楠田丘（1984）「これからの定期昇給制度の役割と問題点」『労働時報別冊』労務行政研究所。

Lazear, E. (1979) "Why Is There Mandatory Retirement?" *Journal of Political Economy.* 87-6.

Lazear, E. (1998) *Personnel Economics for Managers.* John Wiley and Sons.（樋口美雄・清家篤訳『人事と組織の経済学』日本経済新聞社，1998 年）

Lee, W. (2009) "Private Deception and the Rise of Public Employment Offices in the United States, 1890-1930." Autor, D. ed. *Studies of Labor Market*

Intermediation. The University of Chicago Press.

Luce, S.（2004）*Fighting for a Living Wage*. ILR Press.

Mahoney, J. and Thelen. K. eds.（2009）*Explaining Institutional Change: Ambiguity, Agency and Power*. Cambridge University Press.

March, G. and Simon. H.（1958）*Organizations*. 2nd editon, Wiley-Blackwell.（高橋伸夫訳『オーガニゼイションズ——現代組織論の原典　第2版』ダイヤモンド社，2014年）

Marsden, D.（1999）*A Theory of Employment Systems*. Oxford University Press.（宮本光晴・久保克行訳『雇用システムの理論——社会的多様性の比較制度分析』NTT出版，2007年）

松山一紀（2015）『戦略的人的資源管理論——人事施策評価へのアプローチ』白桃書房。

McCormic, R. and Hyman. R.（2013）*Trade Unions in Western Europe: Hard Times, Hard Choices*. Oxford University Press.

Milkman, R.（2006）*L. A. Story Immigrant Workers and the Future of the U. S. Labor Movement*. Russell Sage Foundation.

Milkovich, G. and Newman, J.（2004）*Compensation*, 8th edition. McGraw Hill/Irwin.

三和良一・原朗編（2007）『近現代日本経済史要覧（補訂版）』東京大学出版会。

宮本光晴（2007）「コーポレイト・ガバナンスの変化と日本企業の多様性——人材マネジメントの4類型」（日本労働政策研究・研修機構『日本の企業と雇用——長期雇用と成果主義のゆくえ　第1期プロジェクト研究シリーズ No.5』）

宮本太郎（2009）『生活保障——排除しない社会へ』岩波新書。

森建資（1988）『雇用関係の生成——イギリス労働政策史序説』木鐸社。

森川正之（2010）「企業業績の不安定性と非正規労働」RIETI DP 10-J-023。

永瀬伸子（1997）「女性の就業選択——家庭内生産と労働供給」（中馬宏之・駿河輝和編『『雇用慣行の変化と女性労働』東京大学出版会）

中西洋（1998）『〈賃金〉〈職業＝労働組合〉〈国家〉の理論——近・現代の骨格を調べて近未来をスケッチする』ミネルヴァ書房。

中田善文（1997）「日本における男女賃金格差の要因分析——同一職種に就く男女労働者間に賃金格差は存在するのか？」（中馬宏之・駿河輝和編『雇用慣行の変化と女性労働』東京大学出版会）

Neumark, D. and Wascher, W. L.（2008）*Minimum Wages*. The MIT Press.

西垣通（2018）『AI原論——神の支配と人間の自由』講談社。

仁田道夫（1988）『日本の労働者参加』東京大学出版会。

仁田道夫・久本憲夫（2008）『日本的雇用システム』ナカニシヤ出版。

野田知彦（2010）『雇用保障の経済分析——企業パネルデータによる労使関係』

ミネルヴァ書房。

野村正實（1993）『熟練と分業——日本企業とテイラー主義』御茶の水書房。

野村正實（2007）『日本的雇用慣行——全体像構築の試み』ミネルヴァ書房。

North, D.（2005）*Understanding the Process of Economic Change*. Princeton University Press.（瀧澤弘和・中林真幸監訳『ダグラス・ノース制度原論』東洋経済新報社，2016年）

OECD（1994）The OECD Jobs Study: Facts, Analysis, Strategies.（島田晴雄監訳『先進諸国の雇用・失業——OECD研究報告』日本労働研究機構，1994年）

OECD（1998）"Making the Most of Minimum: statutory minimum wages employent and poverty." OECD Employment Outlook 1998.

OECD（2006a）*The Restated OECD Jobs Strategy: Boosting Jobs and Incomes*.（樋口美雄監訳『世界の労働市場改革　OECD新雇用戦略——雇用の拡大と質の向上，所得の増大をめざして』明石書店，2007年）

OECD（2006b）*Ageing and employment policies: Live Longer*. Work Longer.（濱口桂一郎訳『世界の高齢化と雇用政策——エイジ・フレンドリーな政策による就労機会の拡大に向けて』明石書店，2006年）

OECD（2007）"Activating the Unemployed: What Countries Do?" OECD Employment Outlook 2007.

小川浩（2009）「高齢者の労働供給」清家篤編著『高齢者の働きかた』ミネルヴァ書房。

荻原勝（1984）『定年制の歴史』日本労働協会。

小倉一哉（2013）『「正社員」の研究』日本経済新聞出版社。

岡實（1917）『工場法論　改訂増補』有斐閣。

奥林康司・上林憲雄・平野光俊（2010）『入門人的資源管理　第2版』中央経済社。

奥西好夫（2009）「高齢者の労働需要」清家篤編著『高齢者の働きかた』ミネルヴァ書房。

小野旭（1989）『日本的雇用慣行と労働市場』東洋経済新報社。

大沢真知子（1993）『経済変化と女子労働——日米の比較研究』日本経済評論社。

大沢真理（1984）「戦間期イギリスにおける失業政策の展開——ベヴァリッジ報告への道」（東京大学社会科学研究所編『福祉国家1——福祉国家の形成』東京大学出版会）

大沢真理（2013）『生活保障のガバナンス——ジェンダーとお金の流れで読み解く』有斐閣。

Osterman. P.（1980）*Getting started: The Youth Labor Market*. MIT press.

大関由美子（2006）「アメリカの家族と家族政策——近年の特徴を中心に」（樋口美雄・財務省財務総合政策研究所編著『少子化と日本の経済社会——2つの神話と1つの真実』日本評論社）

太田聰一（2010）『若年者就業の経済学』日本経済新聞出版社。

大竹文雄（2005）『日本の不平等——格差社会の幻想と未来』日本経済新聞社。

大竹文雄（1998）『労働経済学入門』日経文庫。

大内伸哉（2013）『解雇改革——日本型雇用の未来を考える』中央経済社。

大内伸哉（2015）『労働時間制度改革——ホワイトカラー・エグゼプションはなぜ必要か』中央経済社。

Picot, A., Dietl, H. and Franck, E.（1997）*Organisation: Eine ökonomische Perspective.* schäffer-Poeschel Verlag.（丹沢安治・榊原研互・田川克生・小山明宏・渡辺敏雄・宮城徹訳『新制度学派による組織入門：市場・組織・組織間関係へのアプローチ』白桃書房，1999年）

労働政策研究・研修機構（2017）『日本的雇用システムのゆくえ』労働政策研究・研修機構。

Rousseau, D.（1995）*Psychological Contracts in Organizations: Understanding Written and Unwritten Agreements.* SAGE Publications.

佐口和郎（1990）「日本の内部労働市場」（吉川洋他編著『経済理論への歴史的パースペクティブ』東京大学出版会）

佐口和郎（1991）『日本における産業民主主義の前提——労使懇談制度から産業報国会へ』東京大学出版会。

佐口和郎（1996）「高度成長期の雇用保障——雇用調整の展開に即して」（武田晴人編著『日本産業発展のダイナミズム』東京大学出版会）

佐口和郎・橋元秀一編著（2003）『人事労務管理の歴史分析』ミネルヴァ書房。

佐口和郎（2003a）「新規高卒採用制度——A社を事例とした生成と展開」佐口・橋元（2003），所収。

佐口和郎（2003b）「定年制度の諸相——雇用システムと退職過程の展開の中で」佐口・橋元（2003），所収。

佐口和郎（2005）「序章　福祉社会と雇用社会」（佐口和郎・中川清編著『福祉社会の歴史——伝統と変容』ミネルヴァ書房）

佐口和郎（2006）「大阪府における地域雇用政策の生成——就労支援策への収斂」（田端博邦編著『地域雇用政策と福祉——公共政策と市場の交錯』東京大学社会科学研究所研究シリーズ，No.22。

佐口和郎編著（2010）『事例に学ぶ地域雇用再生——経済危機を超えて』ぎょうせい。

佐口和郎（2012）「貧困の現在とWelfare to Work戦略——雇用政策の観点から」『社会福祉研究』114。

佐口和郎（2015）「日本的雇用システムと労使関係——戦後史論」（連合総合生活開発研究所編『「日本的」雇用システムの生成と展開』連合総合生活開発研究所）

佐口和郎（2016）「就労支援と"雇用の壁"」『社会福祉研究』126。

佐口和郎・サンフォード = ジャコビイ・トーマス = アルトゥーラ（2018）「日本におけるライドシェア問題のインパクト──Uber を事例として」CIRJE DP-J296。

酒井正（2012）「雇用保険の受給者割合はなぜ低下してきたのか」IPSS Discussion Paper Series , 2011-J02。

坂本有芳（2009）「人的資本の蓄積と第一子出産後の再就職過程」『国立女性教育会館研究ジャーナル』13 巻。

笹島芳雄（2008）『最新アメリカの賃金・評価制度──日米比較から学ぶもの』日本経団連出版。

佐藤博樹・藤村博之・八代充史（2006）『マテリアル人事労務管理　新版』有斐閣。

佐藤博樹（2007）『不安定雇用という虚像──パート・フリーター・派遣の実像』勁草書房。

Scott, W. (1995) *Institutions and Organizations.* Sage Publications.

清家篤（1998）『生涯現役社会の条件──働く自由と引退の自由と』中公新書。

清家篤編著（2009）『高齢者の働きかた』ミネルヴァ書房。

社会経済生産性本部（2005）『事例・日本型成果主義──人事・賃金制度の設計から運用まで』生産性出版。

柴田裕道（2000）「苦情処理の日米比較」『経済学研究』（北海道大学）50-1。

四方理人・金井郁（2010）「最低賃金と生活保護の整合性の再検討」（駒村康平編著『最低所得保障』岩波書店）

品田充儀編著（2005）『労災保険とモラルハザード──北米労災補償制度の法・経済分析』法律文化社。

正田彬編著（1971）『女子パートタイマー──労務管理の実態と法律問題』総合労働研究所。

塩野谷祐一（2002）『経済と倫理──福祉国家の哲学』東京大学出版会。

Simon, H. (1991) "Organizations and Markes." *Journal of Economic Perspectives.* 5-2.

菅沼隆（1991）「失業保険制度の成立」（横山和彦・田多英範編著『日本社会保障の歴史』学文社）

菅山真次（2011）『「就社」社会の誕生──ホワイトカラーからブルーカラーへ』名古屋大学出版会。

菅野和夫・仁田道夫・佐藤岩夫・水町勇一郎（2013）『労働審判制度の利用者調査──実証分析と提言』有斐閣。

Streeck, W. and Thelen, K. (2005) "Introduction: institutional change in advanced political ecomomies." Streeck, W. and Thelen, K. eds. *Beyond continuity: institutional change in advanced political economies.* Oxford University Press.

Sundararajan, A. (2016) *The Sharing Economy: The End of Employment and the Rise of Crowd-Based Capitalism.* MIT Press.（門脇弘典訳『シェアリングエコノ

ミー──Airbnb, Uber に続くユーザー主導の新ビジネスの全貌』日経 BP 社，
2016 年）

鈴木尊紘（2008）「フランスにおける男女給与平等法──男女給与格差の是正を
めぐるフランスの試み」『外国の立法』236，国立国会図書館調査及び立法考
査局。

蓼沼謙一編著（1986）『企業レベルの労使関係と法──欧米四ヶ国の比較法的研
究』勁草書房。

橘木俊詔（2000）『セーフティネットの経済学』日本経済新聞社。

橘木俊詔・浦川邦夫（2006）『日本の貧困研究』東京大学出版会。

高橋康二（2018）「総論──基礎指標による日本的雇用システムの概観」（労働政
策研究・研修機構『日本的雇用システムのゆくえ』労働政策研究・研修機
構）

高橋俊介（1999）『成果主義，どうすればそれが経営改革につながるのか？』東
洋経済新報社。

高橋伸夫（2004）『虚妄の成果主義』日経 BP 社。

武田文祥（1984）「社会保険と福祉国家」（東京大学社会科学研究所編『福祉国家
1──福祉国家の形成』東京大学出版会）

竹内洋（1995, 2016）『日本のメリトクラシー』東京大学出版会。

Thurow, L.（1975）*Generating Inequality*. Basic Books.（小池和男・脇坂明訳『不
平等を生み出すもの』同文舘，1984 年）

Thelen, K.（2009）"Institutional Change in Advanced Political Economies." *British
Journal of Industrial Relation*. 47-3.

Thelen, K.（2014）*Varieties of Liberalization and the New Politics of Social Solidarity*.
Cambridge University Press.

津谷典子（2006）「北欧諸国における出生率変化と家族政策」（樋口美雄・財務省
財務総合政策研究所編著『少子化と日本の経済社会──2 つの神話と 1 つの
真実』日本評論社）

禹宗杬（2003）『「身分の取引」と日本の雇用慣行──国鉄の事例分析』日本経済
評論社。

氏原正治郎（1951）「所謂『常用工』と『臨時工』について」『社会科学研究』3
巻 2 号（氏原正治郎『日本労働問題研究』東京大学出版会，1966 年，所収）

氏原正治郎（1989）『日本の労使関係と労働政策』東京大学出版会。

宇南山卓（2010）「少子高齢化対策と女性就業について──都道府県別データか
ら分かること」RIETI, DP10-J-004。

八木公代（2009）「高齢者雇用の国際比較」（清家篤『高齢者の働きかた』ミネル
ヴァ書房）

山口一男（2005）「女性の労働力参加と出生率の真の関係について──OECD 諸
国の分析」RIETI Discussion Paper Series 05-J-036。

山口一男（2008）「男女の賃金格差解消への道筋──統計的差別の経済的不合理の理論的・実証的根拠」『日本労働研究雑誌』574。

山本勲・黒田祥子（2014）『労働時間の経済分析──超高齢社会の働き方を展望する』日本経済新聞出版社。

山本潔（1967）『日本労働市場の構造──「技術革新」と労働市場の構造的変化』東京大学出版会。

山本潔（1982）『日本の賃金・労働時間』UP 選書。

山本潔（1994）『日本における職場の技術・労働史　1854 ～ 1990』東京大学出版会。

八代尚宏（1997）『日本的雇用慣行の経済学──労働市場の流動化と日本経済』日本経済新聞社。

脇坂明・冨田安信（2001）『大卒女性の働き方──女性が仕事をつづけるとき，やめるとき』日本労働研究機構。

和田光平（2006）「人口学からみたわが国の少子化」（樋口美雄・財務省財務総合政策研究所編著『少子化と日本の経済社会──2つの神話と1つの真実』日本評論社）

渡辺深（2014）『転職の社会学──人と仕事のソーシャル・ネットワーク』ミネルヴァ書房。

ウェザーズ，チャールズ（Weathers, C.）（2010）『アメリカの労働組合運動──保守化傾向に抗する組合の活性化』昭和堂。

あとがき

　本書は，雇用の現状と未来に対して，なんらかの不安や疑問を抱いている人々，問題を感じている人々を対象に書かれている。したがって，読んでいただきたい層は広範囲にわたる。学生ということでは，労働経済学や人的資源管理論に留まらず，広く経済学，経営学，社会学等々を専門にして上述の問題を考えていこうとする皆さんに読んでいただきたい。また，働く人々ということでは，老若男女を問わず，日々の職場の経験がどのような構造の中で生じているのかを，立ち止まって考えてみたいという皆さんに読んでいただきたい。

　本書は制度派労働研究の立場からのテキストという形式をとっている。この形式を選択した理由は，雇用の現状と将来を考えるには，そのための基礎的な情報を提示することが必要であると考えたからである。また，この目的にとって，国際比較や歴史分析も含む制度派労働研究は有効であると考えている。

　ただし，テキストとはいっても，"試験のために記憶すべき事項の列挙"ではない。基礎的な知識の整理は重要ではあるが，それらはあくまでも前提である。本書で力点を置くのは，何が説明を要する事柄なのかという問いの設定とそれへの暫定的結論である。可能な限り "Why" を重視する叙述を心掛けた。これを通じて，雇用の現状を理解するためにふまえておくべき知識と，未来への一定の見通しを考える方法を提示することを意図しているのである。

　本文でも述べているように，現在，雇用社会は大きく揺れ動いている。しかもそれは，20世紀の男性中心の長期的雇用の減退と，近年でのAI，クラウドソーシング，プラットフォームビジネスの展開などが重なり合って進行している。こうした中で，雇用とそれに依拠した生活に関して，極端な悲観論から楽観論までさまざまな言説が氾濫しているのが現状である。だからこそ，腰を据えて議論するきっかけとしての確かな場が必要であると考える。

238 　あとがき

一体何からの不連続的な変化を示しているのかに関する認識を共有すること
が，緩やかであっても必要なのである。そして，それをもとにして，不連続
変化はどのような意味で観察されるのか，従来の構造は未来をどのように制
約していく可能性があるのか等々を考えていくことができるのである。雇用
をめぐる未来の内実は，こうしたことを地道に追求する人々が培う信念に
よって積み上げられていくことが望ましい。

　ところで，制度派労働研究のテキスト作りは，10 年以上前からの構想で
あった。このことを考えると，あまりに時間がかかりすぎた感は否めない。
遠回りしていた間に，私自身は，日本の雇用諸制度の歴史，福祉と融合した
地域雇用政策，制度に関する理論などの研究を重ねていたが，テキスト作り
にはなかなか踏み出せないでいた。今から振り返ってみると，制度派労働研
究からのテキストを書くということ自体に大きな壁があったのかもしれない。
周知のように労働経済学や人的資源管理論には海外のものも含めて優れたテ
キストが多い。他方で，制度派労働研究のテキストは非常に少なく，小池和
男氏の『仕事の経済学』の初版が出たのは 1991 年のことである。

　しかしながら，最も大きな問題は，体系性とテキストという形式を両立さ
せる力量が私に備わっていないという点である。本来はそれぞれ 1 冊ずつ書
くべきだったという思いは消えていない。ただ，本書ではそれぞれの対象と
なる諸制度について，「何をどう扱うのか？」を説明することで，筆者の雇
用制度の理論や歴史の理解の中での位置づけを明示することを心掛けた。

　また，本書執筆への区切りをつけられたのは，2015 年に「日本的雇用シ
ステムと労使関係──戦後史論」というやや長い歴史分析の論文を書いたか
らである。その意味では，本書はこの論文との姉妹編ということになる。併
せて読んでいただければ幸いである。

　ところで，本書の完成にとって，金井郁さん（埼玉大学）と橋本由紀さん
（経済産業研究所）の協力は不可欠であった。そもそも本書執筆の直接のきっ
かけは，10 年ほど前に，大学院の私のセミナーに出席していたお二人に，
「テキストを書いたら，草稿を読んでもらえないか」と依頼したことであっ
た。お二人は快諾してくれたものの，実際に私が書き始めたのは 5 年ほど前
であった。爾来，頻繁に検討会を重ねる中でさまざまな助言をいただき，図

表の作成等については実質的に担ってもらった。むろん，本書に誤りがあれ
ばすべて私の責任であるが，もし読みにくい私の文章が少しでも緩和されて
いたとしたら，それはお二人の貢献によるものである。

　実は，先述の大学院セミナーの前に，有斐閣書籍編集第二部の藤田裕子さ
んに別のテーマでの著作の提案をいただいていた。そして，それについて話
し合っている中で，本書のようなテキストの構想が浮かんできたという経緯
がある。長い時間の経過の中で，私自身は何度も迷路に迷い込んだが，藤田
さんは本当に辛抱強く励まし続けてくださった。本書を閉じるにあたって，
藤田さんに心からの感謝の言葉を捧げたい。

　　　2018 年 9 月

　　　　　　　　　　　　　　　　　　　　　　　佐 口 和 郎

索　引

アルファベット

AFDC（Aid to Families with Dependent Children）　189

AI　→人工知能

Dependent Contractor　→インディペンデントコントラクター

ICT-enabled Social Innovation　223

ILO（国際労働機関）　184

Independent Worker　→インディペンデントコントラクター

Individual Action Plans　184, 191

In-Work Poverty 比率　192

IoT　223

Lyft　221

OECD の解雇困難度　56

Off-JT　84

OJT（On-the-Job Training）　24, 84, 187

TANF（Temporary Assitance for Needy Families）　189

Uber　221

Welfare Capitalism　172

あ　行

アクティベイション（Activation）政策／戦略　190, 193, 196

後払い賃金制度　38, 42, 93, 96, 100, 152

　　──の機能　151

アファーマティブアクション　143

安全配慮義務　170

　　──違反　171

育児休業制度　194

移行期①　73, 75, 152, 164, 188

　　──極小化　74

　　アメリカの──　80

　　ドイツの──　80

移行期②　92, 96, 99, 102, 153, 164

一律強制退職制度　95

一般職　133

移動の柔軟性（機能的柔軟性）　62, 64

インサイダー・アウトサイダー問題　23, 44

インセンティブのメカニズム　31

インディペンデントコントラクター　221

請負企業　113

　　──制度　12, 15, 16, 31, 150, 219

　　──的要素　20

　　──労働者　19

「遅い昇進」論　78

オンライン情報技術の進展　→情報通信技術の進展

か　行

解雇権濫用法理　56

解雇コスト　114

解雇制限法（ドイツ）　58

解雇の規制　54

解雇の自由　55

格差（問題）　44, 45, 187

学歴水準の上昇　85

家事負担労働者　194

家族支援サービス　194

家族手当制度　45

「学校から『定職』への移行期」　→移行期①

「学校と企業との実績関係」　75, 84

「学校に委ねられた選抜」　75

間接雇用　110, 120

　　──・非正規雇用（政策）　113, 195

　　──への規制政策　124

間接差別禁止　146

「完全雇用」　61, 63

寛大化傾向　37

管理コスト　117

機会主義的解雇抑制　55

機会のピラミッド構造　35

期間工（臨時工）　113

242 索 引

「基幹パート」 135，136，141
企業内訓練制度 24
企業内資格制度 40，41，47
企業内福利制度 168
企業内養成工制度 83
企業の社会責任 21
企業の付属高校 77
企業別組合（組織） 203，204
「基金事業」 183
期限付き雇用 110
期限の定めのない雇用 110
技術革新 42，123
「偽装請負問題」 110
技能空洞化 117
技能訓練 80
希望退職制度 59，63，64，152
キャリアジョブ 73
求職者支援制度 192，196
　　──創設 183
救 貧 168
教授推薦 76
強制退職制度 46，96
共 謀 36
業務委託 13，16，113，122，166
「業務不確実性」 115
緊急失業対策法 182
「均衡待遇」 143
「均等待遇」 143
勤労所得税額控除（Earned Income Tax
　　Credit） 176
苦情処理制度 203
　　アメリカの── 204
クラウドソーシングによる働き方の普及／変
　　容 219，221
グレイド別賃金制度 34
訓練コスト 117
経営幹部的要素 20
経営権に関わる事項 207
経営組織法（ドイツ） 58
経済的合理性 4，42
計測コスト問題 31
継続的雇用 110

継続的賃金上昇 44
契約社員 113
劇的変容 6
「厳格審査」 87
研究室の推薦 76
ゲント（Ghent）方式 179
「減量経営」戦略 122
工 員 204
考課者訓練 37
合化労連（合成化学産業労働組合連合）
　　121
公共事業 181，182
公共職業安定所 84，185
公共職業訓練（政策） 86，162，185，189，
　　191
　　アメリカの── 187
公共職業訓練制度 186，195
　　ドイツの── 187
公共職業紹介（制度） 162，184，185，
　　189，191，195
　　──関連支出 185，186
　　──機関 83
　　──での変容 186
公式引退年齢 93，95，97
工場法 170，172
工場労働モデル 32
工職混合（組合） 59，204，212
公正さの実現 41
公正労働基準法 172
高卒女性 141
公的介入 176
公的年金（制度） 101
　　──改定 105
　　──支給開始年齢 92，98，101
公的扶助制度 167，189
　　日本の── 191
高年齢者
　　──就業率 98，153
　　──の就業（ヨーロッパ） 99
　　──の非正規雇用率 105
　　──の扶養 101
　　──労働市場 93

高年齢者雇用安定法　104，165
　　——の改定　92
高年齢者雇用確保措置　105
高年齢者雇用政策　164
　　——の転換　105
高年齢者雇用への規制　196
公民権法　142
効率的な採用　70
高齢者の貧困問題　92
古参権　61
個人請負労働者化　222
個人の情報の重視　76，78
コース別人事制度　133
個別賃金方式　206
個別紛争処理　214
コミットメント（実現）　17，33，34，41，
　　53
　　——機能　21，62
コモンズ，ジョン（Commons, John）　4
雇　用　2，14
　　——と社会保障　167
　　——と非雇用の不連続性　17，22
　　——におけるジェンダー・ギャップ／性差
　　別　144，154
　　——の入り口の諸制度　72
　　——の近未来　217
　　——の出口　92
雇用関係論（Employment Relations）　2
雇用関連政策　7
雇用形態の合理的配分　114
雇用契約　12，13
雇用差別克服政策　162
雇用システム　5
　　——の変容　196
雇用諸制度　5
　　——と社会保障制度の相互補完関係　168
　　——の相互補完関係　5，24，47，151，
　　152，166
　　——の変容　217
雇用政策　117，162
　　——による雇用確保の強制　105
　　低い水準の——　162

日本の——の特質　195
雇用制度　5，150
　　——と純粋成果主義との不整合性　218
　　——内での変容　217，218
　　——の頑健性　217，218
　　——の亀裂（の緩和）　19，23
　　——の劇的変容　219
　　——の拘束性　169，195
　　——の拘束性からの解放　220
　　——の拘束性（"雇用の壁"）の緩和
　　220
　　——の拘束性の代償措置　220
　　——の生活維持機能　220
　　——の生活維持機能の揺らぎ　178
　　——の漸進的変容と劇的変容　222，223
　　——の目的　15，16，19
雇用喪失効果　176
雇用調整（保障）　25，54，55
　　——の経路依存性　56
　　——の不連続性・連続性　65
　　——への助成政策　195
　　ソフトな——　59，61，62，64，66，
　　152
　　ハードな——　54，62，64
雇用調整助成金（制度／政策）（雇用調整給
　　付金制度）　62，65，67，122，163
　　——の見直し　164
雇用調整制度　24，59，152
　　——と年功賃金制度との相互補完的関係
　　62
　　——の脆弱性　63，152
　　——の不連続性　66
雇用調整速度　56
雇用保険への加入条件　183
雇用保護指標　57
雇用保護（調整）政策　162，163
雇用保護法制　56，58
　　——の見直し　164
雇用保障（制度）　24，54，55
　　——の黙契　103
　　——への信頼　38，42
雇用保障法（スウェーデン，74 年法）　58

244　索　引

さ 行

再雇用制度　98
最長労働時間　172, 173
最低賃金水準の国際比較　177
最低賃金制度／政策　162, 176, 195
最適労働時間　172
採用過程　70
採用コスト　77
採用制度　24
採用・定着管理の過程　75
36（サブロク）協定（の形骸化）　175
産業別組合／組織　201, 202, 204
産業別連合体　204
産業報国会　207
産業民主主義　22
シェアリングエコノミー　224
時間払い賃金（制度）　30, 31, 32, 34
指揮命令の実現　15, 16
事業所別組織　204
仕事遂行上の不確定性低減　16
仕事と家庭の両立　195
　　──への支援政策　→両立支援政策
仕事と報酬の関係　19
仕事の時間や場所の自由度　221
「事前協議」　208, 210
実引退年齢　93, 95
失業救済事業　179
失業者（への）政策　162, 195
失業対策事業　181, 182, 183
失業扶助制度　180
　　──の欠如　182
失業保険（制度）　179
　　──の国による多様性の機能　180
　　寛容な──　180
　　日本の──（雇用保険）　181
指定校制　76
児童手当　193
「自発的」退職　60
自発的離職のコスト　38
事務処理派遣　141
指名解雇　60, 63, 64, 67, 103
指名退職勧告　64

「社会化」　74, 75
社外工　120, 121, 166
社会的企業　224
社会的起業家　224
社会的損失（負の外部性）　19, 129
社会保険制度　168
社会保障制度と雇用諸制度の相互補完関係の
　　揺らぎ　189
若年期（女性）の短期・正規雇用　138,
　　140
若年者雇用（政策／問題）　85, 86, 164,
　　165
若年者失業率　73
若年者労働市場（問題）　70, 80
若年女性雇用　146
若年女性の就職　140
習熟昇給　40
就職活動の早期化，長期化　86
「重層的」昇進モデル　78, 79
集団的コンフリクト　138, 139
集団的労使関係　7
就労支援　223
熟練労働者　201
出生率低下　193
主婦層の女性パート雇用　140
純粋成果主義　48
春闘（方式）　205, 210
情意考課　37
昇給基準線　46
少子化　194
小集団活動　85, 170
昇進昇給　40
情報通信技術の進展　219, 221, 223
情報の不完全性／不十分性／薄さ　77, 82,
　　87
常雇い　113
常用型派遣　114
職　員　→ホワイトカラー
処遇格差（問題）　119, 120, 121
職業安定法　185
　　──における労働者供給事業禁止　166
職業教育法　187

索 引　245

職業訓練施設　188
職業紹介権　185，188
職業転換給付金制度　185
職業別組合　201
職能給制度　40，47，82，84，151
職能資格制度　40，41，44，47，79
職場復帰問題　171
職務給　35，47
女性管理職（比率／割合）　132，133
　——国際的低位　135
女性雇用　114
　——関連制度　25，140，154
　——差別禁止　118
　——諸制度の不連続的な変化　145
　——の公正性　210
　——の脆弱性　139
女性パート（タイム雇用）制度　121，122，
　166
所得保障　181
"人格承認要求"　45
新規高卒一括採用制度　81
　——の機能　77
　——の脆弱性　85
　——の歴史的前提　83
新規大卒一括採用　76
　——の機能　78
新規中卒（一括）採用　81，140
人工知能（AI）　219，223
人事管理論　2
人事戦略の変化　85
人事評価（考課）制度　34，35，40，46
　——のエラー　37
　——の項目　37
新制度学派（経済学）　4，13
新卒一括採用（制度）　25，72，132，152，
　185
　——の脆弱性　82，152
新卒非正規化　86
身体の保全問題　169，171
「人的資産」の特殊性　115
人的資本の蓄積　186
人的ネットワーク　76，78

　——（形成）欠如　72，87
心理的契約理論　2，17
スキルの陳腐化　123
スクリーニング機能　114
ストライキ　202
スパイク効果　180
スポット採用　77
成果主義賃金　30，32，48
生活維持機能　20，22，32，34，62，219
　——低下　117
　——の補填　162
生活給　32，45，46
生活昇給　40
生活賃金条例制定　177
生活保護受給者等就労支援事業　186
生活保護制度（法）　182，191
正規雇用（問題）　43，145
　——I　49
　——II　49
　——と非正規雇用との間での分断性
　112
　——の既得権　210
　——の多様性　43
　——（内部）の分化　49，126，155，
　157
　——比率　48
　——枠の開放度　136
正規雇用中心主義①　25，43，62，81，84，
　116，118，121，132，151，153，195，
　210，211
　——の対象の縮小　155
　——の見直し　85
　——の揺らぎ　218
正規雇用中心主義②　25，43，119，153，
　195，211
　——からの不連続的変化　155
　——の揺らぎ　218
正規雇用—非正規雇用関係　111，118，
　137，138，153
　——からの不連続的変化　126
　——の脆弱性　119
　——の分断性　119

──の変容　156, 166
正規雇用労働者　45
　──と非正規雇用労働者の境界　112
　──の既得権　119
成人男性中心の長期的雇用　44, 129
制　度　5
　──としての雇用　2, 3, 5, 12, 150
　──の変容　6
制度学派　4
制度論　4
性別役割分業（規範）　130, 134, 138,
　195
整理解雇　60, 63
整理解雇4要件　55, 65, 122, 164
積極的労働市場政策　180, 189, 191
積極的労働力政策　162, 184, 186, 189
　日本版の──　185
絶対評価　36
専業主婦化　135
漸進変容　6
全造船（全日本造船機械労働組合）　121
先任権（制度／ルール）　35, 54, 57
「専門職」制度の導入　79
戦略的人的資源管理論　2
早期退職促進策　99
操業短縮手当（ドイツ，69年雇用促進法）
　58
総合職　133
「相互信頼的労使関係」　209
相対評価　36
組　織　5

　　た　行
大学の銘柄　76, 78
大企業体制　22
退出と発言　211
退職一時金制度　97, 138
退職制度　24
退職の自由　34
　──の実質化　23
大卒女性　141
　──の雇用　134

──の就職率　76
対比効果　37
滞留問題　179
大量生産方式　22
短期失業　179
単産（産業別組織）　205
男女間（の雇用）格差　128, 130, 133,
　157, 167
男女間勤続年数格差　132
男女間雇用均等化　195
男女間（の）雇用差別克服政策　142, 166
男女雇用機会均等法　142, 167
　──改定　146
男性稼ぎ手システム　130
男性の賃金水準・勤続年数　93
男性臨時工の代替　140
団体交渉（制度）　201, 202, 204, 205
　──と労使協議制度　203
　──と労使協議の日本的雇用システムとの
　　相互補完関係　210
　「──の労使協議化」　208
地域雇用政策　183, 188
地域労働組合　214
"小さい失業保険"　181, 182, 183
　──からの脱却　196
中心化傾向　37
中途採用　82
「長期安定賃金」構想　206
長期失業（者）　179, 192
長期的雇用　23, 37, 54
「長時間パート」　135
長時間労働　133, 171
　──者割合　174
直接雇用　110
　──・非正規雇用　113
賃上げ抑制の機能　205, 206
賃金格差　132
賃金カーブ　38, 100, 105, 132
　──の近似　81
　──の経済的合理性　46
　──の修正　101
　──の変化　48

賃金コスト　117
賃金（の支払い）制度　2, 24, 30, 205
「強い紐帯」　76
定期昇給制度　39, 40, 46, 151
定　職　73
　「──」から引退への移行期　→移行期②
定着管理　84
低賃金労働問題　118
定年（年齢）延長（問題）　47, 97, 101, 104
定年制度　25, 46, 95, 152
　──と退職一時金の拡充　104
　──の一律性　100
　──の空洞化　101
　──の脆弱性　101, 102, 105, 153
　──の普及／定着　103, 104
　──への労働者の評価　103
定年年齢　92, 96
　──と公的年金支給開始年齢とのギャップ　196
出来高払い（賃金制度）　30, 31, 32, 34
鉄鋼労連（日本鉄鋼産業労働組合連合会）　205
デュアルシステム　80, 187
典型雇用　110, 117
　──非典型雇用関係　111
電産型賃金　46
転職コスト　87, 173
同一労働同一賃金原則　117
同　期　79
統計的差別　86, 134, 167
　──理論　128
登録型派遣（事業）　113, 185
ドッジライン　103
トーナメント移動　79

　　な　行
内部昇進制度　38
20世紀の雇用諸制度　5, 6
「ニート」　70
「日本型成果主義」　49
日本製鋼所室蘭製作所　64

日本的（日本の）雇用システム　3, 6, 24, 134, 139, 151, 154, 157
　──と長労働時間　173
　──と貧困問題　169, 192
　──の脆弱性　154
　──の変容　105, 144, 174
年功賃金カーブ　33, 43, 47
年功賃金制度　24, 25, 30, 38, 62, 100, 135, 151, 152, 178, 208
　──との相互補完関係　43, 81
　──の機能　132
　──の進化過程　41
　──の脆弱性　44, 50, 152
　──の変容　156
年次別管理　79
年齢別賃金カーブ　38
ノイズ　36
能率管理　41
能率給　30, 32, 33, 34, 41
能力管理　34, 41
能力給　46
能力評価／"能力への評価"　33, 35

　　は　行
配転・出向　61, 62
派遣制度　→労働者派遣（制度）
パターンセッター　205
パートタイム雇用（制度）　110, 136, 138
パート（タイム）労働者／パートタイマー　113, 114, 135, 136, 166, 174
　──とフルタイム労働者の賃金（水準）の格差　137
　──の雇用比率　131
パートタイム労働法の改定　145
ハロー効果　37
半熟練労働者　201
比較制度論　5
非協力的競争　36, 37
非雇用状態から雇用状態への過渡的な仕事　222
非雇用状態と雇用状態の不連続性　162
非婚化・晩婚化傾向　194

非自発的離職　55
非正規化　112，116
非正規雇用　25，110，111，145，153
　　──から正規雇用への異動　119
　　──制度　24
　　──という身分　116
　　──の機能　114，117
　　──の公正性　210
　　──"の正規雇用化"　119
　　──の選択の理由　115
　　──の増大　192
　　──比率の上昇　122
　　──問題の顕在化　123
非正規雇用化戦略　123
非正規雇用上層　50
非正規雇用労働者　45，62
　　──の雇い止め　65，66
非典型雇用（問題）　111，117
"人への評価"　35
非銘柄大学生　86
　　──と銘柄大学生の中間層　87
日雇い　113
日雇失業保険　182
非労働力化した層　192，196
貧困（問題）　191，192
　　──層への予備軍　146
　　──対策　167，176，186
　　──の多様性　192，193
「福祉から就労へ」（Welfare to Work）政策
　　189，190，193
福祉国家　23
　　──の政策体系　202
"不自由な働き方"　217
不熟練労働者　201
不特定労働の実現　15
プラットフォームビジネス　219
「フリーター」　70
ブリッジジョブ　98，99，106，153，165
ブルーカラー（層）　19，31，32，33，34，
　　38，41，43，45，46，102，151，174，
　　204
　　──とホワイトカラーの接近　44

　　──の正規雇用　81，83
　　──の地位向上　23
　　──の能力評価と開発　41
フルタイム雇用　110
不連続的変化　6
ブロックチェイン　223
文系学生　76，78
ベースアップ（方式）　205，206
保育サービス　194
包括的法定最低賃金制度　177
報　酬　31
法人としての企業　5
法定労働時間　174
防　貧　167，168
北欧方式　193
母子世帯の相対的貧困率　192
補償賃金仮説　136
ボーダーライン層　169
「ホームレス」　192
ホワイトカラー（層）　19，32，33，34，
　　38，43，76，98，151，171，174，204，
　　212，218
　　──のグレイ化　23
　　──の仕事の消滅　219
　　──の昇進　78
　　──の生産性問題　210

ま　行
「マイクロタスク」　221
マッチング効率　185
マミートラック（化）　146，167，194
三井鉱山三池炭鉱　64
みなし労働時間制　174
「身分としてのパート」　135
民間職業紹介（営利・非営利）機関　185
無過失責任主義　170
無期雇用化　145，155，166
銘柄大学生　86
メリットクラシー（能力主義の社会）　34
メリット料率　170
メンタルヘルス（問題）　171，175

索　引　*249*

や　行

約束（＝意思）　2, 13
役割給　49
雇い入れ助成（策）　183, 184, 191
有期雇用労働者の無期雇用化　124, 196
要扶養児童家庭扶助（AFDC: Aid to Families
　　with Dependent Children）　189
「寄せ場」の機能　192

ら　行

ライドシェア　221
リクルーター制度　76
理系学生　76, 78
離職確率　132
リテンション（指向）　14, 15, 36, 42,
　　72, 92, 150, 155, 156, 219
留保賃金　132, 134
量的割り当て　143
両立支援政策　193
臨時工　120
　　――組合　121
臨時雇い　113
歴史における偶発性　4
労災の回避の取り組み　170
労災補償政策　162
労災補償保険制度　170
労使関係　7, 173, 200
　　――と雇用諸制度　200
　　――法認の政治的要因　201
労使関係論　2
労使協議（制度）　201, 202, 203, 204,
　　205, 207
労使合意　64
労使懇談制度　207
労使のコンフリクトと妥協　200
労働安全衛生法　170, 171
労働移動支援助成金（制度）　67, 164
労働移動促進政策　196
労働基準法　170
　　――改定　174, 175
　　――28 条　178

　　――4 条　166
労働供給の不確定性　32
労働供給の保持　→リテンション
労働協約　63, 202, 203
　　――労働協約 COLA（生活費調整）条項
　　33
労働組合　7, 23, 46, 54, 58, 60, 103,
　　173
　　――機能の低下　65
　　――と人事部との共生関係　211
　　――の規制力　202, 211
　　――の規制力の弱体化／低下　209, 212
　　――の組織率低下　212
　　――の多様性の喪失　211
　　――の発言力　212
　　――の歴史　207
　　アメリカの――　213
　　EU の――　213
労働経済学　12
労働契約法改定　124, 166
労働災害（政策）　170, 175
労働時間規制政策　172
労働時間口座制度　173
労働時間政策／制度　31, 162, 195
労働市場　12
　　――の仲介制度の欠如　86
労働者供給事業　120
労働者憲章（イタリア）　58
労働者災害補償保険法　170
労働者宿舎　192
労働者の意思の更新　17
「労働者の心の健康の保持増進のための指針」
　　171
労働者の集団的発言　215
労働者派遣（制度）　113, 122
労働審判制度　214
労働争議　64
労働費用の節約　114

わ　行

ワークライフバランス政策　190

♣ 著者紹介

佐口 和郎（さぐち かずろう）

現在，東京大学名誉教授，経済学博士（東京大学）

主な略歴
1955 年　愛知県に生まれる
1979 年　東京大学経済学部経済学科卒業
1984 年　東京大学大学院経済学研究科第二種博士課程単位取得退学
1986 年　東京大学経済学部助教授
2000 ～ 2020 年　東京大学大学院経済学研究科教授
2021 ～ 2024 年　東京女子大学現代教養学部特任教授

主要著作
『日本における産業民主主義の前提――労使懇談制度から産業報国会へ』東京大学出版会，1991 年．
『人事労務管理の歴史分析』（共編著）ミネルヴァ書房，2003 年．
"The Role of the Senior HR Executive in Japan and the United States: Employment Relations, Corporate Governance and Values," *Industrial Relations*, 44(2), 2005 (with S. M. Jacoby and E. M. Nason).
『講座・福祉社会第 2 巻　福祉社会の歴史――伝統と変容』（共編著）ミネルヴァ書房，2005 年．
『事例に学ぶ地域雇用再生――経済危機を超えて』（編著）ぎょうせい，2010 年．
「ライドシェアの普及とタクシー産業へのインパクト」『大原社会問題研究所雑誌』772 号，2023 年．

雇用システム論
Employment System in Japan: Theory, Institutions, and History

2018 年 11 月 10 日　初版第 1 刷発行
2024 年 8 月 30 日　初版第 3 刷発行

著　者　佐口　和郎

発行者　江草　貞治

発行所　株式会社　有 斐 閣
　　　　〒 101-0051
　　　　東京都千代田区神田神保町 2-17
　　　　https://www.yuhikaku.co.jp/

印　刷　萩原印刷株式会社
製　本　大口製本印刷株式会社

Ⓒ 2018, SAGUCHI, Kazuro.
Printed in Japan
ISBN 978-4-641-16529-8

★定価はカバーに表示してあります．
落丁・乱丁本はお取替えいたします．

JCOPY　本書の無断複写（コピー）は，著作権法上での例外を除き，禁じられています．複写される場合は，そのつど事前に（一社）出版者著作権管理機構（電話 03-5244-5088, FAX 03-5244-5089, e-mail: info@jcopy.or.jp）の許諾を得てください．